dtv

Wird der Staatsbankrott Griechenlands der einzige in der Eurozone bleiben? Oder gibt es eine Lösung aus der europäischen Schuldenkrise? In klarer Sprache beschreiben Kai A. Konrad und Holger Zschäpitz die Hintergründe der Krise. Sie benennen die Protagonisten jener unheiligen Allianz, die uns immer tiefer in die Krise gesteuert haben. Sie decken wirtschaftliche und politische Interessenverflechtungen auf, die den Verlauf der Krise erklären und die künftigen Entwicklungen verständlich machen können. Und sie beschreiben eine Lösung. Die Stabilität der Eurozone und unserer Währung sind in Gefahr. Und vielleicht riskieren wir mit ihrer Rettung das Ende der Europäischen Union. Die politischen und finanziellen Risiken treffen uns alle. Als Arbeitnehmer, Rentner, Sparer, Steuerzahler und Staatsbürger sollten wir gewappnet sein. Dazu ist die Lektüre dieses Buches unverzichtbar.

Professor Dr. Kai A. Konrad, geb. 1961, ist Direktor am Max-Planck-Institut für Steuerrecht und Öffentliche Finanzen. Er berät auch die Politik, so ist er seit 2011 Vorsitzender des Wissenschaftlichen Beirats beim Bundesministerium der Finanzen.

Holger Zschäpitz, geb. 1971, ist leitender Wirtschafts- und Finanzredakteur bei der ›Welt‹ und der ›Welt am Sonntag‹.

Kai A. Konrad / Holger Zschäpitz

Schulden ohne Sühne?

Was Europas Krise uns Bürger kostet

Deutscher Taschenbuch Verlag

Mit 20 Grafiken

Ausführliche Informationen über unsere Autoren und Bücher finden Sie auf unserer Website www.dtv.de

MIX
Papier aus verantwortungsvollen Quellen
FSC® C019821

Überarbeitete und aktualisierte Ausgabe 2012
Deutscher Taschenbuch Verlag GmbH & Co. KG, München

Zuerst bei C. H. Beck erschienen unter dem Titel
›Schulden ohne Sühne.
Warum der Absturz der Staatsfinanzen uns alle trifft‹

Umschlagkonzept: Balk & Brumshagen
Umschlaggestaltung: Ruth Botzenhardt unter Verwendung eines Fotos von Corbis/Tetra Images/Mike Kemp
Satz: Bernd Schumacher, Friedberg
Gesetzt aus Minion Pro 10/12,5˙
Druck und Bindung: Druckerei C. H. Beck, Nördlingen
Gedruckt auf säurefreiem, chlorfrei gebleichtem Papier
Printed in Germany · ISBN 978-3-423-34733-4

Für Kathrin

Für Katja, Levin und Fritz

Inhalt

Vorwort zur Taschenbuchausgabe

»Wenn es ernst wird, muss man lügen.« Das offene Bekenntnis von Luxemburgs Premierminister und Eurogruppenchef Jean-Claude Juncker dürfte der zentrale Satz in der Euro-Schuldenkrise sein. Die Aussage zeigt, dass die Lage ernst war, ernst ist und ernst bleibt.

In den zwei Jahren seit dem Erscheinen der ersten Auflage hat die Realität der europäischen Schuldenkrise die düsteren Zukunftsszenarios von damals eingeholt. Nur ganz Unverdrossene und Zweckoptimisten behaupten im Frühsommer 2012, dass das Schlimmste vorüber sei. Tatsächlich ist die Lage dramatischer als im Frühjahr 2010. Die Zentralbank hat Europas Geschäftsbanken mit Geld geflutet. Sie verleiht fast beliebig viel Geld, fast umsonst, und das alles gegen Sicherheiten, die das Prädikat »Sicherheit« großenteils zu Unrecht tragen. Die Hilfs- und Garantieprogramme überfordern bereits jetzt die Garantiegeber. In vielen Euroländern ist zu einer massiven Budgetkrise eine gewaltige und anhaltende Rezession getreten; Strukturreformen in einer solchen Krise scheitern an den politischen Realitäten. Und die Ungleichheiten in der Eurozone sind größer als je zuvor. Dass die Krise mit voller Wucht zurückkommen wird, ist so gut wie ausgemacht. Und was dann?

Vielleicht war der Bankrott und Zahlungsausfall Griechenlands in den vergangenen 24 Monaten noch die beste Nachricht. Sie hat gezeigt, dass sich Insolvenzverschleppung nicht in alle Ewigkeit hinein betreiben lässt, und dass ein Staatsbankrott in der Eurozone nicht zu der allseits beschworenen Kernschmelze des Finanz- und Wirtschaftssystems führen muss.

Es sind spannende Zeiten mit gewaltigen Veränderungen. In der Folge haben wir das Buch für die Taschenbuchausgabe deutlich erweitert. Die Richtung des europäischen Reformprozesses lässt sich nun noch klarer abschätzen und bewerten. Ein Schlüssel zur Lösung des Euro-Dilemmas liegt bei den Banken, die mit der Politik eine unheilige Allianz eingegangen sind – eine Allianz, die es zu beenden gilt. Deshalb haben wir der Banken-Thematik einen größeren Platz eingeräumt.

Die wirtschaftspolitischen Grunderkenntnisse und auch unsere Politikempfehlung bleiben unverändert gültig. Sie deuten in eine der politischen Dynamik entgegen gesetzte Richtung. Aber Politik macht selten kehrt. Das Eingestehen von Fehlern gehört nicht zum Instrumentenkasten von Politikern. Und wenn der Erfolg ausbleibt, heißt es eben: Der Weg war richtig, aber wir sind ihn nicht entschieden genug gegangen. Deshalb haben wir wenig Hoffnung.

Würde der Schriftsteller George Orwell heute noch leben, hätte er mit der Euro-Schuldenkrise eine neue Vorlage für seine Spottlust. »Die politische Sprache wurde erschaffen, um die Lüge ehrenwert anmuten und Wind als solide erscheinen zu lassen«, lautete eines seiner berühmtesten Bonmots. Die politischen Beschwichtigungen muten orwellianisch an. Ein *Staatsbankrott* heißt auf »Politsprech« *private Anlegerbeteiligung.* Die drohende Vergemeinschaftung europäischer Staatsschulden soll nach den Vorstellungen der Europäischen Kommission *Stabilitätsbonds* heißen. Auch an einem *Europäischen Stabilitäts-Mechanismus*, dem dauerhaften Rettungsschirm ESM, ist nur der Name wirklich schön. Er verschleiert die Tatsache, dass hier ein Finanzvehikel entstanden ist, dem es an demokratischer und nationalstaatlicher Kontrolle mangelt.

Das alles sollten aufgeklärte Bürger, Steuerzahler, Sparer, Pensionäre, Studierende, Eltern, Großeltern oder auch Politiker wissen, wenn sie ihre Zukunft und die ihres Landes und Kontinents planen.

Viele haben uns durch die positive Aufnahme der ersten Auflage des Buchs ermutigt. Bemerkenswert war auch der Zuspruch aus der Politik. Hier hörten wir allerdings immer wieder, dass der bereits eingeschlagene Weg alternativlos sei. Dass dem nicht so ist, zeigen wir auch mit unserer Neuauflage. Und viele Freunde, Kollegen, Weggefährten und Beobachter haben zu dieser umfassend revidierten Neuauflage einen Beitrag geleistet. Einige Personen möchten wir namentlich nennen. Hilfreiche Kommentare und Anregungen haben wir von Knut Borchardt, Hans Tietmeyer, Helmut

Schlesinger und Thomas Daske bekommen. Katja Losch, Daniel Eckert, Kathrin Lath, Tim Peters und Nando Sommerfeldt haben das Manuskript gelesen und kritisch kommentiert. Dank gebührt auch den zahlreichen Twitter-Followern wie @TeraEuro, @Tiefseher, @Stehsatz, @MartaSalazar, @DetlefGuertler, @Sven_Giegold, @Blicklog, @egghat, @OlafStorbeck, @haiku_shelf, @27Tournelle, @Killikus, @Edomblog, @dmandler69, @rkeuper, @lostgen, @awillburger, @c0ldcall, @padmodi, @Halbbrut, @alex13wetter, @EuroWadhwa, @FTD_Wunder, @Wirtschaftswurm, die durch ihre täglichen Impulse das ökonomische Denken immer wieder auf die Probe stellen. Nina Krause hat als Lektorin viel dazu beigetragen, dem Manuskript noch mehr Klarheit zu verleihen.

Technische Unterstützung erhielten wir von Nina Bonge, Athina Grigoriadou, Daniela Miehling, Christoph Rüschstroer, Yasmine Emara, Sarah Marfeld, Sophia Baur und David Houser. Rebekka Göpfert hat uns zu diesem Projekt ermuntert. Und natürlich hätte auch diese Ausgabe nicht ohne die Opferbereitschaft und Unterstützung unserer Ehefrauen und Kinder entstehen können.

Aus dem Vorwort zur ersten Auflage

»September 2013. Mitten in der heißen Phase des deutschen Wahlkampfs treffen sich Bundeskanzlerin Merkel und der französische Staatspräsident Sarkozy zu einer eilends anberaumten Krisensitzung. Die drohende Zahlungsunfähigkeit Spaniens hat den Kurs des Euro einbrechen lassen: Spekulanten wetten auf eine Implosion der Währungsunion. Sie werfen nicht nur die Staatspapiere Spaniens auf den Markt, auch andere Peripherie-Länder wie Irland oder Portugal sind den spekulativen Angriffen von Hedgefonds ausgesetzt […]«

Mit diesem düsteren Zukunftsszenario wollten wir im Januar 2010 das erste Kapitel dieses Buchs beginnen. Doch was wir für die nächsten Jahre befürchtet hatten, wurde innerhalb von drei Monaten praktisch Wirklichkeit. Kurz vor der Schlussredaktion durften wir noch Zeugen einer beispiellosen Rettungsaktion werden – ein 750-Milliarden-Euro-Paket, das die Zahlungsunfähigkeit Griechenlands und anderer Staaten der Eurozone ein für alle mal aus der Welt schaffen sollte. So zumindest die Hoffnung der Regierungen, deren fiskalische Möglichkeiten damit wohl ausgereizt sind. Sogar die bisher eisern auf ihre Unabhängigkeit und Glaubwürdigkeit bedachte Europäische Zentralbank machte Zugeständnisse und flankierte den politischen Rettungsplan. [...] Die Folgen betreffen jeden Einzelnen von uns. Es geht um unser Zusammenleben, unsere wirtschaftliche Zukunft und auch sehr konkret um unser Portemonnaie.

Dieses Buch soll Ihr kleines Staatsschulden-Vademekum werden – wir wollen die Hintergründe und Zusammenhänge öffentlicher Schulden offenlegen, die Zahlen begreifbar und die Triebkräfte hinter den historischen und aktuellen Entwicklungen sichtbar machen, und die Konsequenzen der finanzpolitischen Rettungsmaßnahmen analysieren. Staatsschulden und ihre bitteren Folgen sind kein unabwendbares Schicksal. Die Politik hat viele Optionen – wir glauben, einige sind besser als andere und weisen Wege aus der Misere auf.

Viele Personen haben zu diesem Buch einen Beitrag geleistet. Einige möchten wir namentlich nennen. Besonderer Dank gilt Ronnie Schöb, der den entscheidenden Impuls für den Titel des Buchs gegeben hat. Er, Johannes Becker, Daniel Eckert, Tim Lohse und Katja Losch haben das gesamte Manuskript gelesen und kommentiert. Tom Cusack hat uns mehrfach mit erfrischend anderen Sichtweisen konfrontiert. Christian Deubner, Lars P. Feld, Clemens Fuest, Wolfgang Franz, Bruno Frey, Christian Kastrop, Hans-Werner Sinn und Nando Sommerfeldt danken wir für ihre Bereitschaft, Teilaspekte und Ideen des Buchs ausführlicher mit uns zu diskutieren. Hilfreiche Kommentare haben wir auch von Knut Borchardt und Hans Tietmeyer bekommen. Die wissenschaftliche Verantwortung bleibt natürlich bei den Autoren. Anke Blümel und Michael Burda danken wir für wichtige Hinweise bei der Daten- bzw. Literaturrecherche. Jonathan Beck hat dem Manuskript als Lektor durch kritischen und konstruktiven Schliff noch mehr Klarheit verliehen. Nina Bonge hat dafür gesorgt, dass aus einfachen Zahlenreihen spannende Grafiken entstanden sind. Sie war es auch, die gemeinsam mit Athina Grigoriadou unsere Zusammenarbeit souverän gemanagt hat. Bernhard Enzi, Caroline Heinrichs, Moritz Müller-Freitag, Sabrina Korreck und Jennifer Zeiser haben mit ihren Bibliotheksrecherchen und einer sorgfältigen Prüfung aller Quellen beigetragen. Rebekka Göpfert von der Agentur Graf & Graf hat uns zu diesem Projekt ermuntert und mit ihren konstruktiven Kommentaren alle Stufen des Produktionsprozesses begleitet. Nicht zuletzt gilt unser Dank Bettina Pohle vom Berliner Zukunftssalon, die unsere Zusammenarbeit begründet hat. Und natürlich hätte dieses Projekt niemals in der Form ohne unsere Ehefrauen stattfinden können, die – beruflich selbst voll eingespannt – Entbehrungen hinnehmen mussten. Als kritische Leserinnen haben sie einen maßgeblichen Anteil daran, dass das Buch weitgehend frei von Jargon geblieben ist.

1. In der Schuldenfalle: ein europäisches Drama ohne Happy End

»Was ein richtiger Staat ist, geht nicht Pleite.« Das sagte noch im Januar 2010 der Bielefelder Historiker Werner Abelshauser in einer Umfrage der »Welt am Sonntag« zum Ausblick auf die neue Dekade. Schon drei Monate später klang das Statement wie aus einer anderen Ära. Nur dank finanzieller Hilfen in dreistelliger Milliardenhöhe konnte im Frühjahr 2010 Griechenland vor der Zahlungsunfähigkeit bewahrt und damit der erste Staatsbankrott eines westlichen Industrielands seit dem Zweiten Weltkrieg zunächst abgewendet werden. Doch es war nur eine Gnadenfrist. Im März 2012 kam es dann doch zum staatlichen Zahlungsausfall.

Griechenland war nicht der einzige Sanierungsfall. Schon im Herbst 2010 musste Irland mit einer Zusage über 85 Milliarden Euro vor der Pleite gerettet werden. Es folgte Portugal mit einer Zusage von 78 Milliarden Euro im Mai 2011. Im Verlauf des Jahres 2011 entgingen verschiedene weitere Mitgliedsstaaten der Eurozone nur durch massive Hilfen der Europäischen Zentralbank (EZB) einem ähnlichen Schicksal: Spanien und Italien blieben nur deshalb zahlungsfähig, weil die Europäische Zentralbank ihre Schulden aufkaufte sowie Geschäftsbanken sehr großzügig mit Geld versorgte. Bei weiteren Ländern haben die Rating-Agenturen Zweifel daran, dass die Staaten ihre Kredite ordnungsgemäß bedienen werden. Diese Ereignisse haben den Glauben an den unerschütterlichen Staat und in Staatsanleihen als sicherste Form der Geldanlage schwer erschüttert.

Die europäischen Staatenlenker haben auf diese Krise mit schwindelerregendem Aktionismus reagiert. An dem Krisenwochenende des 8. und 9. Mai 2010 wollten sie ursprünglich nur zusammenkommen, um den Kreditrahmen für die Hilfen für Griechenland in Höhe von 110 Milliarden Euro zu verabschieden. Eigentlich wäre das schon ein dramatischer Vorgang gewesen, der mit fundamentalen Grundsätzen der Europäischen Verträge brach. Unruhen an den Kreditmärkten, insbesondere auch für spanische Staatsschulden, hatten die Tagesordnung des Krisengipfels dann aber kurzerhand verändert. An nur einem einzigen Wochenende und ohne die sonst üblichen diplomatischen Vorbereitungen beschloss der Europäische Rat zusammen mit dem Internationalen Währungsfonds zusätzlich zu den 110 Milliarden Euro für Griechenland Kreditgarantien für insgesamt 750 Milliarden Euro.

Ähnlich dramatische und teilweise wohl überstürzte Gesten und Aktionen folgten. Im Stakkato wurde weitere Rettungsmilliarden beschlossen, etwa Ende 2010 ein Krisenfonds mit 800 Milliarden Euro, der dauerhaft existieren und der fortan Staaten vor dem Staatsbankrott mit Geldspritzen retten soll. Im Juli 2011 wurde die Garantiesumme des Rettungsfonds noch einmal ausgedehnt. Im Oktober 2011 wurde beschlossen, dem Garantiefonds »mehr Feuerkraft« zu geben. Gemeint ist damit, Garantien auf die Teile der Staatskredite zu konzentrieren, die mit der größten Wahrscheinlichkeit von den Staaten nicht zurückgezahlt werden. Parallel dazu hat die EZB für inzwischen deutlich über 200 Milliarden Euro Anleihen von Staaten aufgekauft, denen die Märkte weiteren Kredit zu erträglichen Konditionen nicht mehr geben wollten. Zusätzlich hat die EZB den Geschäftsbanken in der Eurozone zum äußerst günstigen Zinssatz von einem Prozent für drei Jahre Liquidität zur Verfügung gestellt. In zwei Tranchen riefen die Banken zum Jahreswechsel 2011/2012 insgesamt über eine Billion Euro ab.

Es mag das Ziel gewesen sein, mit diesen Garantiezusagen und mit dieser Finanzierung der Staatshaushalte durch die Europäische Zentralbank die Kreditmärkte zu beruhigen. Das Vertrauen in die Solvenz der Krisenstaaten sollte wieder hergestellt werden. Erreicht wurde das Gegenteil. Ein Staat nach dem anderen hat in den Jahren 2010 und 2011 das Vertrauen der Kreditgeber verloren. Nach Griechenland und Irland auch Portugal, Spanien und Italien. Und durch die gigantischen Kredit- und Garantiezusagen der zahlungsfähigeren Staaten an die Eurozonen-Mitglieder mit maroden Staatsfinanzen hat sich nun auch die Gruppe der Zahlungsfähigeren in Gefahr gebracht. Die gesamte Staatengruppe der Eurozone manövrierte sich innerhalb von nur zwei Jahren an den Rand einer gigantischen europäischen Staatenpleite. Heute steht Europa am Abgrund.

Die hohen Staatsschulden vieler Länder Europas waren bis zum Ausbruch dieser Krise den meisten Bürgern eher wenig präsent. Vielleicht löste die Höhe der Schulden bei näherer Überlegung durchaus ein Schaudern aus. Und dass es nicht richtig ist, durch immer neue Staatskredite die Zukunft der eigenen Kinder und Enkel aufs Spiel zu setzen: das war sicher vielen von uns bewusst. Im Frühjahr 2012 ist die Sorge jedoch eine andere, unmittelbarere: Es geht um die eigenen Ersparnisse. Die Geldwertstabilität in Deutschland und die möglichen wirtschaftlichen Folgen aus einem Staatsschuldendebakel avancieren zur wichtigsten und größten Sorge der Bundesbürger. Im Februar 2012 waren in einer Infratest-Umfrage immerhin 79 Prozent der Befragten der Meinung, der schlimmste Teil der Krise stehe uns noch bevor, und 58 Prozent der Befragten machten sich zum Jahreswechsel Sorgen um ihre Ersparnisse.[1]

Die Angst ist begründet. Lebensversicherung oder die Riester-Rente zur Altersvorsorge, die Euros auf dem Sparbuch oder die Bundesanleihen im Depot – alle diese Vermögensformen mit einem längeren Zeithorizont bauen auf eine stabile Währung und stehen nun mit der Währung auf dem Spiel. Geldentwertung durch Inflation im Inland ist dabei nur eine von mehreren Gefahren. Eine weitere ist ein drohender Staatsbankrott im Ausland. Eine Lebensversicherung oder die örtliche Sparkasse muss beispielsweise das ihr anvertraute Geld selbst auch investieren, um ihren Kunden eine Verzinsung zu bieten. Zumindest bisher floss ein großer Teil dieses Geldes in vermeintlich sichere Staatsschuldpapiere aus dem Euroraum.

Hauseigentümer könnten in dieser Krise der Staatsfinanzen zu einem beliebten Ziel des Finanzministers werden. Im Ernstfall (als »Staatsnotstand« bezeichnet) würden Zusatzsteuern bzw. Zwangshypotheken erhoben, lassen sich die Besitzer von Immobilien im Grundbuch doch leicht ausfindig machen. Außerdem sind Immobilien, wie der Name schon sagt, unbewegliche Güter: Sie können dem Zugriff des Staats nicht ausweichen. Die Geschichte macht wenig Mut. Im vergangenen Jahrhundert mussten die Deutschen gleich zweimal erleben, dass ihr Geld das Papier nicht mehr wert war, auf dem es gedruckt war – jeweils ausgelöst durch überbordende Schulden der öffentlichen Hand. Und die Geschichte zeigt auch: Mit jedem Euro, den der Schuldenberg wächst, steigen die Begehrlichkeiten, die privaten Vermögen mit Zwangsabgaben oder anderen Maßnahmen anzuzapfen. Für den Finanzwissenschaftler Stefan Homburg ist die Euro-Schieflage eine ausgemachte Sache. Er macht dem Staatsbürger, Verbraucher und Sparer, also jedem von uns, wenig Hoffnung:

> »Als normaler Bürger kann man wenig machen. Die Geschichte zeigt, dass Regierungen, wenn es ernst wird, zu radikalen Mitteln greifen wie Enteignungen, Vermögensabgaben oder Goldbesitzverbot. Auch der normale Eigenheimbesitzer, Riester-Rentner oder Lebensversicherte wird sein Fett wegbekommen. Ist der Staatsnotstand erst erreicht, sind auch die Grundrechte außer Kraft.«[2]

Die Deutschen fürchten um ihre Ersparnisse, und dass sie dauerhaft zum Zahlmeister Europas werden könnten. Und zwar in einem nie dagewesenen Ausmaß. Gleichzeitig gehen in Griechenland, Italien und an vielen anderen Orten die Menschen auf die Straßen. Die Hilfen gehen ihnen nicht weit genug. Die Bedingungen, an die sie geknüpft sind, empfinden sie als ein Diktat, das ihnen von Europa und vor allem von Deutschland aufgezwungen wird. Die Europäische Union verbindet nämlich die Hilfszahlungen mit der Forderung nach wirtschaftlichen Reformen in den Krisenstaaten. Und sie hat damit bereits Reformen auf den Weg gebracht. Sie sollen künftig eine genauere Überwachung der Staatsfinanzen in den Mitgliedsländern ermöglichen und den Staaten eine solidere Haushaltspolitik aufzwingen.

Dabei spitzt sich auch die ökonomische Situation in diesen Ländern weiter zu. Die Wirtschaft schrumpft mit atemberaubendem Tempo. In Griechenland ist das Bruttoinlandsprodukt zwischen 2008 und 2011 um 17 Prozent eingebrochen, und ein Ende der Talfahrt war im Frühjahr 2012 nicht abzusehen. Nach Berechnungen von Konjunkturforschern könnte die griechische Ökonomie insgesamt um ein Viertel schrumpfen, vergleichbar mit der Großen Depression der Dreißigerjahre des vergangenen Jahrhunderts.[3] Aber auch die Volkswirtschaften von Portugal, Spanien und Italien rutschten Ende 2011 ins Minus. Folgerichtig erreichte die Arbeitslosigkeit im Frühjahr 2012 ungeahnte Höhen. In Griechenland beispielsweise schoss die Arbeitslosenrate Ende 2011 über die Marke von 20 Prozent, auch in Spanien markierte sie mit 23 Prozent einen Euro-Rekord. Besonders drückend stellt sich die Situation für junge Menschen dar. Fast jeder zweite Spanier unter 25 war im Frühjahr 2012 ohne Job, so dass bereits von der »Generation Hoffnungslos« die Rede ist.[4] Dabei brechen alte Ressentiments zwischen den Nationen erneut auf. Deutschland solle endlich seine Kriegsschulden bezahlen, so fordern griechische Demonstranten.[5] In Großbritannien orakeln Journalisten, Deutschland wolle die Staatsschuldenkrise nutzen und Europa mit einer Wirtschaftsregierung unter sein Joch bringen. Um nach erfolglosen militärischen Versuchen eine Art »Viertes Reich« zu errichten.[6] War der Euro als Vehikel der Europäischen Integration geplant, wird er in den ersten Wochen des Jahres 2012 eher zu einer Art Sprengsatz, der alte Gräben und Wunden aufreißt und Europa zu zerreißen droht.

Die Misere der Staatsfinanzen in Europa begann lange vor 2010. Und einige Staaten haben über viele Jahre mit ihrer Haushaltspolitik direkt in die Krise gesteuert. Die Krise wurde schließlich bis zum Anschlag verschärft durch die epochale Finanzkrise, die im Jahr 2007 mit geplatzten Hypothekenkrediten ihren Ausgang nahm. Die Exzesse einer jahrelangen Kreditexpansion wurden durch die Krise keineswegs bereinigt. Ein Großteil der privaten Schulden von Banken oder anderen Finanzdienstleistern ist einfach in die öffentlichen Haushalte verschoben worden. Zusätzlich wurden Billionen mobilisiert, um die Wirtschaft vor einer Neuauflage der Großen Depression zu bewahren. Am Ende des Jahres 2012 stehen die Staaten der Erde zusammen voraussichtlich mit 55,4 Billionen Dollar in der Kreide – ein Zahlenungeheuer mit 14 Stellen. Für die 55 Billionen könnte man jedem Erdenbürger einen Dacia Kleinwagen oder ein hochwertiges BMW-Motorrad vor die Tür stellen.

Allein im Jahr 2011 sind noch einmal 6,3 Billionen Dollar an

Schulden hinzugekommen. Einen solch sprunghaften Anstieg hat es in Friedenszeiten noch nicht gegeben, auch nicht einen solchen Schuldenstand. Im Verhältnis zur globalen Wirtschaftsleistung beträgt die Quote 80 Prozent. Im Klartext: Um die öffentlichen Schulden auf einmal abzuzahlen, müssten alle sieben Milliarden Menschen und Unternehmen auf der Erde über ein Dreivierteljahr lang allein für den Fiskus arbeiten.

Historisch sind auch die Schulden der Bundesrepublik Deutschland. Bund, Länder und Gemeinden haben bis Ende 2011 Schulden von rund 2 035 Milliarden Euro aufgehäuft. Die Zinszahlungen verschlingen bereits ein knappes Sechstel der Steuereinnahmen. Allein die Zinslast des Bundes ist mittlerweile der zweitgrößte Posten im Bundeshaushalt. Im Vergleich zu anderen Nationen steht das Land aber sogar noch relativ solide da. In Japan beispielsweise sind die öffentlichen Haushalte mit mehr als dem Doppelten ihrer Wirtschaftsleistung verschuldet.

Doch die Rechnung für die unsolide Haushaltspolitik der vergangenen Jahrzehnte und für die globale Finanzkrise wird nun präsentiert. Dem Haushalt der Bundesrepublik drohen riesige Belastungen aus den eigenen Schulden und aus den Garantien, die aus der Solidarhaftung innerhalb der Euro-Gemeinschaft erwachsen. Finanzschwache Staaten wie Griechenland wollte man durch die starken Nationen stützen. Tatsächlich geraten nun auch die starken Nationen in eine prekäre Situation. Spätestens, wenn das stärkste Land nicht mehr in der Lage ist, weitere Schulden zu schultern, ist auch das weltweite Finanzsystem am Ende. Denn wer rettet dann den Retter?

Elf Jahre nach Einführung der europäischen Gemeinschaftswährung treten die Konstruktionsmängel der Währungsunion offen zutage. Die Mechanismen, die Haushaltsdisziplin sichern sollten, greifen nicht. Die Einheitswährung scheint trotz des bestehenden Regelwerks auf Dauer so wie geplant nicht zu funktionieren. Die Krise hat gezeigt: So wie das System gestrickt ist, stehen für die Fehler der Krisenstaaten die solideren Staaten gerade. Ein System, in dem die einen Entscheidungen über ihre Staatsausgaben und Schulden treffen und andere die finanziellen Folgen für zu hohe Schulden tragen, kann nicht funktionieren. Es führt vielmehr von einer Schuldenkrise in die nächste, und zu einem System, in dem die einen Staaten immer wieder von anderen Staaten gerettet werden müssen, bis es den Rettern irgendwann zu bunt wird.

Erfahrungen mit einer solchen Beistandsverpflichtung gibt es zwar noch nicht aus Europa, aber Deutschland hat damit eigentlich bereits seit Jahrzehnten innerhalb der Bund-Länder-Gemeinschaft Erfahrungen gesammelt. Im Jahr 1992 hat das Bundesverfassungsgericht für das Saarland und Bremen eine extreme Haushaltsnotlage festgestellt und beiden Ländern Anspruch auf Sanierungshilfen durch den Bund zugesprochen. Nach der gewährten Hilfe für Griechenland können nun die schwachen Peripherieländer der Eurozone mit einer ähnlichen Argumentation in Brüssel anklopfen beziehungsweise in Frankfurt bei der Europäischen Zentralbank. So wie im Jahr 2006 das Land Berlin ähnlich wie Bremen und das Saarland beim Bund Hilfen einforderte, könnten andere finanzschwache Eurostaaten auf den ersten Solidarfall Griechenland zeigen.

Die Europäische Staatsschuldenkrise hat diesen Konstruktionsfehler deutlich sichtbar gemacht und markiert deshalb einen Scheidepunkt. Europa hat letztlich nur zwei Optionen.

Eine Option besteht darin, viel näher als in der Vergangenheit zusammenzurücken und sich zu einem Bundesstaat mit einer sehr mächtigen Zentralregierung in Brüssel zu entwickeln. Dazu müsste der EU-Haushalt signifikant erhöht und durch eigene EU-Steuern sowie Eurobonds finanziert werden. Außerdem müsste die EU die Kompetenz für Sozialpolitik als dem größten Ausgabeposten in öffentlichen Haushalten übernehmen. In diesem Fall dürfte Brüssel auch die Entscheidungen über die Einnahmen und Ausgaben in den Mitgliedsstaaten und über die Höhe der Schulden treffen, und ist dann natürlich auch verantwortlich, wenn in einem Mitgliedsstaat trotzdem eine Schieflage entsteht. In Kapitel 7 skizzieren wir ein solches Regime und erklären, warum es für Europa nicht funktionieren kann.

Die andere Option besteht darin, dass Eurostaaten, die sich an den Rand eines Staatsbankrotts bringen, diese Suppe selbst auslöffeln. So war es eigentlich in den Europäischen Verträgen, und besonders im Vertrag von Lissabon vorgesehen. »No bailout« war dort festgeschrieben, was so viel heißt, dass Staaten, die mit ihren Finanzen in die Schieflage geraten, sich selbst befreien müssen, und nicht darauf zählen können, von den anderen Eurostaaten aus ihrer Notlage herausgehauen zu werden. Dass es im Mai 2010 dann anders gekommen ist und Deutschland zusammen mit Frankreich, Finnland, den Niederlanden, Österreich und anderen erst Griechenland, dann Irland, dann Portugal finanziell herausgehauen hat, das hat viele Gründe – Gründe, die man abstellen muss, wenn man solche Hilfsaktionen künftig vermeiden will.

In Kapitel 8 beschreiben wir diese Gründe, und auch wie man Abhilfe schaffen kann. Dabei werfen wir das Licht auf die Finanzmärkte, und besonders die Banken. Die Banken spielten von jeher eine wichtige Rolle in der Finanzierung von Königen und Regierungen (vgl. Kapitel 14). Und so ist es auch in der modernen Welt der Staatenfinanzierung: Sie sind die Finanziers der Staaten. Zum Jahresende 2010 finanzierten Banken etwa 35 Prozent aller Staatsschulden im Euroraum. Das waren rund 2750 Milliarden Euro.[7] Diese Verflechtung zwischen Staat und Banken wird von den modernen Staaten gefördert; sie schafft aber eine gefährliche wechselseitige Abhängigkeit, die ihre Schattenseiten in der Staatsschuldenkrise nur zu deutlich gezeigt hat. Die Abschaffung dieser engen Beziehung ist eine zentrale Voraussetzung für eine funktionierende Eurozone mit unabhängig entscheidenden und selbstverantwortlich handelnden Mitgliedsstaaten.

In einem Staatenverbund, in dem die Einzelstaaten ihre Haushaltspolitik souverän und unabhängig bestimmen, und in dem jeder Staat die finanzpolitische Verantwortung für seine Entscheidungen trägt, sehen wir die einzig mögliche funktionsfähige finanzpolitische Ordnung für Europa. Das muss das langfristige wirtschaftspolitische Ziel sein.[8] Kurzfristig ist mit dieser Einsicht nicht sehr viel gewonnen. In der gegenwärtigen Krise hätte eine Staateninsolvenz die Wirkung eines Erdbebens der Stärke 10 auf die Finanzmärkte. Was aber ist der geeignete Weg vom Status quo zu finanzpolitischer Eigenverantwortung? Auch darauf braucht es eine Antwort. Wir glauben, dass der einzige Schlüssel für dieses Problem von der Europäischen Zentralbank verwaltet wird. Wir glauben, dass die Zentralbank in den kommenden Jahren in eine

Rolle hineinwachsen kann, in der sie den Transformationsprozess aus der Krise und in die finanzpolitische Eigenverantwortung gestalten kann. Diese Exit-Option beschreiben wir in Kapitel 7.

Die Lösung der akuten europäischen Staatsschuldenkrise und die Schaffung einer neuen finanzpolitischen Ordnung für Europa ist eine zentrale Baustelle der Politik. Es gibt indes noch einige andere Großbaustellen. Von ähnlicher Größenordnung für die staatliche Haushaltspolitik sind die finanziellen Herausforderungen, die durch den demographischen Wandel in Deutschland auf den Staat und damit auf uns alle zukommen. Mit der alternden Bevölkerung gibt es immer weniger Personen im Erwerbsalter, die den Großteil der Steuern und Sozialabgaben erwirtschaften. Gleichzeitig erhöhen sich die Ausgaben für die steigende Zahl der Rentner. Angesichts dieser Herausforderungen scheint selbst ein Schuldenstopp auf geordnete Art und Weise außer Reichweite – von einer Rückführung ganz zu schweigen. Für die Besitzer von Einkommen und Vermögen schafft auch dieses Problem eine Bedrohung.

Man kann staatliche Haushaltssanierung an vielen Fallbeispielen studieren, besonders bei hoch verschuldeten Staaten nach Kriegen. Beim Kriegsverlierer Deutschland gab es nach beiden Weltkriegen eine Währungsreform, Japan erlebte nach dem Zweiten Weltkrieg eine kurze und heftige Hyperinflation. Bei den Kriegsgewinnern war die Vermögenserosion weniger offensichtlich: Dort schöpften die Regierungen über hohe Steuern den Wohlstand der Bürger ab, um sich zu sanieren. Der Spitzensteuersatz in Amerika lag nach dem Zweiten Weltkrieg bei über 90 Prozent. Ein Übriges tat die Inflation. Zusätzlich konnten die Regierungen noch auf einen rasanten Konjunkturaufschwung bauen – das berühmte Wirtschaftswunder – und auf eine junge Bevölkerung. Heute ist Ersteres höchst ungewiss und Letzteres angesichts des demographischen Wandels in vielen Staaten ins Gegenteil umgeschlagen.

In diesem Buch zeigen wir Strategien aus der Billionenfalle – für Staatslenker wie Staatsbürger gleichermaßen. Für überschuldete Länder muss ein Weg geschaffen werden, der neue Schulden unattraktiv macht und gleichzeitig Anreize setzt, Altlasten zu bereinigen. Allein auf gesetzliche Schranken zu setzen, wäre blauäugig, wie am europäischen Stabilitäts- und Wachstumspakt zu sehen ist: Nur die wenigsten Euro-Mitglieder halten sich konsequent an die strikten Verschuldungsgrenzen. Über verbale Rügen oder im Sande verlaufene Strafverfahren ist die EU bislang noch nicht hinausgekommen, und daran werden voraussichtlich auch geplante Änderungen am Stabilitäts- und Wachstumspakt in den EU-Verträgen wenig ändern.

Wenn die bestehenden politischen Regeln also kein ausreichender Anreiz für mehr Haushaltsdisziplin und schon gar nicht für die Rückführung von Schulden sind, müssen andere Sanktionsmechanismen wirken. Eine wichtige Rolle kommt den Marktkräften zu. Anders als Privatpersonen oder kleine Unternehmen leihen sich die Finanzminister das Geld meist nicht direkt von den Banken. Sie bieten Staatsanleihen auf dem milliardenschweren Kapitalmarkt an, um neue Schulden aufzunehmen oder alte abzulösen. Die Käufer dieser Anleihen sind es, die den Staaten das Geld borgen und dafür Zinsen erhalten wollen. Letztlich sind es auch die Märkte, die Schuldengrenzen diktieren. Ein Staat kann nur so lange auf Pump leben, wie er Abnehmer für seine Schuldtitel findet. Wer sind diese Akteure, die mit ihren Kauf- und Verkaufsentscheidungen ganze Nationen zu Fall bringen können? Wegen dieser entscheidenden Funktionen haben wir dem Anleihemarkt und seinen Akteuren zwei eigene Kapitel gewidmet.

Aber wird sich die Politik dem Votum der großen Kreditmarktspieler stellen, wenn zu Hause Demonstrationen drohen oder die Wählergunst auf dem Spiel steht? Oder werden die Volksvertreter eher versuchen, die Marktkräfte außer Kraft zu setzen? In Staaten wie den USA, Großbritannien oder Japan sind die de jure unabhängigen Notenbanker neuerdings in das Geschäft der Staatsfinanzierung eingestiegen. Sie betätigten sich seit 2008 als Aufkäufer von Staatsschuldpapieren. Im Frühjahr 2010 folgte auch die Europäische Zentralbank. Von da ist es nur noch ein kleiner Schritt zu einer direkten Finanzierung des Staats mit Geld aus der Notenpresse.

Einen anderen Weg, dem freien Kapitalmarkt zu entgehen, hat die Politik in Argentinien im Jahr 2001 beschritten. Sie setzte einfach die Zinszahlungen aus und erklärte ihren vorwiegend ausländischen Kreditgebern den Bankrott. Islands Staatspräsident Olafur Ragnar Grimsson wiederum ließ im Frühjahr 2010 das Volk darüber abstimmen, ob es knapp vier Milliarden Euro Entschädigungen an britische und niederländische Sparer leisten wollte, die das Finanzinstitut Landsbanki bei seinen Auslandsaktivitäten in den Sand gesetzt hatte. Das Ergebnis des Referendums überrascht kaum. Nur wenige Isländer wollten mit umgerechnet 12 000 Euro pro Kopf für die Fehler ihrer Banker geradestehen.

Einen Staatsbankrott darf man sich nicht vorstellen wie den Konkurs einer Firma, die ihre Ladentür mit Brettern vernagelt, oder wie den privaten Pleitier, dem der Gerichtsvollzieher das Konto pfändet. Der Staatsbankrott kann viel subtiler daherkommen: eine vorübergehende Aussetzung oder die Kürzung von Zinszahlungen hier, die forcierte Abwertung der eigenen Währung da, eine durch politischen Druck erzwungene »freiwillige« Einigung mit den Gläubigern über eine Umschuldung, plötzliche Vermögenszwangsabgaben, die in Privatverträge eingreifen, dort. Wie wäre es mit einem Hypothekensonderopfer, einer Investmentfonds-Deutschlandabgabe? Hierzulande wird in einigen politischen Kreisen zum Abtragen der Schulden bereits eine einmalige Vermögensabgabe diskutiert, der in Ausnahmefällen wohl auch das Grundgesetz nicht im Wege steht.[9]

Die Lösung der Schuldenprobleme hängt auch vom sozialen Zusammenhalt in der jeweiligen Gesellschaft ab. Erträgt eine Demokratie überhaupt die sozialen Zumutungen, die ein Schuldenabbau in der Regel mit sich bringt, oder wird eine solche Regierung einfach abgewählt, so dass eine Haushaltskonsolidierung politisch unmöglich ist? Ist das öffentliche Haushalten auf Kredit ein Webfehler repräsentativer Demokratien? Gibt es überhaupt feste Grenzen der Staatsverschuldung, bei deren Überschreiten die Pleite vorbestimmt ist? Auf all diese Fragen hält das Buch teils überraschende Antworten bereit. Die wachsende öffentliche Verschuldung ist eines der dringendsten Probleme unserer Zeit, die Lösung eine der Schicksalsfragen der westlichen Zivilisation, wenn es um unsere Zukunft und die unserer Währung, unseres Wohlstands und unseres wirtschaftlichen Ranges in der Welt geht. Der besorgte Staatsbürger sollte die möglichen Optionen und deren Konsequenzen kennen, um sich gegen eine Vermögenserosion oder gar -vernichtung zu wappnen. Dieses Buch ist keine Sammlung von

Anlegertipps. Aber die Einordnung der aktuellen Ereignisse in die moderne Theorie und in den historischen Kontext hilft, aktuelle Entwicklungen zu bewerten und als Anleger richtig zu reagieren.

Man muss teilweise weit in die Geschichte zurückblicken, um ähnlich gravierende Umwälzungen zu identifizieren. Deshalb haben wir auch der Schuldenhistorie großen Platz eingeräumt. »›This time is different‹ – dieses Mal ist alles anders«, so nennen Carmen Reinhart und Kenneth Rogoff ihren Rückblick auf acht Jahrhunderte von Finanzkrisen.[10] Sie zeigen, dass sich Staatsverschuldung eben immer wieder in den verschiedenen Formen des Staatsbankrotts entladen hat. Staatsbürger haben im Glauben daran, dass dieses Mal alles anders kommt, ihr Geld wieder und wieder in der Geschichte verloren. Diesen teuren Irrtum wollen wir den Lesern möglichst ersparen.

Wir haben uns von vielen spannenden Büchern und Aufsätzen inspirieren lassen. Der Leser, der einzelne Gedanken und Ideen vertiefen möchte, findet dazu Quellenangaben in den Endnoten im Anhang.

Wie der polnische Lyriker Stanisław Jerzy Lec scharfzüngig bemerkte, ist die Summe von Nullen eine gefährliche Zahl. Und so müssen wir an dieser Stelle noch eine Warnung aussprechen. Milliarden, Billionen, Billiarden: Auf den kommenden Seiten werden Sie von vielen Nullen umgeben sein. Dem Neuroökonomen Armin Falk zufolge sprengen alle Beträge, die über ein Jahresgehalt oder den Preis eines Einfamilienhauses hinausgehen, unsere Vorstellungskraft.[11] Um sich an höhere Dimensionen zu gewöhnen, dauere es mindestens eine Generation. Italiener, die vor der Euroeinführung in hohen Lira-Beträgen rechnen mussten, haben uns Deutschen da wohl etwas voraus. Zur Klarstellung haben wir ein paar Nullen aufgeschrieben:

1 000 000: eine Million
1 000 000 000: eine Milliarde
1 000 000 000 000: eine Billion
1 000 000 000 000 000: eine Billiarde
1 000 000 000 000 000 000: eine Trillion
1 000 000 000 000 000 000 000: eine Trilliarde[12]

Kehren wir zur aktuellen Krise zurück. »Wenn es ernst wird, muss man lügen.« Mit diesem offenen Bekenntnis brachte Luxemburgs Premierminister Jean-Claude Juncker die Situation in der sich seit Monaten zuspitzenden Euro-Schuldenkrise auf den Punkt.[13] Gesagt hat Juncker diesen entlarvenden Satz im Zusammenhang mit einem Geheimtreffen mehrerer Eurostaaten mit der Europäischen Zentralbank, der Europäischen Kommission und Vertretern von Griechenland am 6. Mai 2011.[14] Erst hieß es, dieser Krisenrat habe gar nicht getagt. Doch die an- und abfahrenden Limousinen am Treffpunkt brachten die Wahrheit zu Tage.

Die Lage war und ist ernst. Einer der klügsten Köpfe unter den europäischen Ökonomen, Stefan Homburg, findet deutliche Worte. »Der Euro wird zusammenbrechen«, steht über einem Interview aus dem September 2011.[15] Wegen dieses kritischen Zustands warnte die Chefin des Internationalen Währungsfonds, Christine Lagarde, vor einer drohenden Weltwirtschaftskrise. Der ehemalige Präsident der Deutschen Bundesbank Helmut Schlesinger vergleicht die Krisenbewältigung der Europäischen Zentralbank mit der Kriegsfinanzierung der Reichsbank. Sowohl nach dem Ersten als auch dem Zweiten Weltkrieg musste der massive Geldüberhang durch einen Währungsschnitt bereinigt werden.[16] Und die ansonsten kühle Bundeskanzlerin Angela Merkel betont die politische Dimension. »Scheitert der Euro, dann scheitert nicht nur das Geld, dann scheitert mehr, dann scheitert Europa, dann scheitert die Idee der europäischen Einigung«, sagte sie anlässlich der Verleihung des Karlspreises an den polnischen Premierminister Donald Tusk.[17]

Vielleicht stehen wir an dem Punkt, den der einflussreiche Unternehmensberater Roland Berger in einem Interview 1997 skizziert hat, als er für eine Verschiebung der Einführung plädiert hat:

> »Wenn das Experiment Euro schiefgeht, dann gibt es zwei Szenarien: Entweder hohe Inflation und Arbeitslosigkeit mit allen gerade in Deutschland wohlbekannten Folgen. Oder die Wiederherstellung der Nationalstaaten auf dem Weg der Vertragsauflösung.«[18]

Ob das Schicksal Europas und damit die Europäische Integration wirklich am Euro hängen, und ob dieses Junktim nicht gerade zum Sprengsatz des Europäischen Integrationsprozesses wird, wird in diesem Buch erörtert. Die Debatte erinnert in fataler Weise an jene Auseinandersetzungen, die vor allem in Deutschland zur Einführung des Euro geführt wurden. Damals bekamen Euroskeptiker gern das Etikett Anti-Europäer und kleinkarierte Verhinderer einer großen Idee angeheftet oder wurden gleich in die rechte Ecke gestellt.

Aber gehen wir die Angelegenheit chronologisch an. Wir fragen: Wie kam es überhaupt zu der bestehenden Fehlkonstruktion der Währungsunion? Haben Wirtschaftswissenschaftler nicht vor diesen Entwicklungen gewarnt? Was war das Kalkül der Politik? Und warum war Griechenland mit dabei? Wie verlief die Geburt des Euro? Es war ein Abenteuer, das zunächst wie eine Erfolgsgeschichte aussah. Wie kam die Krise zum Ausbruch? Wie hat die Politik reagiert? Hätte es bessere Optionen gegeben? Welche Interessen waren und sind im Spiel?

2. Erwachen aus dem Eurowunder

Die ersten zehn Jahre der neuen Währung verliefen verheißungsvoll. Nach einem etwas holprigen Start legte das europäische Geld gegenüber den wichtigen Währungen US-Dollar und dem britischen Pfund ein knappes Drittel zu. Selbst gegenüber dem Schweizer Franken, für viele der Inbegriff einer Hartwährung, konnte sich die junge Währung behaupten. In den Portfolios internationaler Investoren und Notenbanken stieg die Gemeinschaftswährung hinter dem Dollar zur zweitwichtigsten Reservewährung auf. Dem IWF zufolge lauteten im Jahr 2009 rund 27 Prozent aller Notenbankbestände auf Euro, das sind ganze neun Prozentpunkte mehr als zum Start 1999. In den Buchhandlungen der großen Flughäfen stapelten sich die Bücher, die von der neuen Supermacht Eurozone kündeten. Und als im Jahr 2008 der Finanzorkan über Europa wütete, blieben Währungsverwirbelungen bei den Euro-Mitgliedern aus.

Eine Selbstverständlichkeit war dieser Erfolg ganz und gar nicht. Gerade in den Anfangstagen des Euro gab es praktisch keine Erfahrungswerte, auf die sich die Währungshüter der EZB bei der Wahl ihrer Geldpolitik stützen konnten. Und auch das statistische Material aus den Mitgliedsländern zu zentralen Größen wie Import- oder Exportpreisindizes war zunächst gar nicht verfügbar, oder kam in ganz unterschiedlichen Berechnungsvarianten und mit mehreren Monaten zeitlicher Verzögerung aus den Mitgliedsländern. Welcher Zins und welche Maßnahmen der Geldversorgung für diesen Währungsraum bestehend aus elf so unterschiedlichen Volkswirtschaften die richtigen waren, darüber gab es keine gesicherten Erkenntnisse.[19] Der erste Präsident, Wim Duisenberg, vor allem aber sein damaliger Chefvolkswirt, Otmar Issing, steuerten die EZB in völlig unbekanntes Territorium. Und sie taten das mit großem Geschick und beachtlichem Erfolg.

Auch die Fiskalpolitik sorgte zunächst für positive Schlagzeilen. In beiden Anfangsjahren machte keines der Mitgliedsländer mehr neue Schulden als im Maastricht-Vertrag vorgesehen war. Insbesondere die Peripherieländer Spanien und Irland sanierten ihre Haushalte scheinbar im Eiltempo.

Dieses fiskalische Wunder beruhte weder darauf, dass in den Ländern plötzlich Öl- oder Goldvorräte entdeckt wurden, noch übernahmen besonders strenge Finanzminister das Regiment. Vielmehr profitierten die Länder von einem kräftigen Zinsrutsch, der in vielen Ländern am Rande Europas bereits Mitte der neunziger Jahre einsetzte (Abbildung 1). Immer mehr Kreditgeber vertrauten darauf, dass auch die südeuropäischen Staaten zum Start des Euro dabei sein würden. Das verringerte die Gefahr einer Abwertung von spanischer Peseta oder italienischer Lira gegenüber der Reservewährung D-Mark. Als Folge schrumpften die Risikoaufschläge, die spanische oder italienische Staatsanleihen gegenüber den Bundesanleihen zu bieten hatten, um Geldgeber zu finden. Mit zwei Jahren Verzögerung näherten sich auch die Zinsen für griechische Staatsanleihen dem Niveau der anderen Länder.

Niedrigere Zinsen für Staatsanleihen wiederum verringerten die Schuldenlasten und nahmen Druck von den öffentlichen Haushalten.[20] Die Fälle von Spanien und Italien machen dies besonders plastisch. Noch Anfang 1996 mussten deren Finanzminister ihren Investoren für zehnjährige Schuldentitel zehn beziehungsweise elf Prozent pro Jahr bieten. Zum gleichen Zeitpunkt konnte sich ihr deutscher Kollege Theo Waigel für sechs Prozent verschulden. Dieser Unterschied verschwand bis 2006 fast vollständig. Durch die Währungsunion schmolzen die Risikoaufschläge dahin, alle Länder konnten sich nun zu den gleichen günstigen Konditionen wie die Bundesrepublik Geld leihen. Bei Staatsschulden in Billionenhöhe – und um solche Dimensionen ging es etwa bei Italien – sparte ein Finanzminister mit jedem Prozentpunkt, den er weniger Zinsen an die Investoren zahlen musste, einen zweistelligen Milliardenbetrag.[21]

Die Auswirkung dieser Einsparungen auf die Staatshaushalte waren beträchtlich. Bei Spanien und Irland verringerte sich die Schuldendienstquote – das sind die Ausgaben für Zinszahlungen

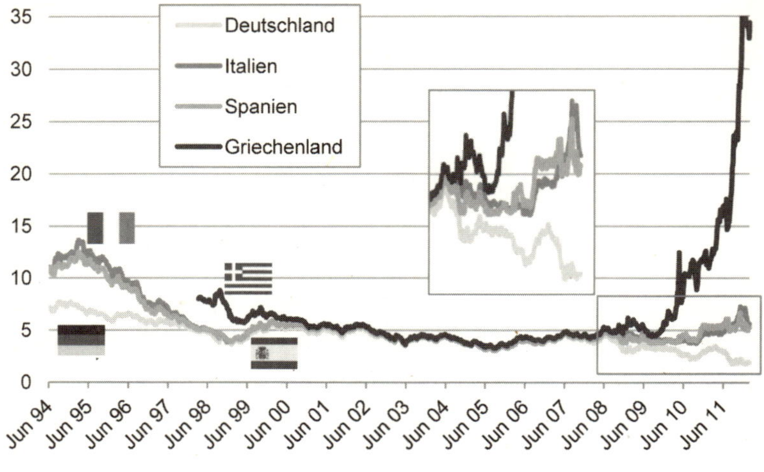

Abb. 1: Renditen zehnjähriger Staatsschuldtitel
Quelle: Bloomberg

gemessen an sämtlichen Staatseinnahmen – von über zehn Prozent im Jahr 1997 auf unter fünf Prozent nur zehn Jahre später. Die Schuldendienstquote Griechenlands sank zwischen 1997 und 2007 gar von knapp einem Viertel auf zehn Prozent.[22]

Gleichzeitig wirkten die niedrigeren Zinsen wie ein gigantisches Konjunkturprogramm. Die private Kreditnachfrage schoss in die Höhe. Das billigere Geld befeuerte vor allem den Immobiliensektor. Die spanische Wirtschaft verzeichnete daraufhin in den ersten Jahren der Währungsunion Wachstumsraten zwischen drei und fünf Prozent, die griechische sogar noch etwas höhere – in beiden Fällen war ein Drittel davon allein vom Bausektor getragen. Der »keltische Tiger«, Irland, erlebte dank eines atemberaubenden Immobilien- und damit verbundenen Bankenbooms ein richtiges Wirtschaftswunder mit zweistelligen Zuwächsen.[23] Nicht nur die landeseigenen Banken machten prächtige Geschäfte mit der Vergabe von Hypothekenkrediten. Das Land lockte in den goldenen Zeiten des Immobilienbooms mit Sonderkonditionen Finanzinstitute aus ganz Europa nach Dublin. Auch die 2007 von der Hypo-Real-Estate erworbene Tochter Depfa hatte wegen der

Steuervergünstigungen und der im Vergleich zu Deutschland laxeren Regulierungspraxis im Jahr 2002 ihren Firmensitz nach Irland verlegt.[24]

Die gewaltige Wachstumsdynamik, die Irland, Griechenland und Spanien erfasst, macht Deutschland in diesen Jahren zum Schlusslicht Europas in Sachen Wachstum. Mit Ausnahme von 2000 und 2006 legte die hiesige Wirtschaft mit Raten zwischen null und 1,9 Prozent nur leicht zu. 2003 schrumpfte die deutsche Ökonomie sogar um 0,23 Prozent.[25] Bei der Wirtschaftsrallye in der Peripherie fühlte man sich fast schon an die Einlösung einer realsozialistischen Utopie Walter Ulbrichts Ende der 1960er-Jahre erinnert, der für seine DDR-Ökonomie die Losung vom »überholen ohne einzuholen« ausgab. Denn es war kein Aufholeffekt, mit dem die ärmeren Länder den Einkommensabstand zu einem viel reicheren Deutschland verringerten. Es war für einige ein Vorbeirauschen auf der Überholspur, Deutschland sah in diesen Jahren die Rücklichter dieser Länder in der Entfernung verschwinden, wie Abbildung 2 eindrucksvoll ausweist. Gerade Irland, das einstige Armenhaus Europas, war 1996 bereits an Deutschland vorbeigewachsen. Zu Beginn der Krise im Jahr 2007 erwirtschaftete jeder der gut viereinhalb Millionen Iren durchschnittlich 41 500 Euro, im Vergleich dazu betrug das Pro-Kopf-Einkommen in Deutschland lediglich 29 000.[26]

In den Peripheriestaaten wirkte die Währungsunion mit ihrem positiven Zinsschock aus einem weiteren Grund wie ein Wachstumsbeschleuniger. Zwar stieg in Spanien oder Irland, wohl in Verbindung mit dem starken Wirtschaftswachstum, auch das Preisniveau. Dennoch blieben die Zinsen niedrig, die Länder waren ja Mitglieder in der Eurozone. Die Realzinsen, also die nominalen Zinssätze abzüglich der Inflationsrate, waren in diesen Ländern deshalb besonders niedrig. Das machte neue Kredite und Immobilienkäufe noch lohnenswerter. Diese sich wechselseitig verstärkenden Effekte haben zu den hohen Wachstumsraten in den betreffenden Ländern beigetragen.

Immobilienbesitzer in den Wachstumsländern fühlten sich wegen der steigenden Häuserpreise immer reicher. Dieser Vermögenseffekt mag auch die Nachfrage angeregt haben. Zwischen 2002

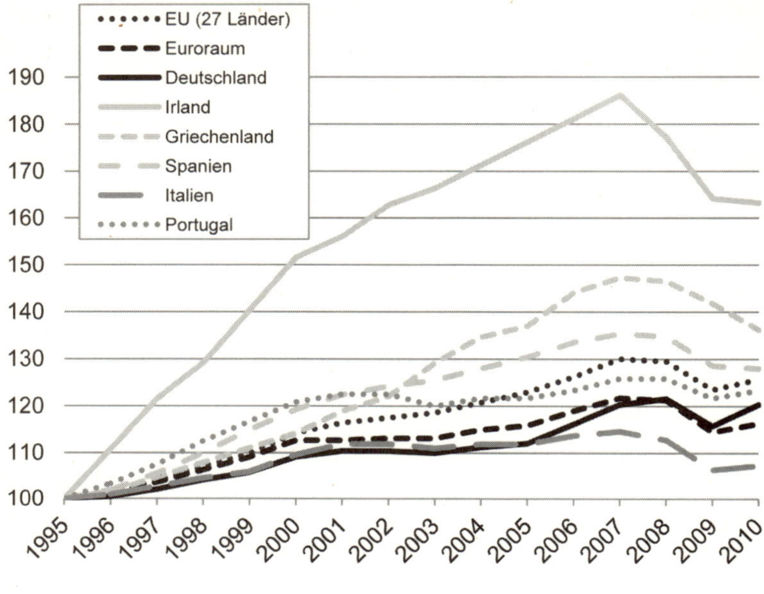

Abb. 2: Entwicklung des Pro-Kopf-Einkommens in Europa relativ zueinander, bezogen auf einen gemeinsamen Ausgangspunkt 1995
Quelle: Eurostat

und 2007 explodierte in Spanien die Verschuldung der privaten Haushalte, vergleichbar mit den Entwicklungen in den USA. Im Jahr 2010 standen private Haushalte in Spanien mit mehr als dem Doppelten des spanischen Bruttoinlandsprodukts in der Kreide. Zum Vergleich: Die Schulden der privaten Haushalte in Deutschland betragen lediglich 140 Prozent der Wirtschaftskraft, in Frankreich 130 Prozent.[27]

Was aussah wie ein Wachstumswunder waren in Wirklichkeit Spekulationsblasen, die im Zuge der Finanzkrise schließlich platzten. Die hohe Verschuldung der privaten Haushalte und der große Anteil des kreditabhängigen Immobiliensektors an der Wirtschaftsleistung verursachten für die betroffenen Staatshaushalte besonders große Verluste und dementsprechend kostenträchtige Rettungsmaßnahmen. Allein der spanische Staat verabschiedete im Zuge der Finanzkrise eines der größten Konjunkturprogramme von 48 Milliarden Euro – und geht einem neuen Schuldenrekord entgegen.[28] In Irland ruinierten umfassende öffentliche Bürgschaften für die Banken die Staatsfinanzen.[29] Allein zwischen 2007 und 2010 schoss der Schuldenstand von 25 auf 95 Prozent der Wirtschaftsleistung in die Höhe. 2012 dürfte diese Quote gar bei 115 Prozent liegen, das ist fast das Doppelte dessen, was im Stabilitätspakt als Gesamtverschuldung zulässig ist.[30] Der fiskalische Konsolidierungserfolg von zweieinhalb Dekaden ist damit dahin.[31] Und die Welt hat einmal mehr erfahren, dass die Verbindlichkeiten überschuldeter privater Akteure beim Staat landen können.[32]

Der kreditfinanzierte Boom in den Randstaaten Europas erschwert nun auch deswegen die Lösung der Eurokrise, weil er die Wettbewerbsposition dieser Länder verschlechtert hat.[33] Besonders die Lohnkosten drifteten auseinander. In einer Währungsunion bleibt das nicht ohne Konsequenzen. Staaten wie Spanien, Griechenland oder Portugal fielen im inner- und außereuropäischen Vergleich immer weiter zurück, verloren ihre Exportmärkte an Asien mit seinen niedrigen Löhnen, und verzeichneten markante Defizite.[34] Die Europäische Zentralbank hat auf die divergierende Wettbewerbsfähigkeit bereits im Jahr 2006 hingewiesen.[35]

Um bei weiterhin bestehender Mitgliedschaft in der Währungsunion wieder wettbewerbsfähig zu werden, müssten die Preise und Löhne in den Randstaaten nach Berechnungen des New Yorker Ökonomen Nouriel Roubini um 20 bis 30 Prozent schrumpfen. Besonders dramatisch stellt sich die Situation in Griechenland dar. Nach Berechnung des deutschen Volkswirts Hans-Werner Sinn müsste das Mittelmeerland eine relative Preissenkung von 31 Prozent durchführen, um wieder Anschluss zu finden. Ein solcher Prozess wäre wahrscheinlich mit jahrelanger Rezession verbunden. Kaum eine Gesellschaft erträgt solche Belastungen lange.[36] Außerdem würde eine Preis- und Lohnsenkung die Schulden als Anteil an einer nominal sinkenden Wirtschaftskraft in die Höhe treiben und damit möglicherweise den Weg in eine Überschuldung beschleunigen.

3. Ein politisches Projekt scheitert

Der »Grundstein«-Theorie folgend sollte die Währungsunion Kräfte im Integrationsprozess Europas in Gang setzen und den Prozess hin zu den Vereinigten Staaten von Europa beschleunigen. Die Politik mag sich an einem anderen Gründervater, nämlich dem Amerikaner James Madison, orientiert haben, der eine Integration über die Portemonnaies empfohlen hatte: »Zentralisiere ihre Brieftaschen, und ihre Herzen und ihr Geist werden folgen.«[37]

Trotz großer Mentalitätsunterschiede und nationaler Egoismen wurden bereits in den 1950er-Jahren erste Überlegungen für ein Europageld entwickelt.[38] Das konkrete Euro-Projekt wurde dann in den 80er Jahren auf den Weg gebracht. Der Delors-Plan vom April 1989 skizziert den Weg in die Währungsunion entlang von drei Schritten; und dieser Weg wurde durch die deutsche Wiedervereinigung dann wohl entscheidend beschleunigt.[39] Die Entscheider aus der Politik haben dabei den möglichen wirtschaftlichen Kollateralschaden des Euro entweder gern übersehen oder bewusst in Kauf genommen. Das haben schon Zeitzeugen so gesehen.[40] Der führende Makroökonom Jürgen von Hagen beschreibt diese Stimmungslage 1998:

> »Im Kern stand die Vorstellung, dass die Währungsintegration in Europa zum Vehikel einer engeren politischen Integration wird, an deren Ende die Bildung eines europäischen Bundesstaates steht. Der Weg zur Währungsunion läßt sich – da die volkswirtschaftlichen Vorteile der gemeinsamen Währung eher gering einzuschätzen sind und ihnen nicht unbedeutende wirtschaftliche Kosten gegenüberstehen können – nur aufgrund dieser politischen Motivation verstehen.«[41]

In dieser Arbeit sieht von Hagen eine Periode hoher Preisstabilität voraus, und auch die Notwendigkeit einer stärkeren politischen

Integration mit einer Transferunion als Gegengewicht zu den unterschiedlichen Wirtschaftsentwicklungen.

Ein zentraler Anker in dieser Diskussion war die Theorie des optimalen Währungsraums, die der spätere Nobelpreisträger Robert Mundell bereits im Jahr 1961 entwickelt hatte.[42] Die Theorie besagt, dass sich souveräne Staaten nur dann zu einer Währungsunion zusammenschließen sollten, wenn hierdurch keine Wohlfahrtsverluste für die beteiligten Länder entstehen. Solche wirtschaftlichen Nachteile treten dann auf, wenn plötzliche Krisen oder Schocks die einzelnen Länder einer Geldunion unterschiedlich hart treffen und sie eigentlich mit Wechselkursänderungen gegensteuern müssten. Die Länder einer optimalen Währungsunion sind entweder wirtschaftlich weitestgehend homogen und haben Krisen- oder Boomphasen, die weitgehend synchron verlaufen. Oder die Mobilität von Arbeitskräften und Kapital ist sehr hoch: Steigt ein Land der Währungsunion wirtschaftlich ab, können die Einwohner einfach in den wirtschaftlich prosperierenden Staat umziehen und so den Ausgleich schaffen, der sonst über die Währung stattgefunden hätte. Gemessen an den idealen Anforderungen eines optimalen Währungsraums Mundells dürften indes selbst viele deutsche Bundesländer untereinander keine Geldgemeinschaft bilden, geschweige denn Länder mit Sprachbarrieren in Europa.

In Europa waren es vielleicht weniger unterschiedliche konjunkturelle Entwicklungen, die der Eurozone zum Verhängnis wurden. Unterschiedliche Traditionen und Wirtschaftssysteme, nicht zuletzt im Bereich der Tarifverhandlungen, waren wohl wichtiger. Diese strukturellen Unterschiede haben zu den sich selbst verstärkenden und divergierenden Wirtschaftsentwicklungen beigetragen.

Öffentlich wurden diese Probleme gern wissentlich oder unwissentlich verschleiert und stattdessen wurden gerade die wirtschaftlichen Vorzüge des Euro gelobt. Bis heute werden auch deutsche Politiker nicht müde zu sagen, dass Deutschland als Exportnation der Hauptgewinner des Euro sei – eine Behauptung, die nur schwer mit der beschriebenen Wachstumsdynamik in Europa in Übereinklang zu bringen ist, und die bestenfalls eine gewisse Plausibilität hat, wenn man den Begriff »Deutschland« sehr verengt betrachtet und eigentlich die »deutsche Exportindustrie« meint.

Die Ungleichgewichte, die die Wirtschaftswissenschaft vorhergesehen hat, traten offen erkennbar zu Tage, lange vor Beginn der Krise. In Spanien erreichte das Leistungsbilanzdefizit im Jahr 2007 ganze zehn Prozent der Wirtschaftsleistung, in Griechenland gar fast 15 Prozent. Im Vergleich dazu: Selbst in den USA, deren defizitärer Handel mit China immer wieder hervorgehoben wird, überstieg das Defizit nie mehr als sechs Prozent.[43] Wenn aber ein Land beständig mehr Waren und Dienstleistungen einführt als es exportiert, lebt es über seine Verhältnisse. Wären die Länder nicht Teil der Währungsunion, dann könnte sich ihr Leistungsbilanzdefizit in Abwertungen der eigenen Währung entladen. Diese Abwertung würde dem ungleichgewichtigen Warenstrom entgegenwirken: Ein niedrigerer Wechselkurs würde die eigenen Produkte auf den Weltmärkten günstiger und die Importe aus konkurrierenden Staaten teurer machen.[44]

Vor Einführung der Gemeinschaftswährung hat der Wechselkursmechanismus für viele der heutigen Euroländer eine wichtige Rolle gespielt. Nach 1971, als das System fester Wechselkurse von Bretton Woods zusammenbrach, gewann beispielsweise die D-Mark gegenüber der spanischen Peseta um über 300 Prozent an Wert. Für Griechenland reichte selbst das nicht aus: In den 20 Jahren vor der Währungsunion stieg die D-Mark gegenüber der Drachme um mehr als 600 Prozent.[45]

Vor allem angelsächsische Ökonomen hatten davor gewarnt, die Währungsunion als ein Instrument der politischen Vereinigung zu benutzen, etwa um die Macht eines wiedervereinigten Deutschland einzudämmen. Harvard-Professor Martin Feldstein wagte in einem vielbeachteten Aufsatz gar die These, die Einführung einer gemeinsamen Währung könnte innerhalb der Eurozone bewaffnete Konflikte heraufbeschwören. Unterschiedliche Mentalitäten im Umgang mit Inflation und Arbeitslosigkeit sowie Differenzen über angemessene Wirtschaftspolitik hätten langfristig durchaus die Kraft, alte historische Animositäten wieder zu wecken. Als besonders gravierenden Konstruktionsfehler betrachtete Feldstein die Tatsache, dass die EU keine Regelung für einen geordneten Austritt aus der Währungsunion vorsah.[46] Und der amerikanische Wirtschaftswissenschaftler Milton Friedman hielt die Währungsunion für eine Schönwetterkonstruktion. Der Euro werde seine erste große Krise nicht überstehen, prophezeite Milton Friedman, einer der einflussreichsten Ökonomen des 20. Jahrhunderts.[47] »Früher oder später, wenn die Weltwirtschaft einen wirklichen Dämpfer bekommt, werden die inneren Widersprüche in Europa dieses zerreißen.«

In Deutschland gab es neben den vielen Stimmen, die die politischen Vorzüge des Projekts lobten oder einem Bundeskanzler Kohl, der die Einführung des Euro zu einer Frage von »Krieg und Frieden« stilisierte[48], auch gewichtige kritische Stimmen außerhalb der Ökonomenzunft. Ralf Dahrendorf sagte in einem Interview: »Ich sehe den Euro als kritischer Bürger und halte ihn für einen schweren Fehler. Die Währungsunion geht an den Hauptthemen Europas vorbei und teilt den Kontinent.«[49] Kurt Biedenkopf merkt kritisch-ironisch an: »Der Euro, so lautet die Parole, wird gelingen, weil es zu seinem Erfolg keine Alternative gibt. Der Euro ist – um das Titanic-Argument zu bemühen – unsinkbar!«[50] und fordert ein Nachdenken darüber ein, was im Fall des Scheiterns geschieht. Viele Ökonomen sahen das Projekt selbst, aber auch den Einführungszeitpunkt kritisch. Allen voran schritten dabei die drei Wirtschaftsprofessoren Wilhelm Hankel, Wilhelm Nölling und Joachim Starbatty mit dem Staatsrechtler Karl Albrecht Schachtschneider. Die Viererbande, wie die Euro-Opponenten gelegentlich genannt wurden, hatte kurz vor dem Start der Währungsunion Anfang 1998 sogar mit einer Klage beim Bundesverfassungsgericht gegen die Abschaffung der D-Mark prozessiert – und letztlich verloren.[51] Zwölf Jahre nach ihrer ersten Klage, im Frühjahr 2010, startete die Viererbande ein Comeback und zog erneut vor das Bundesverfassungsgericht. In seinem Urteil vom 7. September 2011 hat das Gericht die Verfassungsbeschwerde dieser durch Dieter Spethmann erweiterten Gruppe erneut zurückgewiesen.[52]

Viele Euroskeptiker befürchteten, die Einführung der gemeinsamen Währung unter der Obhut einer von den Mitgliedsstaaten gemeinsam überwachten Zentralbank werde zu einem »weichen« Euro führen. Die Staatsschulden in den Eurostaaten könnten ausufern, die Regierungen der Eurostaaten würden dann auf die Europäische Zentralbank Druck ausüben, die Staatsschuld durch höhere Inflation zu bekämpfen.

Die Gründerväter des Euro haben deshalb Vorsorge getroffen – so dachten sie jedenfalls. Drei Säulen in den Europäischen Verträgen sollten einem Ausufern der Staatsschulden und einer Aufweichung des Euro entgegenwirken.

Die Geldpolitik wurde in die Hände der neu geschaffenen Europäischen Zentralbank gelegt. Anders als beispielsweise die US-Amerikanische Notenbank, die nicht allein stabilen Preisen, sondern auch einem möglichst hohen Beschäftigungsniveau verpflichtet ist,[53] sollte die EZB ganz in der Tradition der Deutschen Bundesbank ihr Augenmerk auf ein einziges übergeordnetes Ziel richten: die Preisstabilität des Euro.

Unabhängig sollte sie sein, die Zentralbank für den Euro. Darauf hatten insbesondere die früheren Bundesbank-Präsidenten, allen voran Hans Tietmeyer, in den langen Verhandlungen auf dem Weg zur europäischen Währungsunion gedrungen. Der gestrenge Hüter der D-Mark soll sich beim ersten Treffen des EZB-Rats im Jahr 1998 sogar geweigert haben, den Konferenzraum zu betreten, weil die Sitzordnung nach Ländern geordnet war. Tietmeyer wollte damit demonstrieren, dass die EZB nicht den einzelnen Länderinteressen verpflichtet ist. Der Bundesbanker setzte sich durch. Seither tagen die Mitglieder des EZB-Rats streng nach Alphabet geordnet am großen Konferenzrund im 36. Stock des Eurotower.

Entsprechend legt Artikel 127 AEUV, also des Vertrags über die Arbeitsweise in der Europäischen Union, die Gewährleistung der Preisstabilität eindeutig als vorrangiges Ziel der Geldpolitik des Eurosystems fest. Daran sollte die EZB gemessen werden. In Zahlen wurde das Ziel oft so interpretiert, ob es ihr gelingt, die Inflationsrate in einem kleinen Intervall knapp unter zwei Prozent pro Jahr zu halten.

Gemäß Artikel 123 AEUV verbieten die Europäischen Verträge der Europäischen Zentralbank, Staaten direkt über die Notenpressen zu finanzieren. Ein weiterer Grundsatz sieht vor, dass die Währungshüter an keine Weisungen aus der Politik gebunden sind und mit ihren Maßnahmen nicht einzelne Länder bevorzugen dürfen. Diese Konzeption wurde im Vertrag selbst sowie im

Protokoll (Nr. 18) über die Satzung des Europäischen Systems der Zentralbanken und der Europäischen Zentralbank rechtlich festgeschrieben. So war zumindest formal gesichert: Ein Eingriff in die Autonomie der EZB erfordert einen einstimmigen Beschluss der Mitglieder der EU zu einer Änderung der Europäischen Verträge.

Und in den Europäischen Verträgen wurden zwei weitere Leitplanken eingezogen, die ein Ausufern der Staatsschulden in den Mitgliedsländern der Eurozone verhindern sollten. Die eine Leitplanke legte fest, dass gegenseitige Haftungsverpflichtungen der Mitgliedsstaaten füreinander und Haftungsverpflichtungen der Europäischen Regierungsebene für die Staatsschulden einzelner Mitglieder ausgeschlossen sind. Die Staaten versprachen, sich gegenseitig nicht zu helfen, wenn die öffentlichen Haushalte in einem Euroland in Not geraten. Die genaue Regelung findet sich im Vertrag von Lissabon, der aktuell gültigen Fassung der Europäischen Verträge, in Artikel 125 AEUV und wird häufig als »No-bailout-Klausel« bezeichnet. Sie wurde so interpretiert, dass Mitgliedsstaaten mit maroden Staatsfinanzen ihre Probleme selbst lösen müssten, und nicht von anderen Mitgliedern oder der EU Garantien oder Hilfszahlungen erhalten sollten. Dabei ging es nicht um Bestrafung im Sinne von Schuld und Sühne, sondern darum, falsche Verhaltensanreize zu unterbinden: Die nationale Eigenverantwortung im Krisenfall macht solche Krisen für den betroffenen Staat sehr unangenehm. Denn wenn es hart auf hart käme, müsste der Staat den Staatsbankrott erklären, mit recht negativen Konsequenzen für die Wirtschaft des Landes, wie wir sie in Kapitel 14 genauer beschreiben. Und das schafft eine hohe Motivation, durch gute Haushaltsdisziplin solchen Krisen vorzubeugen.

Auf die guten Anreize der Eigenverantwortlichkeit allein wollten sich die Väter der Währungsunion indes nicht verlassen. Für den Fall, dass einem Eurostaat das Eigeninteresse an Haushaltsdisziplin abhanden käme, haben sie – vor allem auf Betreiben des damaligen deutschen Finanzministers Theo Waigel, der seinen Landsleuten den Abschied von ihrer geliebten D-Mark weniger schmerzlich machen wollte, mit einer Vorschrift nachgelegt, die heute als Artikel 126 AEUV in der Europäischen Finanzverfassung steht: Die Schuldenaufnahme in den Eurostaaten sollte so beschränkt werden, dass eine extreme Haushaltsnotlage eines Eurostaats eigentlich nicht entstehen könnte. Diese häufig als »Europäischer Stabilitäts- und Wachstumspakt« bezeichneten Regelungen sehen vor, dass der Schuldenstand von Eurostaaten unterhalb einer Quote von 60 Prozent der Wirtschaftskraft sein sollte, und dass eine Erhöhung der Schuldenquote unterhalb eines Referenzwerts von drei Prozent der Wirtschaftskraft liegen solle. Bei Einhaltung dieser Regeln, so die Idee, sollte die Kreditwürdigkeit eines Eurostaats dauerhaft gewährleistet sein. Die Defizitmarke von drei Prozent der Wertschöpfung des Landes wurde bei der Konzeption der Fiskalverfassung Europas deshalb gewählt, weil sich der Schuldenstand bei einem jährlichen Budgetdefizit von drei Prozent bei 60 Prozent des Bruttoinlandsprodukts ungefähr stabilisiert, wenn man ein jährliches Wirtschaftswachstum von drei Prozent sowie eine Inflationsrate von zwei Prozent unterstellt.[54]

Der Artikel 126 AEUV des Lissabon-Vertrags legt ferner fest, dass die Europäische Kommission in Verbindung mit dem Europäischen Rat die Einhaltung der Neuverschuldungsregel überwacht. Regelverletzungen sollten angezeigt und abgemahnt werden, und falls nötig mit Sanktionen und Strafzahlungen belegt werden.

Bereits in der Debatte um die Einführung dieses stabilitätspolitischen Regelwerks waren einige Ökonomen skeptisch, was seine Funktionsfähigkeit angeht. Am deutlichsten brachte Stefan Homburg seine Skepsis zum Ausdruck. Den Verschuldungsgrenzen räumt er nur symbolische, aber keine ökonomische Bedeutung ein, und weist auf das zentrale Glaubwürdigkeitsproblem der »No-bailout-Klausel« hin:

> »Wenn es zum Bankrott eines Landes kommt, können die übrigen Länder ihre nach Art. 103a EG-Vertrag [heute: Artikel 125 AEUV, Anmerkung der Autoren] erforderliche Zustimmung zu einem finanziellen Beistand seitens der Gemeinschaft wohl kaum versagen. Die vorherige Drohung ›Wir werden euch im Falle des Falles nicht helfen!‹ ist unter dem Druck einer einheitlichen Währung unglaubwürdig. Wer glaubt schon, dass Deutschland tatenlos zusehen würde, wenn Belgien in den Konkurs ginge? Viel realistischer ist die Prognose, dass es in diesem Fall zu erheblichen Transferzahlungen kommen wird.«[55]

Mit ihrer Einschätzung haben die Skeptiker rückblickend in jeder Hinsicht Recht behalten. Das in seiner Klarheit und Kürze nicht zu übertreffende »No-bailout-Gebot« wurde genau so verletzt, wie vorhergesehen, als Griechenland als erstes Euro-Land am Rande der Staatspleite stand. Damit nicht genug. Statt diesen Regelbruch als einmalige Ausnahme zu betrachten, hat man ihn auf alle Krisenstaaten der Eurozone ausgeweitet. Und auch damit nicht genug: nun sollte durch einen dauerhaft etablierten Krisenmechanismus, durch den sogenannten »Europäischen Stabilitätsmechanismus« diese Form der Staatenrettung zu einer dauerhaften europäischen Institution verstetigt werden und die Möglichkeit solcher Rettungsaktionen mit einer Änderung der Europäischen Verträge in den Verfassungsrang gehoben werden.

Die Geschichte des Stabilitäts- und Wachstumspakts ist ebenfalls eine Geschichte der Regelbrüche in Serie. Fast alle Länder der Eurozone verletzen derzeit das Schuldenstandskriterium von 60 Prozent der Wertschöpfung, und gegen fast alle Länder läuft im Frühjahr 2012 ein Verfahren wegen der Verletzung des Drei-Prozent-Defizitkriteriums. Aber diese Vertragsverletzungen sind kein neues Phänomen. Sie beschränken sich nicht auf die Zeit nach Ausbruch der Wirtschaftskrise 2007.

Eine besonders unrühmliche Rolle spielt auch Deutschland, wie in Kapitel 12 noch ausführlicher dargestellt wird. Bereits 2002, also unmittelbar nach der Einführung der Währungsunion hat die größte Volkswirtschaft der Eurozone gegen das Defizitkriterium verstoßen. Auf politischen Druck konnte Berlin einen Blauen Brief abwenden, im Tandem mit Paris setzten beide Schwergewichte im Finanzministerrat eine Aussetzung der von der Kommission geforderten Verschärfung des Defizitverfahrens durch. Das jahrelange Tauziehen zwischen Kommission und Einzelstaaten, das auch vor dem Europäischen Gerichtshof (EuGH) ausgetragen wurde, mündete im Jahr 2005 in einer Revision des Stabilitäts- und Wachstumspakts, die dessen Regeln aufweichen sollte.[56]

Für viele kleinere Staaten war das deutsche Vorbild ein Freibrief für fiskalische Maßlosigkeit. Griechenland etwa hat in den zehn Jahren seiner Mitgliedschaft in neun von zehn Jahren ein Defizit von mehr als drei Prozent ausgewiesen. All diese Verletzungen sind weitgehend ohne Konsequenzen geblieben. Wenn Verfahren eingeleitet wurden, wurden sie wieder eingestellt. Zu Sanktionen oder Strafzahlungen ist es niemals gekommen.

4. Ausbruch der Euroschuldenkrise

Noch im Frühjahr 2009 feierte der damalige Chefvolkswirt der Europäischen Zentralbank Jürgen Stark den zehnjährigen Geburtstag des Euro mit überschwänglichen Worten: »eine Entwicklung [...], die selbst für ausgewiesene Optimisten undenkbar schien.« Und eine Erklärung hatte er auch parat: »Dieser Erfolg beruht vor allem auf der stabilitätsorientierten Währungsverfassung der Europäischen Währungsunion.«[57] Inzwischen ist Jürgen Stark von seinem Amt zurückgetreten – aus persönlichen Gründen. Viele meinen indes, dass er die immer weiter ausufernde Rolle der EZB als Retter in der Staatsschuldenkrise nicht mehr mittragen wollte.

Jürgen Stark stand mit seiner Euro-Eloge nicht allein da. Auch viele andere priesen die Gemeinschaftswährung für ihre relative Stabilität in der Finanzkrise. »In stürmischer See ist es besser, auf einem großen Schiff zu sein als in einem kleinen Boot«, sagte etwa der Präsident der Europäischen Zentralbank Jean-Claude Trichet.[58] Die Gemeinschaftswährung hatte den Orkan der Finanzkrise ohne größere Verwirbelungen überstanden. Gute zwölf Monate danach ist die Eurozone in sehr unruhige Fahrwasser geraten, und spätestens seit Mai 2010 hätten sich vielleicht einige der Eurostaaten lieber in einem kleinen Rettungsboot befunden. Auslöser war ein kleines, sehr schönes und sonniges Mitgliedsland.

Die Krise beginnt in Griechenland

»Das ist wie Eulen nach Athen tragen«, sagt der Volksmund. In der Antike war auf den Münzen Athens eine Eule abgebildet. In seiner Komödie »Die Vögel« behauptet Aristophanes im Jahr 414 vor Christus, die Athener seien so reich, weil in ihren Geldbörsen die Eulen Junge ausbrüteten. Weiteres Geld nach Athen zu tragen, war daher überflüssig. Doch damit ist die Geschichte noch nicht zu Ende. Athen unterhielt damals den Attischen Seebund, eine Art Union der Ägäis. Dessen Kriege gegen Sparta wurden durch das Prägen immer neuer Münzen finanziert. Die erste große Inflation der Zivilisation war geboren. Nun war es sinnlos, die Eulen nach Athen zu tragen, weil sie nichts mehr wert waren. Dennoch konnten am Ende zehn von 13 griechischen Gemeinden des attischen Seebundes, die Kredite beim Delos-Tempel aufgenommen hatten, ihre Schulden mindestens teilweise nicht mehr begleichen. Athen war damit die erste Demokratie, die den Staatsbankrott erklären musste.[59]

Heute, im Jahr 2012, könnte sich die Geschichte wiederholen. Die Eule prangt auf den griechischen Euro-Münzen, was sich geradezu als Menetekel für die Eurozone erweist. Griechenland gab in den vergangenen Jahren viel zu viele dieser »Eulen« aus. Der Schuldenstand hat Anfang 2012 rund 160 Prozent der eigenen Wirtschaftsleistung erreicht. Damit ist der Ägäisstaat Spitzenreiter – nicht nur innerhalb der Eurozone. Im weltweiten Ranking wird Griechenland nur noch von Japan übertroffen, dessen Schuldenquote mit 230 Prozent mehr als das Doppelte seiner Wirtschaftsleistung ausmacht.[60]

Die Wiege Europas, wie sich Griechenland auch selbst inszeniert, könnte zur Bahre für die europäische Gemeinschaftswährung werden. Der 20. Oktober 2009 darf als Ausgangspunkt der Euro-Krise gelten: An diesem Tag musste der Finanzminister der frisch gewählten griechischen Regierung einräumen, dass es um die Staatsfinanzen erheblich schlechter stand, als bis dahin bekannt war. In der Folge kam es zu einem mächtigen Beben an den europäischen Kapitalmärkten. Vom Epizentrum Griechenland ausgehend gerieten sämtliche Staatsanleihen der Randländer der Währungsunion ins Wanken, und obendrein auch noch der Euro. Selbst an der Wall Street, tausende Kilometer von Athen entfernt, waren Ausläufer des Bebens zu spüren. Griechische Staatspapiere verloren in den sechs Monaten nach dem 20. Oktober in der Spitze 40 Prozent ihres Wertes. Gegenüber dem Dollar verlor der Euro zwischen Oktober 2009 und Juni 2010 ein Viertel seines Werts.

Plötzlich war die Elf-Millionen-Nation Griechenland, die gerade einmal rund 0,7 Prozent der weltweiten Wirtschaftsleistung repräsentiert, ein großes systemisches Risiko. An den Märkten ging die Angst um, dass Athen keine Käufer mehr für seine Schuldpapiere finden würde. Und innerhalb der Eurozone verbreitete sich die Sorge, die Finanzmarktprobleme Griechenlands könnten sich auf andere Staaten der Eurozone ausweiten. Griechenland benötigte dringend Geld, da bereits im April und Mai Anleihen im Umfang eines zweistelligen Milliardenbetrags fällig wurden.

Ein gefährlicher Teufelskreis setzte sich in Gang: Die Risikoaufschläge, die das Land im Vergleich zu solideren Schuldnern zu zahlen hatte, schossen in die Höhe (vgl. Abbildung 4, S. 67). An den Kapitalmärkten aufgenommenes Geld kam Griechenland plötzlich viele Prozentpunkte teurer zu stehen als die Bundesrepublik. Doch ein Zinsanstieg um einen Prozentpunkt erhöhte den Schuldendienst um fast drei Milliarden Euro pro Jahr.[61] Tatsächlich ist der Risikoaufschlag auf die Zinsen die zentrale Größe in diesem Teufelskreis. Wie Der Spiegel einmal treffend schrieb, kann dieser Risikoaufschlag so tödlich wirken wie das salzige Meerwasser, das ein Schiffbrüchiger in seiner Not trinkt.[62] Je höhere Zinsen ein Staat zu zahlen hat, desto höher steigt bei sonst gleichbleibenden Einnahmen und Ausgaben die Verschuldung. Mehr Schulden bedeuten aber wiederum höhere Zinsen. Diese Spirale aus steigenden Finanzierungskosten und steigenden Schulden drohte die Mittelmeerrepublik geradewegs in die Insolvenz zu führen.

Die EU-Regierungschefs sahen sich im Frühjahr 2010 gezwungen, sich auf gleich zwei Gipfeln, am 11. Februar und am 25./26. März 2010, mit dem Problem zu befassen. Die Strategie erinnerte ein wenig an jenen Sonntag im Oktober 2008, als Kanzlerin Angela Merkel zusammen mit dem damaligen Finanzminister Peer Steinbrück vor die Presse trat und eine milliardenschwere Garantie für deutsche Spareinlagen aussprach. Obwohl Merkel und Steinbrück nie konkret sagten, was sie mit der Zusage meinten und um welche Summe es sich letztlich handelte, waren die deutschen Sparer beruhigt. Ohne einen Euro auszugeben, war allein mit Worten eine Katastrophe – nämlich ein Ansturm auf die Bankschalter, ein sogenannter »bank run« – abgewendet worden.

Möglicherweise hofften die Finanzminister auf eine ähnliche Wirkung. Wie wir heute wissen, ist diese Politik grandios gescheitert.

Ein Blick zurück: das Griechenland-Experiment

Griechenland war im Jahr 2001, zwei Jahre nach Gründung der Währungsunion, Mitglied der Eurozone geworden. Man kann nur darüber spekulieren, welche politischen und wirtschaftlichen Umstände diese Entscheidung herbeigeführt hatten. Einmal in der Währungsunion, so haben die Entscheider in der Kommission und unter den Regierungschefs vielleicht gedacht, würden die Griechen durch den Stabilitätspakt schon zur Sparsamkeit gezwungen. Eventuell noch vorhandene Schwächen der Strukturen und Institutionen in der griechischen Politik, Wirtschaft und Gesellschaft würden dann sicher im Laufe der Zeit verschwinden.

Vielleicht war es auch schlicht Wunschdenken der Politik, das den Blick auf die Tatsachen vernebelte. Noch im Februar 2009, keine neun Monate vor Ausbruch der Staatsschuldenkrise, bescheinigte EU-Wirtschaftskommissar Joaquin Almunia Griechenland eine robuste ökonomische Verfassung.[63]

Dass es in Griechenland eine Reihe von Problemen gab, war eigentlich kaum zu übersehen. Sie zeigten sich nicht nur in den Wirtschaftszahlen. Selbst im Jahr 2012 hatte das Land noch kein funktionsfähiges Katasterwesen. Ein Kataster ist eine Liegenschaftskarte sämtlicher Grundstücke eines Landes mit exakter Lage.[64] Solche eingetragenen Eigentumsrechte für Grund und Boden bilden das Rückgrat der Marktwirtschaft und eine zentrale Voraussetzung für ausländische Direktinvestitionen. Nicht ohne Grund führt der renommierte Historiker Niall Ferguson sichere und klar definierte Eigentumsrechte als einen der wesentlichen sechs Erfolgsfaktoren in seiner Geschichte der Wirtschaftssysteme auf.[65]

Selbst 150 Millionen Euro aus Brüssel konnten dieses Problem nicht lösen. EU-Kommissar Frits Bolkestein hatte 2002 Gelder für den Aufbau eines Katasteramtes genehmigt. Kurz vor seinem Ausscheiden im Jahr 2004 musste er aus Griechenland erfahren, Athen habe das Projekt aufgegeben.[66] Man mag darüber spekulieren, ob es das fehlende Katasterverzeichnis war, das dazu führte, dass in Griechenland beim Antrag auf Agrarsubventionen die zu subventionierende Fläche dreimal größer angegeben wurde als die Gesamtfläche.[67]

Auch die Wirtschaftsdaten waren nicht gerade vielversprechend. Just mit dem Beitritt zur Europäischen Gemeinschaft liefen die öffentlichen Finanzen aus dem Ruder. Im Jahr 1981 betrug die Schuldenquote noch 34,5 Prozent, ein Jahrzehnt später war sie bereits dreistellig.[68] Allerdings fiel der EU-Beitritt auch mit dem Amtsantritt des Gründers der sozialistischen Partei, Andreas Papandreou, zusammen, der nach seinem erdrutschartigen Wahlsieg den öffentlichen Dienst deutlich ausweitete. Und so entfernte sich Griechenland zunächst einmal von den Kriterien für die Aufnahme in den Kreis der Euroländer. Noch 1991, als der Vertrag von Maastricht verhandelt wurde, litten die Griechen unter einer mittleren zweistelligen Inflationsrate. Mit fast 20 Prozent pro Jahr verlor das griechische Geld fast fünf Mal schneller an Wert als im restlichen Europa. Auch das Haushaltsdefizit lag mit 11,5 Prozent der Wirtschaftsleistung deutlich über dem europäischen Durchschnitt. Doch schon acht Jahre später schien der Haushalt plötzlich saniert, die Inflation in Schach. Für beide Zahlen veröffentlichte Athen Werte von deutlich unter drei Prozent. Die Ratingagenturen, die die Kreditwürdigkeit eines Staates beurteilen und auf deren Rolle wir in Kapitel 16 genauer eingehen werden, stuften die Bonität des Landes eifrig nach oben.[69]

Probleme gab es zu Beginn der Währungsunion zwar nicht nur in Griechenland. Tatsächlich hätte bei einer strikten Auslegung der Kriterien der Euro gerade einmal mit einem Land, nämlich Luxemburg, starten dürfen.[70] Und viele Staaten nutzten deshalb kreative Formen der Budgetpolitik und Haushaltsstatistik, um im entscheidenden Referenzjahr 1997 gut auszusehen und die Bedingungen für die Aufnahme in den Euroclub zu erfüllen.[71] Griechenland, so erscheint es heute rückblickend, hat sich bei den Aufnahmevorbereitungen aber besonders phantasievoll betätigt – vielleicht nicht zum ersten Mal in seiner Geschichte.

Seit der Unabhängigkeit vom Osmanischen Reich im Jahr 1822 erlitt das Land fünf Mal einen Staatsbankrott und verbrachte insgesamt mehr als die Hälfte seiner Zeit im zahlungsunfähigen Zustand.[72] Als beispielsweise im Jahr 1832 der Wittelsbacher Otto mit 16 Jahren erster König von Griechenland wurde, fand er die Staatskasse leer vor und musste eine Anleihe aufnehmen. Seine Soldaten bezahlte der Sohn Ludwigs I. von Bayern aus Papas Privatschatulle. Der Versuch, eine gut funktionierende Finanzbürokratie mit eigenen Beamten aufzubauen, schlug fehl. Das Land entledigte sich der Finanzbeamten und später auch des fremden Herrschers. Der Bayer in Griechenland hat die Erfahrung machen müssen, dass über die Griechen zu herrschen »schwierig ist«.[73]

Diese Erfahrung mussten gerade in steuerlicher Hinsicht später auch andere machen. »Wir sind leider bankrott.« Mit diesen dürren Worten trat etwa im Jahr 1893 der damalige griechische Ministerpräsident Charilaos Trikoupis vor das Parlament.[74] Er hatte die zweite Pleite des neugriechischen Staates zu verkünden. Das Land war gegenüber ausländischen Gläubigern in Zahlungsverzug geraten. Die Kreditgeber sahen keine andere Chance, als Griechenland einer internationalen Wirtschaftskommission zu unterstellen, die die Erhebung von Steuern und Schuldendienst zu kontrollieren hatte. Zusätzlich wurde den Griechen eine Sondersteuer auf Konsumgüter abverlangt, um die Schulden zu bedienen. Doch schon wenige Jahre später weigerten sich die Athener Zünfte, Steuern zu zahlen, die »zum Machterhalt der jeweiligen Regierungspartei dienen«.[75]

Einen Währungsschnitt im wörtlichen Sinne führten die Hellenen im Jahr 1922 durch. Der damalige Finanzminister ordnete an, sämtliche Banknoten in der Mitte zu zerschneiden. Die eine Hälfte diente weiter als Zahlungsmittel, die andere wurde in hellenische Staatsschuldtitel getauscht.[76]

Auch diese außergewöhnliche Form der Enteignung mag die vorhandene Kluft zwischen dem griechischen Staat und seinen Machthabern nicht gestärkt haben. Ein prägendes Ereignis war auch die Militärdiktatur von 1967 bis 1974.[77]

Kenner des Landes attestieren den Griechen Argwohn gegenüber den staatlichen Ordnungskräften wie Polizei oder Finanzbeamten. Filz und Vetternwirtschaft hätten das Übrige getan, um ein tiefes Misstrauen gegenüber dem Staat tief zu verankern.[78]

Dieses Misstrauen der Bürger in Griechenland gegenüber ihrem Staat macht es schwierig, politische Mehrheiten für höhere Steuern und Abgaben zu mobilisieren. Eine negative Einstellung und fehlendes Vertrauen zum Staat können zudem wichtige Faktoren für ein Ausweichen in die Schattenwirtschaft sein.[79] Berichten zufolge läuft in Griechenland fast ein Drittel der wirtschaftlichen Aktivität am Finanzamt vorbei. Das wäre der höchste Marktanteil der Schattenwirtschaft in allen OECD-Ländern, mehr als in Italien.[80] Insbesondere Freiberufler wie Ärzte oder Rechtsanwälte sollen sich dem Vernehmen nach darin übertreffen, ihre Einkommensverhältnisse zu verschleiern. Laut Steuerstatistik 2008 verdienten diese Berufsgruppen gerade einmal 10 500 Euro im Jahr, deutlich weniger als die durchschnittlich 16 000 Euro eines normalen Angestellten.[81]

Illustre Berichte über Missstände füllten in den Jahren 2010 und 2011 die Presse. So hat Griechenland fast 21 000 mutmaßliche Phantomrentner.[82] Spitzenbeamten in der Finanzverwaltung sollen die Verfolgung von Benzinschmugglern verhindert haben.[83] Dazu gehören OECD-Berichte über eine »in Jahrzehnten aufgebaute Fehlfunktion des griechischen Staatsapparats«[84], Berichte über allein 60 Milliarden Euro Steuerschulden seitens griechischer Bürger[85], über griechische Professoren, die an die 200 Millionen Euro EU-Gelder abgezweigt haben sollen[86] und über ein korruptes Gesundheitswesen, das gemessen an der Wirtschaftsleistung die teuersten Arzneimittelkosten hat, weil sich Ärzte durch die Verschreibung ein Zubrot verdienen.[87]

Korruption soll weit verbreitet sein. Schmiergeld gilt an der Ägäis eher als kleine Gefälligkeit. Nach einer Schätzung der Antikorruptionsorganisation Transparency International mussten griechische Haushalte im Jahr 2009 insgesamt 787 Millionen Euro Bestechungsgeld zahlen: davon 462 Millionen an Staatsdiener und 325 Millionen Euro im privaten Sektor. Die größten Empfänger von Schmiergeld sollen demnach öffentliche Krankenhäuser und die griechischen Finanzämter sein.[88] Die griechische Politik sei ineffizient, die Korruption weit verbreitet, die Bürokratie aufgebläht, die Klientelwirtschaft epidemisch. Mit diesen drastischen Worten fasste der griechische Ministerpräsident auf dem Weltwirtschaftsgipfel in Davos im Winter 2010 die Misere seines Landes zusammen. Wohl selten hat ein Regierungschef die institutionellen Probleme seines eigenen Landes so drastisch dargestellt.[89]

War die Aufnahme Griechenlands ein Experiment, das nun gescheitert ist? Der mit dem Beitritt zur Währungsunion erhoffte institutionelle und finanzpolitische Wandel scheint jedenfalls nicht eingetreten zu sein. Stattdessen hat das Land vor allem die neuen finanziellen Handlungsspielräume genutzt. In der Folge stieg die Schuldenquote weiter an, deutlich stärker als es die Kriterien des Vertrags von Maastricht erlauben. Ob die EU-Kommission ihre Möglichkeiten zur Überwachung ausgeschöpft hat, mag man in Zweifel ziehen oder nicht. Kreative Bilanztechniken taten jedenfalls ein Übriges, um zu verhindern, dass diese Haushaltspolitik von der EU-Kommission beanstandet wurde. »Greek Statistics« ist in Brüssel mittlerweile zum Synonym für solche Praktiken geworden.[90]

Athen hatte beispielsweise nur ein Jahr nach dem Beitritt zur Eurozone seine Schuldensituation mit Hilfe von Investmentbanken beschönigt. Die Transaktionen erinnern ein wenig an das 18. Jahrhundert, als Machthaber ihre kommenden Steuereinnahmen verpachteten, um kurzfristigen Finanzierungsbedarf zu decken. In diesem Fall hatten Investmentbanker künftige Einnahmen in Wertpapiere verpackt und weltweit an Kapitalanleger verkauft. So hat der griechische Staat Rechte für Flüge über griechisches Hoheitsgebiet und Landegebühren auf griechischen Flughäfen im Umfang von 335 Millionen Euro durch Bildung einer Zweckgesellschaft namens Aelos verbrieft. Die Einnahmen der griechischen Lotterie OPAP wurden für 650 Millionen Euro verbrieft und mit der Zweckgesellschaft Atlas wurden gar zwei Milliarden Euro für zukünftig erwartete Transferzahlungen aus der EU aus Strukturfondsmittel kurzerhand zu Geld gemacht und verausgabt.[91] Angeblich wollte der damalige Finanzminister Nikos Christodoulakis sogar das Parthenon, den Haupttempel der Akropolis, verbriefen.[92]

Durch die verbrieften Wertpapiere ließen sich künftige Einnahmen bereits in der Gegenwart ausgeben – ganz ähnlich wie bei einem klassischen Kredit. Der Vorteil jedoch: Kredite hätten ordentlich verbucht werden müssen und folglich die Schuldenstatistik belastet, Verbriefungen hingegen liefen außerhalb der klassischen Haushaltsbilanz. Im Jahr 2002 tat sich die Investmentbank Goldman Sachs mit einer besonders komplexen Finanztransaktion hervor und bescherte den Griechen von jetzt auf gleich mit Hilfe von Tauschgeschäften eine Geldspritze von einer Milliarde Euro. Dieses umstrittene Geschäft war nach damaligen EU-Standards formal nicht zu beanstanden.[93] Hingegen war formal zu beanstanden, was im Jahr 2009 aufflog. Da mussten plötzlich Bilanzen korrigiert werden, weil die Statistiker mal Teile des Verteidigungshaushalts, mal Kosten des Gesundheitssektors einfach aus dem Budget ausgeklammert hatten. Außerdem hatten sie Teile der Schattenwirtschaft einfach dem Bruttoinlandsprodukt zugeschlagen, so dass die Schulden im Vergleich dazu geringer erschienen. Nach einem Regierungswechsel im Herbst 2009 kam es dann zu massiven Korrekturen, die letztlich die Finanzmärkte auf den Plan riefen: Die griechischen Behörden revidierten beispielsweise das an die Statistikbehörde Eurostat der Europäischen Union gemeldete Haushaltsdefizit für 2008 von fünf Prozent des Bruttoinlandprodukts (BIP) auf 7,7 und den für 2009 erwarteten Fehlbetrag auf einen Schlag von 3,7 Prozent auf knapp 13 Prozent des Bruttoinlandsprodukts. Im Frühjahr 2010 wurden daraus dann fast 14 Prozent, spätere Korrekturen ließen daraus über 15 Prozent werden. Wie Abbildung 3 zeigt, mussten nachträglich alle Defizitzahlen seit 2001 mehr oder weniger stark revidiert werden.[94]

Seit dem Beitritt zum Euro blieb das Land in den vergangenen elf Jahren kein einziges Mal beim Haushaltsdefizit unter der vorgeschriebenen Grenze von drei Prozent. Selbst 2006 entpuppte sich als Finanzakrobatik, weil Teile der Schattenwirtschaft wie Schwarzhandel oder Prostitution in die Berechnung der Wirtschaftsleistung mit einbezogen waren.[95]

All das blieb – was die Haushaltsüberwachung durch die EU angeht – weitgehend ohne Folgen. Ein im Mai 2004 eröffnetes Defizitverfahren wurde eingestellt.[96] Im März 2009 wurde ein weiteres Verfahren wegen eines übermäßigen Defizits von der EU-Kommission angestrengt. Als die Situation zu eskalieren drohte, nahm Brüssel die Regierung in Athen unter fiskalische Kuratel, ähnlich

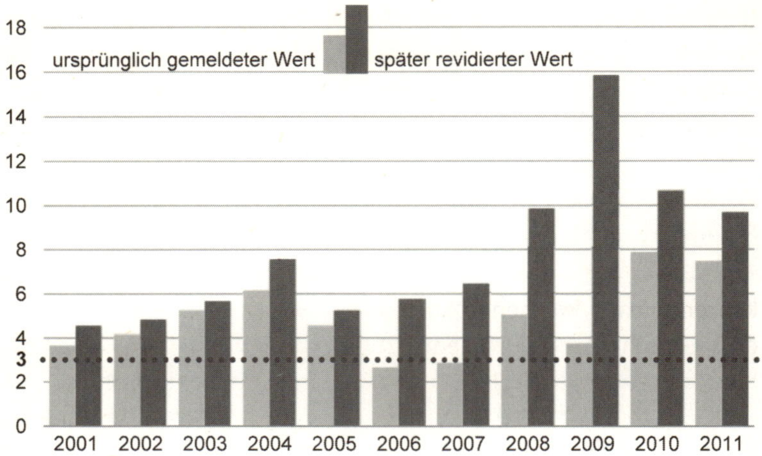

Abb. 3: Griechisches Haushaltsdefizit (in Prozent des Bruttoinlandsprodukts), ursprünglich gemeldeter und später revidierter Wert
Quelle: Eurostat

wie Ende des 19. Jahrhunderts die internationale Gläubigergemeinschaft. Griechenlands Parlament und Regierung dürfen ohne Zustimmung der EU keine neuen Ausgaben beschließen, was faktisch einer teilweisen Machtübernahme gleichkommt.[97] Zudem werden die Rufe nach einem – gegebenenfalls vorübergehenden – Ausschluss des Landes aus der Eurozone lauter. Beispielsweise empfahl der Harvard-Ökonom Martin Feldstein den Griechen, Urlaub vom Euro zu nehmen und mit einer zwischenzeitlich niedriger bewerteten Währung die Probleme anzugehen.[98]

Finanzhilfen-Management

Zwischen dem Beginn der Krise im Frühjahr 2010 und dem Frühjahr 2012 folgte ein europäischer Rettungsgipfel dem nächsten. Auf nicht weniger als 15 Treffen brachte es die Politik, im Durchschnitt alle sieben Wochen »retteten« die Staats- und Regierungschefs den Euro. Die zahlreichen Zweier-Gipfel etwa zwischen Frankreichs

Präsident Sarkozy und der Bundeskanzlerin Merkel sind in dieser Statistik noch nicht einmal enthalten.

Erste Rettungspakete wurden noch vor ihrer Verabschiedung zu einem mehrjährigen Hilfsprogramm erweitert. Am 8. Mai 2010 wurde das erste Kreditprogramm in Höhe von 110 Milliarden Euro an Griechenland formell bewilligt. Es war damals von Liquiditätshilfen für drei Jahre die Rede, und davon, dass das Land 2013 mit seiner Kreditaufnahme an den privaten Kapitelmarkt zurückkehren würde. Warnende Stimmen gab es, die darauf hinwiesen, dass Griechenlands Probleme tiefgreifender sind und Griechenland überschuldet sei. In der Politik erhielten diese Stimmen kein Gehör. Kredithilfen werden seither in regelmäßigen Abständen an die griechische Regierung ausgehändigt. Im Oktober 2011 wurden die gesamten bewilligten Mittel um weitere 109 Milliarden Euro aufgestockt. Auch dieser Betrag wurde im Frühjahr 2012 weiter erhöht. Die Zinsen, die Griechenland für die Hilfskredite zahlen muss, wurden inzwischen drastisch gesenkt. Privatpersonen mit weit besserer Bonität wären froh, zu diesen Konditionen Kredit zu erhalten. Zudem wurde seit Oktober 2011 über einen sogenannten »freiwilligen« Schuldenerlass mit den privaten Gläubigern Griechenlands verhandelt.

Trotzdem bleibt die Situation verzweifelt, ja sie spitzt sich sogar weiter zu. Einen Anhaltspunkt bietet die Serie der Berichte der sogenannten »Troika«, jener Gruppe aus Vertretern der Europäischen Kommission, der Europäischen Zentralbank und des Internationalen Währungsfonds, die über die Fortschritte Griechenlands wacht. Sie sollen regelmäßig prüfen, ob Griechenland mit Reformen vorangekommen ist, die das Land wirtschaftlich wieder unabhängig und die Staatsfinanzen solide machen sollen. Die Ergebnisse des Oktoberberichts[99] 2011: Die griechische Wirtschaft befindet sich im Oktober 2011 in einer tiefen Rezession. Die Wachstumsraten 2009 bis 2011 waren mit –3,3, –3,5 und geschätzten –5,5 Prozent negativ und 2012 sollte die Wirtschaft erneut um weitere drei Prozent schrumpfen. Die Quote der Staatsschulden im Verhältnis zur Wirtschaftskraft würde von 162 Prozent in 2011 voraussichtlich weiter auf 186 Prozent in 2013 ansteigen. Eine Rückkehr an die Kapitalmärkte bis 2013, wie im Mai 2010 noch geplant, erwartete die Troika schon lange nicht mehr. Sie hält im Oktober 2011 immerhin eine Sanierung bis 2021 noch für realistisch, vielleicht auch erst 2027. Sie unterstellte dabei, dass sich in Griechenland ab 2013 wieder Wirtschaftswachstum einstellt, dass die Finanzierungskonditionen, zu denen Griechenland aus dem Rettungsfonds alimentiert wird, fast auf dem Niveau sind, zu dem sich Deutschland Geld leihen kann, und dass Griechenland den im Juli 2011 beschlossenen moderaten Schuldenerlass erhält. Schon wenige Monate später, im Februarbericht von 2012, muss sich die Troika erneut eingestehen, die Lage sowohl mit Blick auf die Schuldenentwicklung als auch hinsichtlich der wirtschaftlichen Lage zu optimistisch beurteilt zu haben. Wachsen werde die griechische Ökonomie frühestens im Jahr 2014. Sollte alles nach Troika-Plan laufen, werde die Schuldenquote von Griechenland Ende des Jahrzehnts noch immer bei 129 Prozent stehen. Schon kleinere Abweichungen beim Wirtschaftswachstum könnten allerdings auch diese Prognosen über den Haufen werfen. Ohne Weiteres sei auch eine Schuldenquote von 160 Prozent im Jahr 2020 möglich. An eine eigenständige Finanzierung über die Kapitalmärkte sei selbst für die Zeit nach dem Sanierungsprogramm nicht zu denken, ist dem Februar-Bericht zu entnehmen.[100]

In diesem Umfeld fordern andere Mitgliedsstaaten stärkere Reformanstrengungen, die Intervalle zwischen Regierungswechseln in Griechenland werden kürzer. Vermögensbesitzer plündern ihre Konten und bringen ihr Geld lieber ins sichere Ausland[101], und die Proteste und Unruhen im Land werden lauter und heftiger – alles in allem eine brisante Mischung.

Und was können die Helfer aus Brüssel, Washington und Frankfurt in dieser Situation wirklich entscheiden: Unabhängig von den tatsächlichen Reformanstrengungen der jeweiligen Regierung in Griechenland müssen die Kredite letztlich bewilligt werden, mit denen Griechenland seine Altschulden zurückzahlt, will man die Zahlungsunfähigkeit Griechenlands verhindern. Dass es im März 2012 doch zu einem Zahlungsausfall mit unfreiwilliger Umschuldung der privaten Gläubiger kam, ist angesichts dieser Überlegungen zunächst überraschend, passt aber nur scheinbar nicht ins Bild. Das zweite Griechenland-Hilfspaket, das gleichzeitig im

März 2012 verabschiedet wurde, machte dem Land und seinem Bankensektor eine weiche Landung möglich.

In wenigen Jahren wird sich die Gläubigerstruktur Griechenlands vollständig verändert haben. Zu Beginn der Krise hatten vor allem Banken, Versicherungen und Pensionsfonds und andere Kreditgeber des privaten Sektors dem griechischen Staat Geld geliehen. Heute ist der größte Gläubiger des griechischen Staats der europäische Steuerzahler. Sein Anteil wird weiter steigen, und er wird am Ende auch die Zeche zahlen, ganz gleichgültig welchen der möglichen Ausgänge die Europäische Schuldenkrise nehmen wird.

Griechenland und das Samariterdilemma

Was macht ein Vater nur mit seinem Sohn, der ein leidenschaftlicher Spieler ist, oder auf andere Art viel Geld ausgibt, und dann Schuldscheine bei Kredithaien unterschreibt? Schaut der Vater zu, wie dem Sohn vom Geldeintreiber die Knochen gebrochen werden? Oder zahlt er lieber die Rechnung? Er zahlt. Und wenn er die aktuellen Schulden bezahlt hat, schwört er sich selbst und seinem Sohn: Das war das letzte Mal! Nie wieder wird er für den Sohn zahlen. Das soll sich der Filius gefälligst hinter die Ohren schreiben. Wenn er das nächste Mal bei einer Runde Poker sitzt, wird ihm niemand mehr helfen.

Glaubhaft ist dieser Schwur natürlich nicht. Es ist eine leere Drohung. Und beide wissen das, Vater und Sohn. Auch das nächste Mal, wenn dem Sohn der Knochenbrecher droht, wird der Vater schwach werden und helfen. Glaubhaft ist die Drohung deshalb nicht, weil der Vater den Sohn nicht leiden sehen kann, ohne selbst zu leiden. Beide sind durch ein Band miteinander verbunden, das das Wohlbefinden des Einen an das Wohlbefinden des Anderen koppelt. Der Wirtschaftsnobelpreisträger James Buchanan hat diese Situation als Samariterdilemma bezeichnet, weil die Hilfsbereitschaft des Vaters – des »Samariters« – ausgenutzt wird.[102]

Parallelen zu dieser Situation gibt es im Jahr 2010 in der Eurozone. Eine solche Schieflage des Haushalts eines Eurolandes wie in

Griechenland hatten die Väter des Vertragswerks von Maastricht wohl nicht einkalkuliert. Wie berichtet hatten die Staaten der Europäischen Union sich bei der Gründung der Währungsunion gegenseitig versprochen, dass sie sich nicht helfen werden, wenn die öffentlichen Haushalte in einem Euroland in Not geraten. Dieses Versprechen ist als »No-bailout-Klausel« bis heute im Artikel 125 des Lissabon-Vertrags »über die Arbeitsweise der Europäischen Union« (AEUV) verankert.

Diese Sicherung hat auf ganzer Linie versagt. Die Drohung des Artikels 125 AEUV, in der extremen Haushaltsnotlage nicht zu helfen, ist in der derzeitigen Situation eine leere Drohung. Der Grund dafür ist ganz ähnlich zu dem, weshalb der Vater seinem spielsüchtigen Sohn hilft. Die Franzosen und Deutschen stehen den Iren und Griechen zwar emotional nicht so nahe wie die meisten Väter ihren Söhnen. Zwischen ihnen besteht aber ein anderes Band. Geht ein Land der Eurozone in die Zahlungsunfähigkeit, schadet das einerseits den anderen Euroländern, z. B. weil sie die Turbulenzen fürchten müssen, die eine Zahlungsunfähigkeit oder Zahlungsverweigerung eines Eurolandes für den Euro und für die Finanzmärkte mit sich bringt. Andererseits sind die Staatsschuldtitel von Euroländern zu großen Teilen in den Händen von Banken und anderen Kapitalsammelstellen, wie Lebensversicherungen oder Pensionsfonds. Mit der Insolvenz eines Eurolandes werden die Schuldtitel dieses Staats möglicherweise ähnlich »toxisch« wie die Schuldtitel aus der Hypothekenkrise und verlieren entsprechend an Wert.

Der genaue Wertverlust der Papiere im Falle einer Insolvenz ist unklar. Die Gläubiger können zwar verschiedenste Rechtsmittel einlegen, aber unsicher bleibt das Ergebnis solcher Klagen weiterhin. Außerdem: Wie würde sich die Insolvenz des Staats auf das Innenverhältnis zu anderen Staaten der Eurozone und zur Europäischen Union auswirken? Könnte der insolvente Staat aus der Währungsunion austreten und seine Anleihen in eine neu zu schaffende nationale Währung konvertieren? Angesichts dieser Unwägbarkeiten ist der Wert der Schuldtitel eines insolventen Eurostaats fast so ungewiss wie der von verbrieften Hypothekendarlehen.

So, wie die Finanzmärkte im Jahr 2010 aufgestellt waren, und auch so, wie sie im Jahr 2012 aufgestellt sind, kann ein Staatsbankrott zu einem Vertrauensverlust der Kreditinstitute untereinander führen. Das ließ sich bereits im Frühjahr 2010 beobachten, als sich die Banken untereinander kein Geld mehr leihen wollten. Allein der mögliche Zusammenbruch von Griechenland und ein entsprechender Ausfall bei den Anleihen brächten den Interbankenhandel zum Erliegen, auf dem die Institute ihre überschüssige Liquidität austauschen. Der Geldmarkt ist eine Art Dispositionskredit für Banken. Verteuern sich die Konditionen oder wird er ganz gestrichen, droht selbst soliden Schuldnern, die kurzfristig Bares brauchen, das Aus. Auch die Problematik der Kreditausfallversicherungen, die am sichtbarsten das US-amerikanische Versicherungsunternehmen American International Group (AIG) betroffen hat, kann im Zuge einer Insolvenz schnell eine Neuauflage erleben. Wir erinnern uns: Die US-Regierung musste zweistellige Milliardenbeträge in die Stützung von AIG stecken, um dessen Insolvenz zu vermeiden. Das war dem Vernehmen nach nötig, weil eine Insolvenz von AIG den Markt für Kreditausfallversicherungen und damit zahlreiche weitere Banken zum Zusammenbruch gebracht hätte.

Systemische Risiken drohen außerdem, weil die Insolvenz eines Eurostaates Ansteckungseffekte für andere Eurostaaten in vergleichbarer finanzieller Schieflage haben könnte: Staaten mit hohen Schulden bleiben nur so lange liquide, wie sie in der Gunst der Kreditgeber stehen. Sie müssen fast jeden Monat größere Kredite zurückzahlen bzw. durch neue Kredite ablösen. Das gelingt nur, wenn sie andere Kreditgeber überzeugen, ihnen entsprechende Summen zu leihen. Wenn ein Eurostaat insolvent wird und Anleger glauben, dass ein Nachbarstaat seine Altschulden ebenso nicht mehr durch neue Schulden refinanzieren kann, leihen sie diesem Staat nichts mehr. Wenn diese Erwartungen um sich greifen, dann erfüllen sie sich von ganz alleine und der Staat, dem die Kreditgeber das Vertrauen entzogen haben, ist tatsächlich finanziell am Ende.

Insolvenzen von Staaten außerhalb der Währungsunion zeigen, dass es viele weitere Unwägbarkeiten gibt. Die Umständlichkeit von Verhandlungen zwischen Gläubigern und dem Schuldenstaat und die Unschärfe, mit der man die Verhandlungsergebnisse vorhersehen kann, gehören zu den Problemen. Die Zahl der Gläubiger im Fall einer Staatsinsolvenz ist sehr groß. Betroffen ist ja nicht eine Hausbank oder ein kleines Bankenkonsortium, das sich mit dem Schuldner zusammensetzt und eine Vereinbarung trifft. Ein Staat kann Tausende von kleinen, mittleren und großen Gläubigern haben, die Kreditforderungen unterschiedlicher Art und Laufzeit gegen den Staat haben. Es gibt für die Gläubiger wenig Rechtssicherheit darüber, welche Gläubiger oder welcher Anteil der Gläubiger einem möglichen Vergleich zwischen Schuldnerstaat und Gläubigern zustimmen müssen, damit ein Vergleich zustande kommt. Es gibt auch keine Möglichkeiten zu verhindern, dass einzelne Gläubiger mit dem Schuldner unabhängige Separatvereinbarungen abschließen, die eventuell zu Lasten der übrigen Gläubiger gehen, oder mit ihren Forderungen einfach abwarten, bis sich der Staat durch Verhandlungen mit den anderen Gläubigern aus der Misere befreit hat und dann ihre vollen Forderungen präsentieren. Es gibt keine wirkungsvolle und praktikable Möglichkeit, solche »Trittbrettfahrer«, die sich an einem von einer großen Mehrheit getragenen Vergleich partout nicht beteiligen möchten, zum Einlenken zu zwingen.

Diese Risiken für die anderen Eurostaaten machen die »No-bailout-Klausel« des Artikels 125 AEUV zu einer leeren Drohung. So wird es jedenfalls im institutionellen Umfeld des Jahres 2010 von der Politik gesehen. Im Frühjahr 2010 tobte zwar noch die Kontroverse unter den Verfassungsjuristen, ob, wer und gegebenenfalls wie man Griechenland überhaupt finanziell beispringen kann. Dass Griechenland nicht in den Staatsbankrott geht, darüber waren sich die meisten Betrachter aber einig. Die Ursache für die Probleme der Europäischen Währungsunion lässt sich mit Grundkenntnissen der Spieltheorie beschreiben. Die Spieltheorie lehrt, dass die Androhung bestimmter Strafmaßnahmen als Antwort auf ein bestimmtes Verhalten nur dann wirksame Anreize setzt, wenn die angedrohten Strafmaßnahmen gegebenenfalls auch ergriffen werden. Wenn die Beteiligten sich ausrechnen können, dass die Strafmaßnahmen in der betreffenden Situation gar nicht ergriffen werden, dann handelt es sich um eine unglaubwürdige Drohung. Die »No-bailout-Klausel« des Artikels 125 AEUV ist so eine Drohung. Wenn die Schieflage eines Mitgliedsstaats erst einmal eingetreten ist, werden die anderen Eurostaaten im Zweifel eben doch helfen, wenn das Helfen in ihrem eigenen Interesse liegt. Und so verliert die Drohung ihre abschreckende Wirkung.

Das Interesse an einer Rettung Griechenlands ist jedoch nicht bei allen Eurostaaten gleich groß. Auch die Fähigkeiten zu helfen sind sehr unterschiedlich ausgeprägt. Da sind die Länder, die selbst nahe am Abgrund stehen. Diese Länder fürchten, dass die Insolvenz eines Eurostaats sie mit in den Abgrund reißt. Die Kandidaten heißen Portugal, Italien, Spanien und Irland. Doch die Staaten, denen solche Ansteckungseffekte drohen, sind trotzdem nicht die Samariter in diesem Dilemma. Sie haben zwar ein wirklich großes Interesse daran, dass die Eurostaaten insolventen Mitgliedern des Euroclubs helfen. Aber sie sind einfach zu arm, um selbst zu helfen.

Die reichen Eurostaaten dagegen mussten bei der Griechenlandrettung zwar noch nicht befürchten, dass der finanzielle Bankrott Griechenlands sie selbst direkt in den Schuldenabgrund reißt. Sie müssen aber fürchten, dass ein einzelner Staatsbankrott in der Eurozone andere schwache Staaten ansteckt und so ein Flächenbrand entsteht. Wenn erst einmal mehrere Staaten der Eurozone auf den Schuldenabgrund zutreiben, könnte sich das auf die Funktionsfähigkeit der Europäischen Union auswirken und das Vertrauen, das die Kapitalmärkte dem Euro entgegenbringen, erschüttern. Auch könnte möglicherweise eine neuerliche Vertrauenskrise zwischen den Kreditinstituten eintreten. Das trifft auch die reicheren unter den Eurostaaten. Das Interesse daran, eine Insolvenz hoch verschuldeter Staaten zu vermeiden, ist bei den reichen Staaten also vielleicht nicht ganz so groß wie bei den Staaten am Abgrund. Dafür ist ihre Fähigkeit zur Hilfe erheblich größer.

Samariter müssen also zwei Voraussetzungen erfüllen. Sie müssen helfen wollen. Und sie müssen helfen können. Deshalb kann man damit rechnen, dass es die finanziell halbwegs gesunden Staaten sein werden, die gegebenenfalls den Pleitekandidaten helfen.

Man kann die mutmaßlichen Samariter in der Eurozone noch etwas genauer eingrenzen. Unter den reicheren Staaten werden sich dabei wohl besonders die großen Staaten hervortun. Luxemburg mag Griechenland oder Spanien gern retten wollen. Aber trotz all des Wohlstands seiner Bürger: Für eine solche Rettung reichen die Reserven des Landes dann doch nicht aus. Retten werden eher die Großen: Sie haben viel zu verlieren, weil alle Bürger dieser Staaten betroffen sind, und weil es in diesen Staaten eben viele Bürger gibt. Und die Kosten der Hilfe pro Kopf der Bevölkerung sind für die größten Staaten am allerkleinsten. Es war deshalb im Frühjahr 2010 leicht vorherzusagen, dass Deutschland zwar mit wenig Elan, aber gegebenenfalls ganz vorn mit dabei sein würde, was den Finanzierungsanteil an einer Rettungsaktion angeht.

Eine Sonderrolle für die Rettungsbereitschaft der deutschen und französischen Regierung hatten auch noch die Banken in den beiden Ländern. Einige darunter hatten ihre Bücher besonders stark mit griechischen Staatsschuldtiteln gefüllt. Nach Angaben der Bank für Internationalen Zahlungsausgleich hatten deutsche und französische Banken zum Ende des 2. Quartals 2010 Forderungen gegenüber Griechenland in Höhe von 65,4 und 83,1 Milliarden Euro, von denen ein erheblicher Teil auf Kredite an den öffentlichen Sektor in Griechenland gingen.[103] Den Regierungen der beiden Länder stand im Fall einer Staatspleite Griechenlands eine erneute Rettung der heimischen Banken ins Haus – unter wahltaktischen Gesichtspunkten keine verlockende Perspektive. Im Rahmen der Rettung soll den Banken das Versprechen abgenommen worden sein, ihr Griechenlandengagement weiter aufrechtzuerhalten. Gehalten haben sich daran bestenfalls einige deutsche Banken. Französische Banken haben ihr Engagement bis zum Dezember 2010 von ursprünglich 27 Milliarden Euro auf 15 Milliarden Euro reduziert.[104]

Die Anreizwirkungen von Staatsrettungen im Euroland

Erinnern wir uns an das Samariter-Problem in der Vater-Sohn-Beziehung. Der hilfsbereite Vater zahlt die Schulden für den Sohn.

Dadurch wird der Vater ärmer und der Sohn reicher. Das ist schlecht für den Vater und gut für den Sohn. Für sich betrachtet ist das eigentlich nicht schlimm. Ist die Notlage des Sohns erst einmal eingetreten, hilft der Vater aus freien Stücken. Es geht also nicht nur dem Sohn, sondern auch dem Vater besser, wenn der Vater die Schulden begleicht. Das eigentliche Problem ist nicht die Hilfe selbst.

Das eigentliche Problem besteht in den Verhaltensanreizen, die sich ergeben, bevor der Sohn in die finanzielle Notlage gerät. Der Sohn weiß, dass der Vater ihm in einer Notlage helfen wird. Deshalb tut der Sohn zu wenig, um eine Notlage zu vermeiden. Ja, der Sohn hat geradezu einen Anreiz, über die Stränge zu schlagen, sich an den schönen Dingen des Lebens zu erfreuen, dabei Schuldenberge aufzutürmen und sich dann den schlimmsten und brutalsten Kredithaien auszuliefern. Je schlimmer die Drohungen des Kredithais, desto stärker rührt die Situation das Herz des Vaters und desto weiter öffnet sich dann seine Brieftasche. Verzicht und Genügsamkeit lohnen sich für den Sohn eben nicht, solange der helfende Vater bereitsteht.

Unschöne Verhaltensanreize gibt es in diesem Dilemma auch auf der anderen Seite: beim Vater. Ein Vater, der mit einem solchen Sohn gesegnet ist, wird den Blick nach vorne richten und erkennen, dass finanziellen Lasten auf ihn zukommen. Wie soll er reagieren? Er kann seinem Sohn wieder und wieder sagen, dass er ihm von nun ab nicht mehr helfen wird. Aber dass das nicht funktioniert, wissen beide. Oder er kann sich ausrechnen, dass er bald einmal wieder mehr Geld benötigen wird, weil sein Sohn gerade über die Stränge schlägt. Ein vorsichtiger Vater wird vielleicht sogar Vorsorge treffen und finanzielle Rücklagen bilden. Mit denen kann er dann die Schulden seines Sohns begleichen. Auch das ist keine sehr angenehme Alternative, die sogar noch einen weiteren Nachteil hat: Der Sohn kann in diesem Fall mit noch höheren Hilfsleistungen seines Vaters rechnen.

Kredithaie leihen Söhnen von reichen Eltern wohl eher Geld als Söhnen von Habenichtsen. Der Wucherkredit dürfte umso freizügiger fließen, je reicher die Eltern sind. Der Vater hat deshalb noch eine weitere Alternative. Er kann einfach selbst dem Luxus frönen und sein Vermögen möglichst schnell verprassen. Von einem solchen Vater ist in der Zukunft nicht viel zu holen. Ein Sohn, der das vorhersieht, wird selbst finanziell vorsichtiger sein. Und auch die Kredithaie werden über diese veränderte Situation wohl nachdenken. Ihre Bereitschaft, dem Sohn größere Summen zu leihen, dürfte sinken. Sie wissen, dass auch der Vater für diese Kredite nicht geradestehen kann, selbst wenn er es wollte.[105]

Die gleiche Anreizproblematik besteht in der Eurozone. Anscheinend freiwillig helfen die Euroländer einem Mitgliedsstaat am Rande des finanziellen Zusammenbruchs aus einer extremen Haushaltsnotlage heraus. Sie tun das nicht aus Nächstenliebe, sondern weil es für die eigene Nation besser ist, als nicht zu helfen. Sonst würden sie ja nicht helfen. Und auch hier gilt: Nicht die Hilfe an sich ist das Problem. Wenn Geld von Deutschland nach Griechenland fließt, dann haben die Deutschen eben etwas weniger und die Griechen etwas mehr. Ob das insgesamt gut oder schlecht ist, lässt sich aus übergeordneter Perspektive nicht sagen. Vielleicht zahlen die Deutschen ja sogar freiwillig. Und freiwillig tut man nur Dinge, die man unter Abwägung aller Aspekte für sich als vorteilhaft empfindet. Das Problem ist vielmehr, dass die Erwartung aller Beteiligten, dass diese Hilfssituation eintreten wird, von vornherein falsche Verhaltensanreize setzt.

Wer auf Hilfe in der Not vertrauen kann, hat kaum Anreize, eine drohende finanzielle Notlage aus eigener Kraft abzuwenden. Ausgabensenkungen und Steuererhöhungen wären klassische Maßnahmen, mit denen man eine drohende Haushaltsnotlage freiwillig abwenden kann. Beide Maßnahmen sind aber unbeliebt bei vielen Wählern und Politikern. Staaten nehmen häufig lieber Kredite auf, wenn die Steuereinnahmen klein und die Ausgabenwünsche groß sind. Das führt aber zu einem Anwachsen der Staatsschulden. Irgendwann entsteht dann eine Haushaltsnotlage.

Das ist für den Staat auch gar nicht so schlimm, wenn die anderen Staaten dann in der Notlage mit Geld helfen. Es ist vielleicht ein wenig peinlich, die anderen Staaten um Hilfe anzugehen. Vielleicht muss man sich auch öffentlich als Staatsmann des Landes entschuldigen, seinen Kollegen im Europäischen Rat der Finanzminister sagen, dass man das alles schrecklich bedauert.

Aber einen Großteil der Schuld für die Notlage kann man öffentlich ja auf andere abwälzen. Die Bürokratie zum Beispiel. Oder die schreckliche Korruption im Land. Oder auf aktuelle Ereignisse wie die Finanzkrise. Oder auf die Vorgängerregierung, die vermeintlich alles falsch gemacht hat. Wer die Schuld für die Schulden der gegnerischen Ex-Regierung anhängen kann, ist moralisch aus dem Schneider. All das ist jedenfalls weniger unangenehm, als in der eigenen Regierungszeit die staatlichen Ausgaben zu kürzen oder die Steuern zu erhöhen oder überhaupt ernsthaft an einer Gesundung der Staatsfinanzen zu arbeiten.

Falsche Anreize entstehen auch für finanziell gesunde Mitgliedsstaaten der Eurozone. Ein solcher Staat weiß: Er ist in der Rolle des barmherzigen Samariters. Er kann seine Haushaltspolitik noch solider gestalten und Reserven schaffen, um gegebenenfalls die Hilfen für andere Staaten besser zu verkraften. Das Sparen für andere macht aber keinen Spaß. Und es kann das Schuldenmachen in den armen Staaten sogar noch beflügeln. Der Staat kann stattdessen auch zu einer unsoliden Haushaltspolitik übergehen und selbst Schulden machen. Wenn es dem Staat schnell genug gelingt, eine hohe Verschuldung aufzubauen, dann kommt der Staat als Hilfeleistender selbst nicht mehr in Betracht. Der Staat hat ja dann mit sich selbst zu tun. Durch hohe eigene Schulden kann ein Staat seine lästige Samariterrolle abstreifen. Diese Rolle müssen dann die jeweils finanzkräftigsten verbleibenden Staaten übernehmen, solange es noch welche gibt. Alle Staaten der Eurozone haben also Anreize, ihre Staatsverschuldung auszuweiten. Wenn dann ein Sanierungsfall eintritt, kann es leicht sein, dass Hilfe nicht möglich ist, weil mittlerweile alle Staaten zu finanzschwach sind.

Der Anreiz, sich selbst zu verschulden, um nicht helfen zu müssen, hängt von der Zahl und Zusammensetzung der Mitglieder in der Eurozone ab. Wenn es mehrere finanziell gesunde andere Mitglieder gibt, die im Zweifel einspringen können, dann ist es besonders attraktiv, durch eigene Staatsschulden die Samariterrolle abzustreifen.

Wenn notleidende Staaten durch andere Staaten der Eurozone systematisch gerettet werden, hat das auch eine ganze Kette von Folgen für die Kapitalmärkte. Möglichen Käufern von Staatsanleihen der Eurozone ist es nicht egal, ob andere Mitgliedsstaaten finanziell notleidenden Euroländern helfen oder nicht. Können sie darauf vertrauen, dass hoch verschuldeten Ländern geholfen wird, dann ist es ihnen letztlich gleichgültig, ob sie dem Euroland mit der höchsten Verschuldung oder dem mit der niedrigsten Verschuldung Kredit geben: Ein einzelner Staat in der Eurozone wird so lange von den anderen Staaten gerettet, wie diese das noch können. Also geht entweder gar kein Staat pleite, oder alle Staaten der Eurozone gehen gemeinsam in die Insolvenz. Kann man auf dieses Hilfsprinzip zuverlässig vertrauen, sind die Staatsanleihen aller Staaten der Eurozone aus der Sicht der Gläubiger praktisch gleichwertig, jedenfalls was das mögliche Ausfallrisiko angeht.

Deshalb ist zu erwarten, dass die Zinsen für die Staatsanleihen unterschiedlicher Staaten sich angleichen. Die Kreditgeber bewerten bei ihrer Kaufentscheidung in einer Welt mit gegenseitigen Hilfen nicht mehr einzelne Staaten nach ihren Ausfallrisiken, sondern nur noch das Gesamtrisiko eines Zahlungsausfalls aller Staaten der gesamten Eurozone. Mit diesem Effekt geht jedoch eine wichtige Kontrollfunktion verloren, die Kreditgeber normalerweise ausüben: Anleger verweigern in der Regel den Kredit, wenn sie an der Bonität der Schuldner ernsthaft zweifeln. Wer sich Geld leihen möchte, hat deshalb ein Interesse daran, auf seine Bonität zu achten und der Kreditgeber hat einen Anreiz, sich Informationen über den Kreditnehmer zu verschaffen. In einer Haftungsgemeinschaft, in der ein Schuldner im Notfall für die Schulden des anderen Schuldners aufkommt, gehen diese Anreize weitgehend verloren. Die Kreditgeber prüfen nicht mehr die Bonität des einzelnen Schuldners, sondern nur die Bonität der Schuldnergemeinschaft. Und wenn die Gemeinschaft aus vielen Schuldnern besteht, hat jeder einzelne Schuldner nur einen kleinen Einfluss auf die Bonität der Gemeinschaft.

Wie die Abbildung für den Zinsaufschlag für griechische Staatsanleihen im Vergleich zu deutschen Anleihen zeigt, gibt es seit einiger Zeit, besonders aber seit Mai 2010 erhebliche Zinsunterschiede in der Eurozone (Abbildung 20). Das ist ein Anzeichen dafür, dass die Käufer Unterschiede in den Ausfallrisiken nicht nur gesehen haben, sondern – etwa seit Ausbruch der großen Finanzkrise nach dem Zusammenbruch von Lehman-Brothers – auch wieder einen Preis dafür verlangt haben, diese Risiken einzugehen. Die Aufschläge für Griechenlandanleihen haben sich seit Mai 2010 dynamisch und mit einer Tendenz nach oben entwickelt. Der Versuch, durch das Rettungspaket zu helfen, hat die Zinsaufschläge nicht beseitigt. Die hohen Aufschläge zeigen: Die Kreditgeber glauben noch nicht, dass die Eurostaaten gegenseitig finanziell bis zum Äußersten füreinander einstehen. Sie rechnen eher damit, dass das eine oder andere Land seine Schulden nicht oder nur teilweise zurückzahlt und seinen Schuldendienst verweigert.

Würden die Käufer von Staatsanleihen mit Sicherheit damit rechnen, dass die Eurostaaten sich gegenseitig helfen, d.h. finanziell bis zum Äußersten füreinander geradestehen, dann müssten die Zinsunterschiede praktisch verschwinden. In einer solchen Schuldnergemeinschaft ist das Schuldenmachen für einzelne Mitglieder sehr attraktiv. Viel zu attraktiv sogar: Erhöht beispielsweise Spanien in einer solchen Haftungsgemeinschaft seine Schulden, kann das Land einen Großteil der Bonitätskosten hierfür auf die anderen Mitglieder abwälzen.

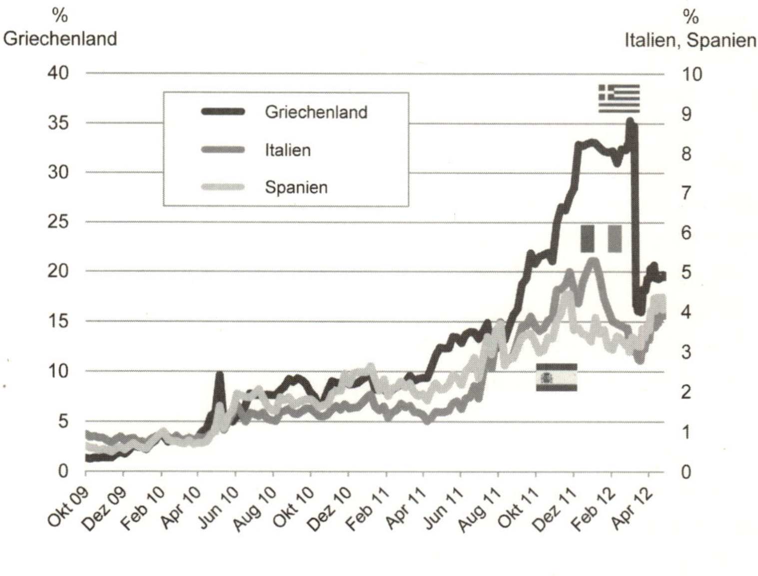

Abb. 4: Zinsaufschlag zu deutschen Staatsschuldtiteln in Prozentpunkten
Quelle: Bloomberg

5. Europäischer Rettungsaktionismus

Die Rettung Griechenlands vor dem Staatsbankrott wurde häufig auch mit einer »Dominotheorie« begründet. Die Politik bediente sich eines Kampfbegriffs aus den Zeiten des Kalten Krieges. Der amerikanische Präsident Eisenhower hatte 1954 mit Blick auf Vietnam vor einem Vormarsch des Kommunismus gewarnt. Wenn ein Staat falle, sprich kommunistisch werde, würden die Nachbarstaaten wie Dominosteine fallen. Ähnlich lautete die Argumentation in der Schuldenkrise. Würde mit Griechenland erst einmal ein Staat kippen, würde nach und nach die gesamte Eurozone fallen. »In einer Reihe hochkant aufgestellter Dominosteine im labilen Gleichgewicht führt das Kippen des ersten zum sukzessiven Fallen aller folgenden«, warnte etwa der Ökonom Ulrich Blum.[106]

Sobald erst an einem Beispiel deutlich wäre, dass Eurostaaten ihre Staatsschulden nicht bezahlen, dann würden die Kreditgeber auch an der Zahlungsfähigkeit oder Zahlungswilligkeit anderer Eurostaaten zweifeln. Sie würden zum Ausgleich für dieses Risiko deshalb höhere Zinsen von den anderen Eurostaaten fordern. Und diese höheren Zinsen würden die anderen Staaten in die Zahlungsunfähigkeit treiben. Ein vielleicht vorübergehendes Liquiditätsproblem wüchse sich zu einem nachhaltigen Insolvenzproblem aus. Auf diese Weise würde ein Staatsbankrott Griechenlands den Bankrott anderer Staaten wie Portugal und Irland nach sich ziehen. Selbst gewichtigere Nationen der Eurozone wie Italien oder Spanien könnten kippen. Die Pleite der US-Investmentbank Lehman Brothers wurde als Menetekel aufgebaut. Deren Kollaps hatte im September 2008 eine weltweite Panik unter den Investoren ausgelöst. Der gesamte Interbankenmarkt kam zum Stillstand und drohte das gesamte Bankensystem wie ein Kartenhaus zum Einsturz zu bringen.[107]

Die großen Rettungsschirme

Um deutlich zu machen, dass man einen Staatsbankrott in der Eurozone auf keinen Fall zulassen würde, wurde am 8. und 9. Mai 2010 der 750 Milliarden Euro schwere Rettungsschirm geboren. Für diese Garantiesumme stehen mit 440 Milliarden Euro die Staaten der Eurozone gerade, und zwar mit ihren Anteilen an der EZB, Deutschland also mit rund 27 Prozent. Für 60 Milliarden Euro bürgt die Europäische Union als Gesamtheit. Auch dahinter stehen natürlich ihre Mitglieder. Und die restlichen 250 Milliarden Euro steuert der Internationale Währungsfonds (IWF) bei. Auch an diesem Haftungsbetrag sind die Mitglieder der EU anteilig beteiligt. Der Fonds soll sich Geld leihen können und dieses Geld als Kredite zu günstigen Konditionen an Krisenländer in der Eurozone weiterreichen. Krisenländer sind solche, die das Vertrauen der Kreditgeber so weit verspielt haben, dass sie am Kapitalmarkt keinen Kredit mehr erhalten, oder Kredite nur noch zu unsagbar hohen Zinsen erhalten würden. Die Versuchung bestand im Mai 2010 wohl darin zu glauben, dass allein die Existenz dieses Rettungsschirms schon ausreichen würde, das Vertrauen der Gläubiger in die Zahlungsfähigkeit aller Eurostaaten wieder herzustellen, der Krisenfonds hätte dann niemals tätig werden müssen.

Im Oktober 2010 entstand der Plan, den Garantiefonds in leicht modifizierter Form nach seinem Auslaufen 2013 in einen dauerhaften Rettungsfonds umzuwandeln – die Geburtsstunde des European Stability Mechanism (ESM). Der ESM-Beschluss wurde am 28. November und am 16./17. Dezember 2010 verabschiedet.

Am 21. November bzw. 7. Dezember 2010 erhielt Irland Zusagen über Hilfen im Umfang von 85 Milliarden Euro. Am 16./17. Mai 2011 erhielt Portugal Hilfszusagen aus dem Rettungsfonds in Höhe von 78 Milliarden Euro. Für die Rettungsaktionen hat sich dabei eine Art »diplomatisches Protokoll« herausgebildet, das sich (in Anlehnung an den populären Podcast Planet Money) in der folgenden Übersicht wiederfindet.

Das »diplomatische Protokoll« zum Europäischen Rettungsschirm

1. Die Risikoprämien an den Märkten für Staatsschuldtitel gehen massiv in die Höhe. Die Zinsen für das betroffene Land schießen über sieben Prozent.
2. Ratingagenturen stufen das Land herab.
3. Der Staatschef wiegelt ab: Alles ist im Griff, kein Problem. Das Land ist kerngesund.
4. EU fordert Konsolidierungsschritte und die Annahme von Hilfen aus dem Rettungsschirm.
5. Die Kapitalmärkte beruhigen sich nicht. Weitere Abstufung der Bonität des Lands durch die Ratingagenturen angedroht.
6. Der Staatschef beteuert, dass Hilfe nicht gebraucht wird. Das Gerede von den Hilfen sei die Ursache für die gesamte Krise und rufe unnötigerweise Spekulanten auf den Plan. Und das ganze Problem seien die Spekulanten.
7. Die EZB beginnt den Aufkauf von Staatsschuldtiteln des betreffenden Landes.
8. Krisentreffen. Juncker und Barroso ermahnen den Staat erneut, den Garantieschirm in Anspruch zu nehmen. Der Staats- oder Regierungschef des Landes lehnt weiter kategorisch ab.
9. Das Wochenende des Bailout: Am Freitag gehen die Risi-koprämien erneut in die Höhe. Für Montag oder Dienstag ist die Refinanzierung eines größeren Betrags fällig. Die Staats- und Regierungschefs kommen zusammen und beschließen ein Rettungspaket. Der Staat soll heftig konsolidieren.
10. Die Regierung des neu unter den Rettungsschirm gelangten Landes verkündet Neuwahlen.

Im Juli 2011 wurden die Garantiesumme und der Handlungsrahmen des Garantiefonds entscheidend erweitert. Der Krisenfonds kann bereits im Umlauf befindliche Staatsschuldtitel ankaufen, kann Kredite an Krisenstaaten vergeben, die speziell zur Rettung des Bankensektors verwendet werden, und er kann präventiv tätig werden.

Im Oktober 2011 legte Europa noch einmal nach. Der Beschluss sollte dem Garantiefonds mehr »Feuerkraft« verleihen. Dazu hatte man sich zwei Optionen ausgedacht, die beide Ähnlichkeit haben mit den komplizierten Finanzmarktprodukten, die am Anfang der Finanzkrise standen und gerade von der Politik häufig als Auslöser für die Finanzkrise verteufelt wurden. Der Garantiefonds sollte Staatsanleihen verschiedener Länder auflegen und bündeln, sagen wir zu einem Betrag von Rückzahlungsforderungen von 100 Einheiten. Von diesem Bündel sollten die Ansprüche auf die ersten 50 Einheiten Rückzahlungen, die tatsächlich geleistet werden, an die Privatanleger und Investoren verkauft werden. Die European Financial Stability Facility (EFSF) sollte und wollte hingegen die Ansprüche auf die über die 50 Einheiten hinaus gehenden Rückzahlungen in den Büchern behalten, also genau die Tranche an Ansprüchen, die mit dem höchsten Risiko für einen Zahlungsausfall bedroht war. Formal würde so die maximale Garantiesumme zwar nicht ausgedehnt werden, aber die Wahrscheinlichkeit dafür, dass die EFSF im Fall eines Zahlungsausfalls mehr als die Hälfte seiner Garantien würde einlösen müssen, würde sich ganz deutlich erhöhen. Stand die EFSF als Gläubiger gegenüber den Schuldnerstaaten in der Konzeption vom Mai 2010 noch in der ersten Reihe, würde er sich nach den Plänen vom Oktober 2011 im Falle einer Staateninsolvenz als Gläubiger gegenüber dem Pleitestaat ganz am Ende anstellen müssen. Erst wenn alle Investoren und Privatanleger ihr Geld vollständig wiedererhalten hätten, würde noch etwas für die EFSF übrig bleiben.

Die wundersame Vermehrung der Garantien ohne Ausweitung der maximalen Garantiesumme hat also wenig mit Zauberei zu tun, ähnlich wie die mittelalterliche Alchemie. Damals ging es darum, dem Fürsten möglichst viel Geld abzunehmen, mit dem Versprechen, Gold aus Blei zu machen. Heute scheint es darum zu gehen, dem Souverän und Steuerzahler möglichst weit reichende Garantien für die Staatsschulden anderer Länder abzuringen. Dass dabei das Geschäftsmodell für diese Garantien nach Festlegung der Garantieobergrenze von der Politik manipuliert werden sollte, ist kein besonders honoriges Verhalten. Verträge sollte man nicht im Nachhinein einseitig auslegen; man verstößt so vielleicht nicht gegen die Buchstaben, aber gegen den Geist des Vertrags.

Und mit dieser Vertragsauslegung ist die Politik dann an die Grenzen des Markts gestoßen. Im Herbst 2011 traf die Krise selbst den harten Kern der Eurozone. Plötzlich geriet eine Platzierung von Bundesanleihen zu einem Beinah-Desaster: Bei einer Auktion blieb der Bund auf zwei Milliarden Euro Anleihen sitzen, weil sich noch nicht mal mehr genügend Abnehmer für die deutschen Anleihen finden ließen.[108]

Zuvor hatte bereits die Europäische Finanzstabilisierungsfazilität, wie die EFSF im Bürokratendeutsch heißt, das Misstrauen der Investoren zu spüren bekommen. Der Rettungsschirm wird von den Euro-Staaten nämlich nicht direkt mit Geld ausgestattet. Vielmehr bürgen die Länder lediglich für die Anleihen, die die EFSF am Markt erst platzieren muss. Und die Zinsaufschläge für die Anleihen des Rettungsschirms fingen an, in die Höhe zu gehen. An den Märkten ließ sich ein regelrechter Käuferstreik beobachten, so dass sogar eine geplante Anleihenemission der EFSF verschoben werden musste. Wenig später haben dann auch die Ratingagenturen diese Veränderungen registriert. Sie haben schon im Dezember 2011 Frankreich und Deutschland eine mögliche Abstufung ihrer Bonität angedroht und im Fall von Frankreich hat die führende Agentur Standard & Poor's gut einen Monat später die Drohung wahrgemacht und dem Land die Spitzenbonität AAA entzogen. Das blieb auch für die EFSF nicht ohne Folgen. Da ohne Frankreich nicht mehr genügend AAA-Staaten für die Anleihen garantierten, stufte S & P die Zahlungswürdigkeit der EFSF ebenfalls zurück.[109] All das sind untrügliche Zeichen dafür, dass die Rettungsschirmpolitik an die Grenzen des Machbaren gestoßen war.

Trotzdem wurde die Ausweitung der Rettungsschirmpolitik weiter betrieben. Im Frühjahr 2012 soll der permanente Rettungsschirm ESM zeitlich früher als ursprünglich geplant installiert werden; durch eine mögliche Gleichzeitigkeit von EFSF und ESM würde die Garantiesumme für ein Jahr verdoppelt. Würde sie in Anspruch genommen, wäre ein Auslaufen der EFSF wie geplant kaum möglich. Sollten EFSF und ESM kombiniert werden, könnte die Haftungssumme für Deutschland auf 400 Milliarden Euro steigen.[110] Diese Summe liegt deutlich über dem jährlichen Bundeshaushalt, der für 2012 auf 306,2 Milliarden veranschlagt wird.[111]

Die EZB verliert ihre Unschuld

In die Rettungsschirmpolitik wurde auch die Europäische Zentralbank (EZB) mit einbezogen. Schon am 10. Mai 2010 begann die EZB ihre Aufkäufe von Staatsschuldtiteln. Inzwischen ist die EZB wohl zum größten Investor in europäischen Staatsschuldtiteln avanciert und löste sich von dem, was einst unantastbare Grundprinzipien sein sollten.

An jenem zweiten Mai-Wochenende 2010 suchten der damalige EZB-Präsident Jean-Claude Trichet und die Staats- und Regierungschefs der Eurozone zusammen mit ihren Finanzministern nach einer Lösung zur Rettung des Euro. Trichet hatte Europas Politikern zuvor beängstigende Schaubilder präsentiert, aus denen hervorging, dass Europa vor einer Art zweitem Lehman Brothers stand – nur dass diesmal nicht bloß eine Bank, sondern ganze Staaten an den Abgrund geraten waren.[112] Nach einem dramatischen Verhandlungsmarathon einigten sich die Europäer schließlich auf einen milliardenschweren Rettungsschirm für kriselnde Euro-Staaten in Höhe von 750 Milliarden Euro. Und auch die EZB sagte Unterstützung zu. Die Zentralbanker erklärten sich bereit, übergangsweise Staatsanleihen der Schuldenstaaten aufzukaufen, um auf diese Weise die gewaltigen Zinskosten erträglicher zu machen. Wie Abbildung 5 verdeutlicht, handelte es sich keineswegs um eine vorübergehende Maßnahme. Bis zum Frühjahr 2012 kaufte die EZB Schuldtitel wackeliger Staaten im Volumen von knapp 220 Milliarden Euro auf.

Im Verlauf der folgenden Monate traten erst der damalige Bundesbank-Präsident Axel Weber und anschließend der einstige EZB-Chefvolkswirt Jürgen Stark zurück. Frustration über den Kurswechsel der EZB soll dabei eine wichtige Rolle gespielt haben.

Ein Blick in die Bilanz der EZB offenbart den erschreckenden Umfang dieser Maßnahmen. Allein zwischen Juli 2011 und März

2012 ist die Bilanzsumme um 50 Prozent angewachsen. Seit Ausbruch der Krise im Jahr 2007 hat sie sich innerhalb von fünf Jahren sogar fast verdreifacht. Im Frühjahr 2012 hatte die EZB Papiere im Buchwert von über drei Billionen Euro auf der Bilanz, was annähernd 30 Prozent der geballten Wirtschaftsleistung der Eurozone entsprach. Davon steckten allein 220 Milliarden Euro in Staatsanleihen der wackeligen Peripherieländer – Papiere, von denen niemand weiß, wie viel diese tatsächlich noch wert sind.[113]

Unter dem einstigen Goldman-Sachs-Investmentbanker Mario Draghi, der im November 2011 Jean-Claude Trichet als Präsident der EZB ablöste, erweiterte die EZB ihre Rettungsaktionen noch auf eine andere Weise. Ende Dezember 2011 und noch mal zwei Monate später bot die EZB den Banken Kredite bei der EZB für eine Laufzeit von drei Jahren zum Festzins von gerade einmal einem Prozent an. Die Banken ließen sich nicht lange bitten und haben sich in zwei Tranchen mehr als eine Billion Euro ausgeliehen.[114] Für dieses Geld mussten sie bei der EZB Sicherheiten hinterlegen. Die Anforderungen an derartige Sicherheiten wurden seit dem Ausbruch der Krise mehrfach herabgestuft. Als Sicherheiten für die Liquidität können die Banken beispielsweise Schuldverschreibungen europäischer Staaten nutzen, die sie mit dem frisch geliehenen Geld kaufen konnten. Ein gutes Geschäft für die Banken: Kauften diese beispielsweise mit den Krediten Staatsschuldtitel, die sich mit fünf Prozent verzinsen, verdienen die Banken an dieser Transaktion in den drei Jahren etwa 40 Milliarden Euro pro Jahr. Ein tolles Geschenk, das zumindest vordergründig auch die Staaten freut, deren Kreditgeschäft ins Stocken geraten ist, und die sich nun einer Billion Euro neuen Kreditangebots gegenüber sehen.

An den Märkten wurden solche Geschäfte unter dem Namen Sarko-Trade bekannt. Der damalige französische Präsident Nikolas Sarkozy sprach ungewöhnlich deutlich aus, was er sich von den Kreditinstituten als Gegenleistung für die Aktion im Dezember 2011 erwartet: nämlich, dass sie mit dem billigen Geld Staatsanleihen der wackeligen Staaten aufkaufen.[115]

Der Leidtragende dieses Geschäfts ist – wen wird es wundern – der Steuerzahler in den Euroländern. Als Anteilseigner der EZB

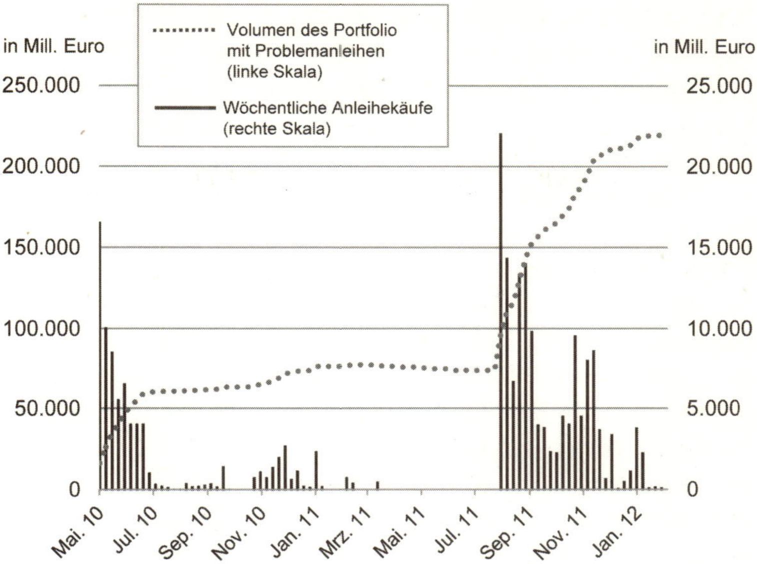

Abb. 5: Aufkäufe von Schuldtiteln durch die EZB (in Millionen Euro)
Quelle: Bloomberg

verzichtet er angesichts der Dumping-Kredite an die Banken auf Staatseinnahmen aus Zentralbankgewinnen. Andererseits zahlt der gleiche Steuerzahler mit seinen hohen Steuern die hohen Zinsen, die sich die Banken für die Staatskredite zahlen lassen. Das Risiko in diesem Geschäft, das die Zinsdifferenz zwischen EZB-Kredit und der Verzinsung von Staatsanleihen erklären könnte, tragen aber nicht die Banken, sondern auch der Steuerzahler; denn die zweifelhaften Staatspapiere sind ja gerade die Sicherheiten, mit denen die Bankkredite besichert sind. Kommt es also zum Zahlungsausfall beim Staat, werden die Sicherheiten wertlos. Der Zahlungsanspruch der EZB an die Banken bleibt zwar bestehen, die Banken wären aber pleite, wenn sie zahlen müssten. Das Ergebnis wäre eine Bankenrettung durch den Steuerzahler. Und da schließt sich der Kreis.

Zugespitzt könnte man sagen: Die EZB sollte den Staaten der Eurozone kein Geld leihen – das gehörte zu ihren Grundsätzen.

Nun tut sie es indirekt trotzdem. Aber damit nicht genug: Sie tut es hinter einem Deckmäntelchen, das den europäischen Steuerzahler jährlich einen zweistelligen Milliardenbetrag kostet.

Folgen der Schuldenvergemeinschaftung

In der Folge von Rettungsmaßnahmen zeigt sich ein Muster: Die Vermeidung von Zahlungsunfähigkeit einzelner Mitgliedsstaaten erfolgt um den Preis immer größerer Rettungsaktionen, die in immer kürzeren Zeitabständen aufeinander folgen. Mit diesen Maßnahmen verlagert die Politik die Haftungsverpflichtungen für Staatsschulden in den Krisenstaaten systematisch auf die Staaten mit verhältnismäßig gesünderen Staatshaushalten. Sie »vergemeinschaftet« die Verantwortung für die Staatsschulden.

Mit der »Vergemeinschaftung« der Schuldnerbonität innerhalb der Eurozone gehen allerlei negative Anreizeffekte einher. Gläubiger verlieren das Interesse daran, einzelne Eurostaaten hinsichtlich ihrer Bonität zu überwachen. Sie interessieren sich nur noch für die Bonität der Eurozone insgesamt. Die Märkte verlieren damit einen Großteil ihrer disziplinierenden Wirkung, wenn übermäßige Verschuldung nicht mehr durch höhere Zinsen bestraft wird. Mitgliedsstaaten innerhalb der Eurozone können einen Großteil der Kosten zusätzlicher Kredite auf die übrigen Mitgliedsstaaten abwälzen. Ihre zusätzlichen Kredite belasten nicht primär ihre eigene Bonität, sondern die Bonität der Eurozone insgesamt. Finanzielle Missstände bei den eigenen Finanzen werden damit quasi von den anderen Staaten getragen; der Anreiz schwindet, selbst auf solide Staatsfinanzen hinzuarbeiten. Arme Länder treiben so in die immer höhere Verschuldung. Reiche Mitgliedsstaaten müssen fürchten, dass sie zum Zahlmeister der Eurozone werden, und haben damit selbst einen Anreiz zu höherer Verschuldung, um so die möglichen Kosten von Hilfen an andere Mitgliedsstaaten weiterzugeben.

Die EU steht im Frühjahr 2012 dabei vor den letzten möglichen Rettungsschritten. Einen der möglichen Schritte hat die Europäische Kommission bereits vorgeschlagen: die Verlagerung der Entscheidungskompetenz und Verantwortlichkeit für Staatsschulden von den Nationalstaaten der Eurozone zur Regierungsebene der Europäischen Union.[116] Die Folgen der »Vergemeinschaftung« der Schuldnerbonität innerhalb der Eurozone wurden schon erörtert. Der Politik blieben diese zerstörerischen Anreize einer Schuldenvergemeinschaftung in Europa nicht verborgen. Sie versucht diesen Fehlanreizen mit Regulierung auf europäischer Regierungsebene zu begegnen. Das führt zur zweiten Form von Krisenaktionismus, die wir nun betrachten.

6. Kompetenzverlagerung zur EU

In ihrem Vorschlag für die Einführung von Eurobonds – die Europäische Kommission nennt sie Stabilitätsbonds – macht die Kommission die Komplementarität zwischen Schuldenvergemeinschaftung und zentraler Kontrolle der einzelstaatlichen Finanzen deutlich.

> »Mit allen Formen von Stabilitätsanleihen müssten eine wesentlich stärkere Finanzüberwachung und Koordinierung der Politik einhergehen, um das Moral-Hazard-Problem zu vermeiden, tragfähige öffentliche Finanzen zu gewährleisten sowie die Wettbewerbsfähigkeit zu fördern und schädliche makroökonomische Ungleichgewichte auszugleichen.«[117] (S. 4)

Diese Worte sind programmatisch für die gesamten Veränderungen der europäischen Finanzverfassung, die parallel zu dem stetig erweiterten Rettungsschirm seit Mai 2010 erfolgt sind oder beschlossen wurden. Die Chronik auf Seite 249 gibt eine Übersicht über die Maßnahmen. Sie laufen im Kern darauf hinaus, der Kommission selbst, oder dem Rat der Regierungschefs, erweiterte Kompetenzen oder gar Durchgriffsrechte zu übertragen, was die Kontrolle der nationalen Haushalte der Mitgliedsländer angeht, beginnend mit der Aufstellung des Haushalts bis hin zu konkreten Sanktionen für Staaten, deren Haushaltspolitik sich nicht auf den Pfad der Tugend führen lässt.

Die kompetenzverlagernden Maßnahmen begannen mit der Einführung des »Europäischen Semesters«. Bei dieser vielstufigen Prozedur müssen die Mitgliedsstaaten ihre Haushalte lange vor der Verabschiedung durch die heimischen Parlamente der Kommission und dem Europäischen Rat vorlegen und erhalten von der Kommission Einzelempfehlungen. Man darf an einem Erfolg dieser Überwachung zweifeln. Das Bundesministerium der Finanzen beteuert auf seiner Homepage zur Beschreibung dieser Prozedur jedenfalls »Die Haushaltshoheit des Bundestags bleibt davon unberührt« und macht damit die Begrenzungen der Einflussnahme aus Europa sehr deutlich.[118]

Grundlegender und wichtiger war die Diskussion um die Verschärfung und Ausweitung des europäischen Stabilitäts- und Wachstumspakts, also des Regelwerks, das bislang als Artikel 126 AEUV in der EU-Verfassung verankert ist, und dessen mangelnde Wirksamkeit schon thematisiert wurde.

Das Ergebnis der Diskussionen war ein neuer Stabilitäts- und Wachstumspakt, bestehend aus sechs europäischen Rechtsakten, die im Eiltempo auf verschiedenen EU-Gipfeln beginnend im Jahr 2010 beschlossen wurden. Dieser sogenannte »Sixpack« stärkt die Kommission und den Rat bei einer präventiven Kontrolle der nationalen Haushaltspolitiken und beschreibt ein Regelwerk mit Prozeduren und Sanktionen zur Durchsetzung von Korrekturen in den nationalen Haushaltspolitiken, besonders zur Vermeidung übermäßiger Verschuldung. Eingriffsrechte auf europäischer Ebene werden auch zur Vermeidung und Korrektur von »makroökonomischen Ungleichgewichten« definiert, womit Korrekturen bei Leistungsbilanzungleichgewichten oder Arbeitsmarktproblemen gemeint sind. Kaum beschlossen wurde das Regelwerk bereits durch einen sogenannten Fiskalpakt ergänzt, wonach die Mitgliedsstaaten in ihrem nationalen Recht Vorschriften in Anlehnung an die »Schweizer Schuldenbremse« übernehmen sollen, so wie sie im Rahmen der deutschen Verfassungsreform im Jahr 2009 eingeführt wurde (vgl. Kapitel 12).

Die rasante Kompetenzverlagerung entspricht einem allgemeinen organisationstheoretischen Verhaltensmuster der Politik in Problemlagen. Interessengruppen entdecken in Problemlagen die Chance, alte, langgehegte Pläne den politischen Entscheidungsträgern als neue »Problemlösungen« verkaufen zu können. Da diese Pläne eben nicht neu sind, sind sie weitgehend ausgearbeitet und stehen sofort zur Verfügung. Die Herausforderung für die Interessengruppen besteht eher darin, den Entscheidungsträgern zu erklären, warum ausgerechnet diese Ideen das neue Problem lösen. Aber weil kurzfristig oft keine wirklich problemadäquaten

Lösungsalternativen zur Hand sind und die Politik ihre Problemlösungskompetenz unter Beweis stellen möchte, haben die Interessengruppen in diesem Augenblick eine historische Chance. In der Verwaltungstheorie wird dieses Phänomen als das »Mülleimer-Modell« (»garbage can model«) politischer Entscheidungen bezeichnet.[119]

Mit der Stärkung der Haushaltskompetenz auf europäischer Regierungsebene auf deutsche Initiative hin wiederholt sich in gewisser Weise die Geschichte. Schon im Jahr 1995 war es der damalige deutsche Finanzminister Theo Waigel, der auf den Europäischen Stabilitäts- und Wachstumspakt drängte, und damit nicht bei allen Mitgliedsstaaten auf Verständnis gestoßen ist. Auch heute setzen viele darauf, durch einen neuen, besseren und gehärteten Stabilitätspakt die Haushaltsdisziplin und einen harten Euro wiederherzustellen.

Angesichts des Scheiterns des ursprünglichen Europäischen Stabilitäts- und Wachstumspakts mag man über diese Zuversicht staunen, und darüber, dass die Politik so große Energie darauf richtet, dieses Regelwerk zu verfeinern. So aber funktioniert Politik: Für die Politik ist das Eingeständnis eines grundlegenden, konzeptionellen Fehlers kaum möglich. Die politischen Schlüsse aus dem Versagen lauten deshalb: »Der Weg war richtig, aber wir sind den Weg nicht weit genug gegangen.«

Tatsächlich ist jeder Plan zum Scheitern verurteilt, bei dem die europäische Regierungsebene Regeln gegen den nationalen politischen Willen in mehreren Einzelstaaten durchsetzen soll. Dabei sind Gestaltungsfragen, wie sie heftig diskutiert werden, zweitrangig. Ob Sanktionen beispielsweise ohne politische Beschlüsse, also »automatisch« oder wenigstens »halbautomatisch« ausgelöst werden, oder welche Klagerechte zur Durchsetzung von Haushaltsdisziplin man welchen Personen, Gruppen oder Institutionen einräumen sollte, spielt in Wahrheit keine große Rolle. Warum das so ist, und was die bessere Alternative zu einem solchen Pakt ist, darum geht es in den nächsten Kapiteln.

7. Zentralstaat oder Staatenverbund?

Seit die Eurozone in die Krise geraten ist, gibt es viele Vorschläge für die Europäische Finanzverfassung der Zukunft, aber nur zwei mögliche stabile Verfassungszustände. Die Vorschläge lassen sich in einem Diagramm entlang zweier Dimensionen sortieren: Einzelstaatliche Freiheit ist die eine Dimension, einzelstaatliche Eigenverantwortung ist die andere. Abbildung 5 zeigt den durch diese Dimensionen aufgespannten Politikraum.[120]

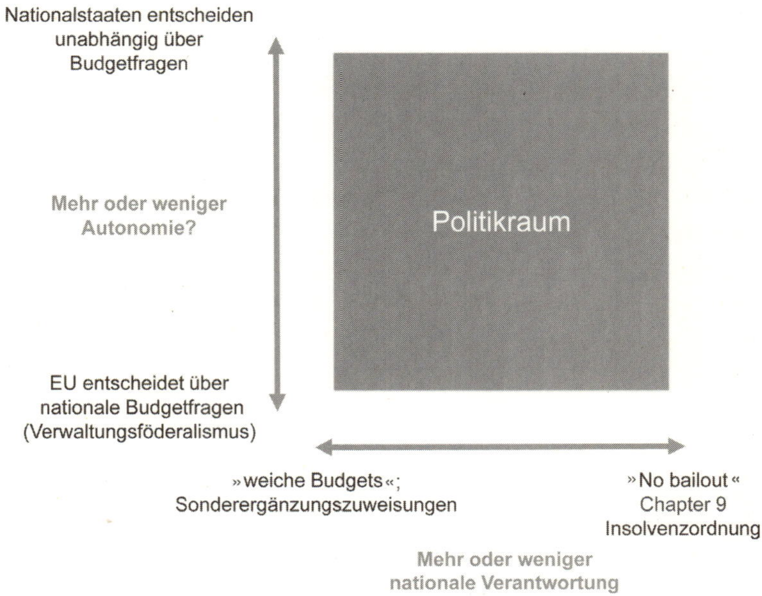

Abb. 6: Mögliche Handlungsoptionen für eine Systemreform der Eurozone Quelle: Eigene Darstellung

Jede mögliche Finanzverfassung in Europa kann entlang dieser Dimensionen in den Politikraum eingetragen werden. Aber nur zwei Punkte in dem Raum bilden eine stabile Europäische Finanzverfassung ab.

Der eine Punkt ist der Eckpunkt oben rechts. Er ist dadurch gekennzeichnet, dass die einzelnen Nationalstaaten über ihre eigenen Staatsschulden – genauso wie über andere Aspekte der Haushaltspolitik – frei entscheiden können, und dass der einzelne Staat und seine Bürger die Konsequenzen der eigenen Politik auch selbst tragen müssen. Dieser Punkt kombiniert Entscheidungsfreiheit mit Eigenverantwortung. Und das ist eine Kombination, die jedem von uns bestens als eine gesunde Kombination vertraut ist. Jeder Verbraucher trifft jeden Tag eigenständige Entscheidungen, deren Konsequenzen er nicht einfach Dritten aufbürden kann. Handeln und haften gehören im privaten Alltagsleben untrennbar zusammen. Im Übrigen ist dieser Punkt im Politikraum die Finanzverfassung, die die Gründerväter des Euro vor Augen hatten, als sie die Entscheidungsfreiheit der Mitglieder in ihrer Schuldenpolitik nur geringfügig einschränkten, ihnen aber mit der »No-bailout-Klausel« die volle Eigenverantwortung für ihre Schuldenpolitik zuordneten.

Der andere mögliche stabile Punkt ist der Punkt links unten. Er kombiniert gemeinschaftliche Verantwortung für Staatsschulden mit zentral gesteuerten Entscheidungsprozessen über die Haushaltspolitik, besonders die Schuldenpolitik der Einzelstaaten. Will man dem Zustand in der linken unteren Ecke ein konkretes Vorbild geben, dann ist es vielleicht der französische Nationalstaat. Der ist durch zentralisierte Haushaltsprozesse, minimale Entscheidungsautonomie der untergeordneten Gebietskörperschaften, straffe Überwachung und ein Durchregieren in die tiefer gelegenen Verwaltungsdistrikte gekennzeichnet. In diesem Punkt haben die Einzelstaaten zwar den Anreiz für eine gründlich verfehlte Haushaltspolitik und würden sich gern hoch verschulden, um anschließend von der Zentrale umso höhere Finanzmittel für ihre Rettung zu erhalten. Die straffe zentralstaatliche Kontrolle und die geringen legalen Möglichkeiten für eine offene oder verdeckte Kreditaufnahme auf der lokalen oder regionalen Regierungsebene verhindern jedoch dieses Verhalten.

Europa hat sich seit Ausbruch der Staatsschuldenkrise mit großer Geschwindigkeit auf den Punkt »unten links« hin bewegt. So wurde beispielsweise, wie bereits im vergangenen Kapitel beschrieben, ein Paket aus sechs Maßnahmen – im EU-Bürokratensprech »Sixpack« genannt – verabschiedet, dass es Brüssel künftig ermöglichen soll, in die Haushalts- und Wirtschaftsplanung der Mitgliedsstaaten einzugreifen. Die EU-Behörde will nun mitreden, wenn es um die Wettbewerbsfähigkeit eines Landes oder wirtschaftliche Ungleichgewichte zwischen Mitgliedsstaaten geht. Bei weiter Auslegung ist das überall der Fall, angefangen von Steuer- über die Lohnpolitik eines Staates bis zu Bildungsreformen.[121] Man mag einen solchen Schritt Richtung zentraler Wirtschaftsregierung begrüßen, der dem hehren Ziel verpflichtet ist, die Haushaltsdisziplin zu stärken und die Gemeinschaft enger zusammenzurücken. Nach erfolgreichem Abschluss dieses Prozesses würden wir alle als wahrhaftige Europäer leben wie »Gott in Frankreich«, oder in einem Europa, das wenigstens in seiner Finanzordnung dem französischen Zentralstaat nachempfunden ist. Wir glauben aber, dass sich das Ideal eines europäischen Zentralstaats weder wirtschaftlich noch politisch realisieren lässt. Wir glauben deshalb, dass der Bund autonomer und selbstverantwortlicher Staaten die bessere Option ist. Von diesem trennt uns aber ebenfalls ein weiter Weg institutioneller Reformen. Wir behandeln die beiden Optionen nacheinander.

Eine zentrale EU-Wirtschaftsregierung?

Betrachten wir einmal den Idealfall einer vollständigen Kompetenzverlagerung. Wichtige Entscheidungen über Einnahmen und Ausgaben, darunter die Kompetenz zur Aufnahme von staatlichen Krediten, übernimmt die Europäische Union für die Einzelstaaten. Mit einer Verlagerung zentraler Haushaltskompetenzen geht jedoch automatisch auch die »Verantwortung« auf die europäische Ebene über: In dem Maße, in dem ein Staat die Gestaltungsmacht für seine Einnahmen, Ausgaben und Kreditpolitik abgibt, kann er für finanzielle Engpässe auch weniger selbst verantwortlich gemacht werden. Formal betrachtet erledigt sich so das Samariterdilemma: Einzelne Eurostaaten können sich einfach deswegen nicht mehr verschulden, um anschließend von den Schwesterstaaten der Eurozone gerettet zu werden, weil sie das Recht zur Schuldenaufnahme nicht mehr haben.

Der Übergang zu einer zentralistischen Finanzpolitik in Europa wäre eine wirklich große Reform, die sich nicht ganz leicht umsetzen lässt. Eine Zentralisierung der Finanzpolitik steht im Widerspruch zu dem Subsidiaritätsprinzip der EU, wonach staatliche Aufgaben soweit möglich immer auf der niedrigsten, bevölkerungsnächsten Politikebene erfüllt werden sollen, auf der sie sich vernünftig erledigen lassen. Mit der teilweisen Kompetenzverlagerung über die Haushaltsaufstellung, den Haushaltsvollzug und die öffentliche Kreditaufnahme an eine europäische Zentrale dürfte auch der Druck in Europa zunehmen, Einkommensunterschiede zwischen den europäischen Regionen auszugleichen. Die Einkommensunterschiede sind dabei recht beträchtlich. Das zeigt sich bei einem Vergleich des Bruttoinlandsprodukts pro Kopf für die deutschen Bundesländer und für die EU-Staaten für das Jahr 2009, in den Abbildungen 7 und 8.

Auf einen Blick erschließen sich die größeren Ungleichheiten innerhalb der EU beziehungsweise der Eurozone. Während in Deutschland das wirtschaftsstärkste Bundesland, der Stadtstaat Hamburg, mit 48 200 Euro pro Kopf gerade einmal etwas mehr als doppelt so viel erwirtschaftet wie das ärmste Bundesland Mecklenburg-Vorpommern (21 264 Euro), klaffen zwischen Arm und Reich in der EU wahre Wohlstandswelten. In Luxemburg beträgt das BIP pro Kopf mit rund 81 000 Euro 18 Mal mehr als in Bulgarien mit umgerechnet 4 500 Euro. Selbst innerhalb der 17 Euroländer hat der reichste Staat, Luxemburg, sechs Mal mehr pro Kopf als das junge Währungsmitglied Slowakei.

Man kann diese Einkommensunterschiede einmal hochrechnen auf die zwischenstaatlichen Transfers, die in einer Transferunion – vergleichbar mit dem deutschen Länderfinanzausgleich – fließen müssten. Die Abbildung 8 zeigt die pro-Kopf-Einnahmen des öffentlichen Sektors in den 27 EU-Mitgliedsstaaten, und zwar für das von der Krise noch nicht gezeichnete Jahr 2007 als schwarze

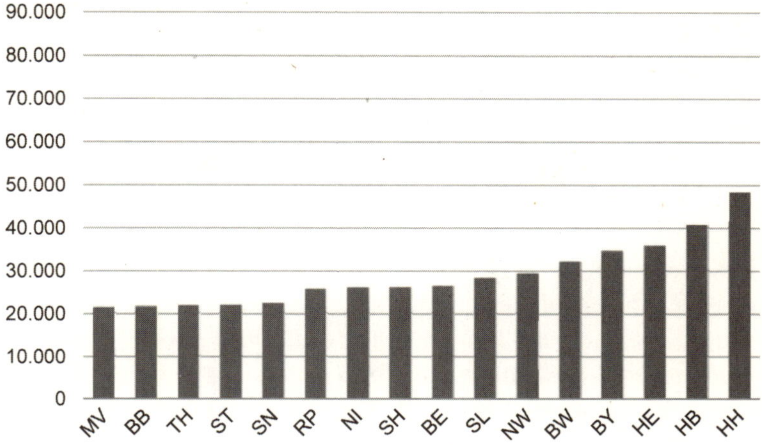

Abb. 7: Bruttoinlandsprodukt pro Kopf
in den EU-Staaten im Jahr 2009 (in Euro)
Quelle: Statistisches Bundesamt

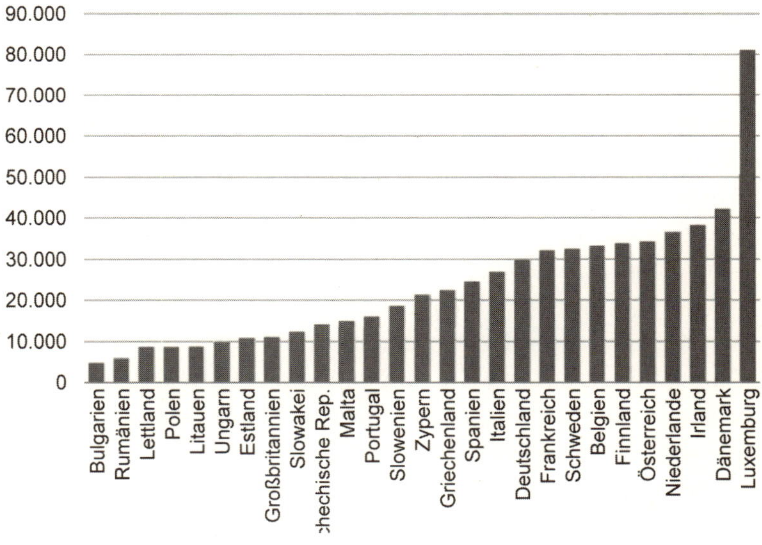

Abb. 8: Bruttoinlandsprodukt pro Kopf
in den EU-Staaten im Jahr 2009 (in Euro)
Quelle: Fitch Ratings

Säulen. Es zeigen sich gewaltige Unterschiede. Der einnahmenstärkste öffentliche Sektor ist in Luxemburg verortet und hat fast dreimal so viele öffentliche Mittel wie der Durchschnitt in Europa. Der einnahmenschwächste öffentliche Sektor ist in Bulgarien. Der Staat hat dort gerade einmal 12,6 Prozent des EU-Durchschnitts zur Verfügung. Man könnte durch ein innereuropäisches Transfersystem versuchen, diese Unterschiede auszugleichen. Man könnte z. B. nur die Hälfte der Unterschiede in den Pro-Kopf-Einnahmen des öffentlichen Sektors ausgleichen. Für Bulgarien würde das bedeuten, man hebt das Einnahmenniveau auf etwa 56,3 Prozent des Durchschnitts an. Finanziert würde dieser Transfer von den reicheren EU-Ländern. Ein solcher Transfermechanismus mit einem »Nivellierungsniveau« von 50 Prozent würde, basierend auf den Zahlen von 2007, bereits ein Transfervolumen von etwa 445 Milliarden Euro nach sich ziehen.[122]

Das Zahlenbeispiel ist nicht frei von Willkür. Wählt man als Ausgangsbasis für den Transfermechanismus nicht die Staatseinnahmen einschließlich der Sozialversicherungsbeiträge, sondern nur die Steuereinnahmen, schrumpft der Betrag um einige Prozentpunkte zusammen. Er bleibt indes unvorstellbar groß.

Europa verhandelt derzeit auch nicht über einen solchen Umverteilungsmechanismus. Obwohl in der öffentlichen Diskussion oft von einer Fiskalunion die Rede ist, hat zumindest bis zum Frühjahr 2012 noch kein europäischer Politiker einen Umverteilungsmechanismus solcher Größenordnung oder gar den deutschen föderalen Finanzausgleich als Blaupause für wirtschaftliche Transfers innerhalb der EU vorgelegt. Mit guten Gründen: Die Umsetzung einer solchen Blaupause, gar in Anlehnung an die Institutionen des deutschen Finanzausgleichs, wäre im bestehenden Institutionengefüge dezentraler uneinheitlicher Steuersysteme nicht möglich. Gegebenenfalls könnte man die Transfers nicht an den Steueraufkommen der Länder ausrichten. Die Anreize für die Gestaltung der nationalen Steuersysteme wären zu groß. Man müsste an Wirtschaftsgrößen ansetzen, die durch die nationale Finanzpolitik weniger gestaltbar sind, beispielsweise an der Wirtschaftskraft, wie sie durch das Bruttoinlandsprodukt gemessen wird.

Trotzdem sind die Zahlen aufschlussreich, weil sie die Dimension des Umverteilungsvolumens offenlegen und damit die Frage der politischen Akzeptanz in den Vordergrund rücken. Schon ein Umverteilungsmechanismus, der weniger als die Hälfte der Einkommen der öffentlichen Haushalte ausgleichen würde, erfordert Transfers, die rund dem Vierfachen des gesamten EU-Budgets entsprechen. Mehr noch. Alle EU-Staaten erhalten einen großen Anteil ihrer Beiträge durch die verschiedenen EU-Programme zurück. Damit sind die tatsächlichen Netto-Beiträge der einzelnen viel geringer als das gesamte EU-Budget. Daran gemessen würden die Summen, die bei einer Transferunion umverteilt werden müssten, die heutigen Netto-Beiträge der einzelnen Zahlerländer um ein Vielfaches übersteigen.

So gesehen ist die Behauptung vieler Beobachter irreführend, die EU sei bereits heute eine Transferunion. Die aktuell existierenden Netto-Transfers in der EU sind im Vergleich zu den Umverteilungssummen in Abbildung 9 verschwindend gering – und trotzdem sind sie bereits Grund eines permanenten Streits innerhalb Europas. Es ist schwer vorstellbar, dass Europa die politischen Spannungen aushalten würde, die durch Transfers dieser Größenordnung entstünden.

Eine solche Transferunion hätte, wie immer man sie ausgestaltet, auch verheerende Anreizeffekte. Regierungen würden für ihre erfolgreiche Politik und Wachstumserfolge bestraft, und Länder, die auf schmerzhafte, aber wachstumsfördernde Reformen verzichten, würden durch hohe Transfers von den anderen Mitgliedern der EU belohnt.

Verteilungsüberlegungen dieser Art sind nicht der Haupteinwand gegen eine Zentralisierung der Europäischen Union. Umverteilung hat Vorteile für die Empfänger und Nachteile für die Geber. Insgesamt aus europäischer Perspektive und je nach Blickwinkel des Betrachters könnte Umverteilung sogar wünschenswert erscheinen. Aus den nachteiligen Folgen für mögliche Geberländer wie Deutschland allein lässt sich deshalb noch kein politisch tragfähiges Argument machen.

Wie realistisch sind die Möglichkeiten, auf europäischer Ebene eine Kontrolle der nationalen Finanzen einzusetzen? Die Erfahrungen in den vergangenen zehn Jahren mit dem Stabilitäts- und

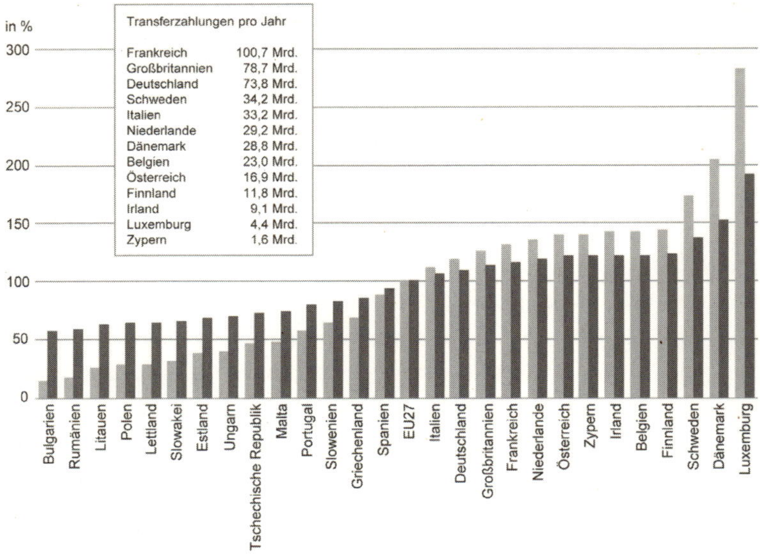

Abb. 9: Einnahmen aus dem öffentlichen Sektor (Steuern und Sozialversicherungen) pro Kopf/EU27, 2007
Quelle: Eurostat und eigene Berechnungen

Wachstumspakt sind nicht ermutigend. Gegen die kreative Haushaltsbilanzpolitik einzelner Staaten wurde nicht gerade energisch eingeschritten. Und da, wo es zu offensichtlichen Verletzungen der Regeln des Stabilitätspakts gekommen ist, kam es eher zu einer Neuinterpretation der Regeln des Pakts als zu einer konsequenten Anwendung. Das Defizitverfahren gegen Deutschland in der ersten Hälfte des vergangenen Jahrzehnts ist dafür ein Beispiel. Wo immer Defizitsünder über sich selbst ein Urteil zu fällen haben – und um nichts anderes würde es sich auch bei einer supranationalen Fiskalpolizei handeln –, sollte man die Erwartungen nicht zu hoch setzen.

Nehmen wir dennoch einmal an, der Weg hin zu einer Wirtschaftsregierung würde konsequent weiter beschritten. Der nächste Schritt wäre dann wohl eine Vergrößerung der Regulierungstiefe und eine weitergehende Kompetenzverlagerung von den nationalen Regierungen und Parlamenten zur EU. Würde eine solche Reform das Samariterdilemma lösen und die Nachhaltigkeit der Haushaltspolitik europäischer Staaten herbeiführen? Was würde unter diesen Umständen passieren, wenn den Eurostaaten das Recht entzogen würde, Staatskredite aufzunehmen? Ein findiger Staat dürfte sich dann andere Wege suchen, um in der Gegenwart mehr Geld zu verausgaben, als er von der Zentrale erhält. Dazu gehören die Möglichkeiten zu kreativer Buchführung, die Einrichtung von Schattenhaushalten, die Aufnahme von Krediten durch staatseigene Unternehmen oder Unternehmen, für die staatliche Garantien übernommen werden. Neben solchen Formen der Bilanzkosmetik gibt es noch einige weitere Rezepte. Der Staat kann zum Beispiel seine öffentlichen Gebäude verkaufen und von den neuen Besitzern anmieten. Eine versteckte Schuldenaufnahme kann dabei zum Beispiel erfolgen, indem die Verkaufspreise absichtlich überhöht und zugleich überhöhte Miet- oder Leasingraten vereinbart werden. Der Staat kann ferner ein Heer von Beamten einstellen, ihnen eine Dauerstelle garantieren und hohe Pensionen zusagen. Solche Pensionszusagen haben ähnliche Wirkungen wie ein Staatskredit in entsprechendem Umfang. So bauen sich Verpflichtungen und Forderungen gegen den Staat auf, die er ohne zusätzliche Hilfen von der Zentrale nicht mehr erfüllen kann. Oder der Staat betätigt sich wirtschaftlich mit seinen Zweckgesellschaften und mit seinen in staatlichem Besitz befindlichen Banken. Für mit staatlichen Garantien ausgestattete Banken gibt es gleich eine Reihe von Geschäftsmodellen, mit denen man heute mehr Geld ausgeben kann und sich morgen in erhebliche Schieflage bringt. Viele Eurostaaten haben ihre Kreativität unter Beweis gestellt, was die Aufnahme von verdeckten Krediten angeht. Schuldenberge durch kreative Buchführung der autonomen Regionen in Spanien sind dort im Winter 2012 zu Tage getreten.[123] Aber die größte Phantasie hatte wohl die Verwaltung in Griechenland. Über die Geschäfte, mit denen Griechenland Überflugrechte, Landegebühren, Einnahmen aus der griechischen Lotterie und andere Staatseinnahmen der Zukunft kurzerhand versilbert hat, wurde bereits berichtet.

Mit solchen Praktiken kann ein Staat die Aufnahme hoher

Kredite für einige Jahre verschleiern, bis die Schuldensituation ihm über den Kopf gewachsen ist. Ist die so entstandene Schieflage entsprechend groß, wird die Zentrale eben helfen müssen. Und je weniger autonom der Mitgliedsstaat in Hinblick auf seine Steuereinnahmen und Ausgabenplanung entscheiden kann, desto eindeutiger ist es, dass Hilfszahlungen der Zentrale den einzigen möglichen Ausweg darstellen.

Den phantasievollen Maßnahmen, mit denen sich Staaten an bestehenden Haushaltsvorschriften vorbei verschulden, könnte man natürlich durch ein immer dichteres Netz von Kontrollen und Vorschriften entgegenwirken. So könnte ein Wettlauf zwischen wachsender Regulierung und der Kreativität einzelner Mitgliedsstaaten entstehen, bis hin zu massiven Eingriffen in den Haushaltsvollzug und in die politische Gestaltungsautonomie der Mitgliedsstaaten.

Ob es auf diese Weise gelänge, Haushaltsdisziplin in der Eurozone durchzusetzen, ist vielleicht die weniger wichtige Frage. Problematischer noch sind die politischen Auswirkungen. Man darf zweifeln, dass die Übernahme der Funktion einer Haushaltspolizei durch die EU-Bürokratie von Europa toleriert werden wird.

Die Völker Europas sind bisher einfach noch nicht zu einem Volk zusammengewachsen. Das kann nicht einfach durch neue institutionelle Regeln oder Verfassungsverträge von oben dekretiert werden, denn: »Der freiheitliche, säkularisierte Staat lebt von Voraussetzungen, die er selbst nicht garantieren kann.«[124]

Politische Spannungen sind bereits in den ersten zwei Krisenjahren im Zusammenhang mit den Spar- und Reformauflagen gegenüber den Krisenstaaten aufgetreten. Britische Zeitschriften bezichtigten Deutschland, es wolle über eine europäische Wirtschaftsregierung ein »Viertes Reich« errichten.[125] Die Financial Times berichtet über griechische Demonstranten, die aus der Bank of Greece die »Bank of Berlin« machen, über eine Zeitung, die Angela Merkel in einer Nazi-Uniform zeigt, und zwar unter der Überschrift »Memorandum macht frei«, eine Anspielung auf die Überschrift über dem Eingangstor des Konzentrationslagers in Auschwitz[126] und Demonstranten, die öffentlich die deutsche Fahne verbrannten und von Deutschland Reparationsleistungen für die Besatzung im Zweiten Weltkrieg fordern. Europas Nationalstaaten sind nicht bereit für eine strenge Wirtschaftsregierung durch Brüssel. Der Weg in die Zentralisierung lässt alte Feindbilder aufbrechen. Statt die Völker Europas friedlich zu vereinen, droht die Europäische Union daran zu zerbrechen.

Die Eurorettung kann so zur Zerstörung der europäischen Errungenschaften führen.

Von Bremen lernen

Um die Chancen auf Erfolg abschätzen zu können, die eine Europäische Union mit einer zentralen Planung der Einnahmen, Ausgaben und der Schuldenaufnahme der einzelnen Mitgliedsstaaten hätte, lohnt sich auch ein Blick auf den Föderalstaat in Deutschland. Wie in einem Labor konnte man bei den Entwicklungen des deutschen »Länderfinanzausgleichs« beobachten, welche Wirkungen ein gegenseitiges Hilfsversprechen bei extremen Haushaltsnotlagen über Jahrzehnte hat.

In seinem Urteil vom 27. Mai 1992 hatte das Bundesverfassungsgericht klargestellt, dass sich Bund und Länder in Deutschland in einer Art Solidargemeinschaft befinden und in dieser Gemeinschaft füreinander einstehen müssen. In der Konsequenz hat das Gericht entschieden, dass die Bund-Länder-Gemeinschaft beistehen und helfen muss, wenn sich ein Mitglied in einer extremen Haushaltsnotlage befindet:

> »Befindet sich ein Glied der bundesstaatlichen Gemeinschaft – sei es der Bund, sei es ein Land – in einer extremen Haushaltsnotlage, die seine Fähigkeit zur Erfüllung der ihm verfassungsrechtlich zugewiesenen Aufgaben in Frage stellt und aus der es sich mit eigener Kraft nicht befreien kann, so erfährt dieses bundesstaatliche Prinzip seine – hier mit der durch Art. 109 Abs. 2 GG gebotenen Wahrung der Erfordernisse des gesamtwirtschaftlichen Gleichgewichts verknüpfte – Konkretisierung in der Pflicht aller anderen Glieder der bundesstaatlichen Gemeinschaft, dem betroffenen Glied mit dem Ziel der haushaltswirtschaftlichen Stabilisierung auf der Grundlage konzeptionell aufeinander abgestimmter Maßnahmen Hilfe zu leisten, damit

es wieder zur Wahrung seiner politischen Autonomie und zur Beachtung seiner verfassungsrechtlichen Verpflichtungen befähigt wird.

aa) Diese verfassungsrechtliche Pflicht trifft nicht den Bund allein, sondern – dem bundesstaatlichen Prinzip entsprechend – Bund und Länder. Sie bedingt Kooperationspflichten zwischen Bund und Ländern wie auf Seiten des betroffenen Landes. Sie ist bezogen auf eine extreme Haushaltsnotlage in dem dargelegten Sinn und daran gebunden; das schließt freilich nicht aus, daß schon im Vorfeld Maßnahmen ergriffen werden, um eine solche Notlage vorbeugend abzuwehren.«[127]

Das Urteil wurde von führenden Finanzwissenschaftlern bereits 1992 sehr kritisch kommentiert. Der Finanzwissenschaftsprofessor Rolf Peffekoven, ein langjähriges Mitglied des Sachverständigenrats zur Begutachtung der gesamtwirtschaftlichen Lage der Bundesrepublik, betont in einem Kommentar zum Urteil die gefährlichen Anreizwirkungen, die von dem Urteil ausgehen:

»Eine Solidarhilfe bei jeder Art von Haushaltsnotlage könnte dazu führen, dass solche Situationen bewusst herbeigeführt werden, um auf diese Weise die Folgen wirtschaftspolitischen Fehlverhaltens auf die anderen Glieder des Bundesstaats abwälzen zu können.«[128]

Die inzwischen eingetretenen Entwicklungen übertreffen seine vorsichtig formulierten Befürchtungen. Auf Basis des Urteils haben das Saarland und Bremen für die Jahre von 1994 bis 2004 über den normalen Finanzausgleich hinaus finanzielle Sonderzahlungen in Form sogenannter Bundesergänzungszuweisungen erhalten. Das Saarland hat zwischen 1994 und 2004 Hilfen im Umfang von 6,6 Milliarden Euro erhalten. Das entspricht, auf den einzelnen Einwohner bezogen, einer Hilfe durch die Gemeinschaft von Bund und Ländern in Höhe von ca. 6600 Euro pro Einwohner. Die Geldhilfen für Bremen sind im gleichen Zeitraum bei einer kleineren Einwohnerzahl mit gut 8,5 Milliarden Euro sogar noch großzügiger ausgefallen.[129]

Die Hilfszahlungen wurden mit Auflagen verknüpft. Die Ausgabensteigerungen der Länder sollten unterhalb der allgemeinen Ausgabenempfehlungen des Finanzplanungsrats bleiben. Die zusätzlichen Mittel sollten zur Schuldentilgung verwendet werden. Entstehende Finanzierungsspielräume durften die Länder für »wirtschaftskraftfördernde Investitionen« nutzen.

Vor allem der Stadtstaat Bremen nutzte die Spielräume in der ersten Phase von Zuweisungen (von 1994–1998) für ein sogenanntes Investitionssonderprogramm. Daraus finanzierte oder ko-finanzierte Bremen einen »Space Park«, eine Privat-Uni, das Metropol-Theater und andere »wirtschaftskraftfördernde Investitionen«.[130] Gut 750 Millionen Euro flossen in ein »Wirtschaftsstrukturpolitisches Aktionsprogramm«, gut 400 Millionen Euro flossen in die Kooperation von Wissenschaft und Wirtschaft, die Förderung kleiner und mittlerer Betriebe und in die Imagebildung des Landes Bremen. Für Schwerpunktprojekte wurden ca. 777 Millionen Euro eingesetzt und in die Verkehrsinfrastruktur wurden 267 Millionen Euro gelenkt.[131]

Die Meinungen gehen auseinander, wie hilfreich das Programm war, die Wirtschafts- und Finanzkraft Bremens nachhaltig zu stärken. Das von Bremen selbst in Auftrag gegebene Gutachten der Prognos AG kam im August 2002 zu einem Ergebnis, das auf erfreuliche Weise mit der Interessenlage des Auftraggebers harmoniert. Im Kern bescheinigt der Auftragnehmer im Fazit des Gutachtens den Sanierungsmaßnahmen eine positive Wirkung: Aufgrund der Maßnahmen sei eine nachhaltige Verbesserung der wirtschaftlichen Situation im Land Bremen zu erwarten. Die Angleichung an das übrige Westdeutschland habe damit zwar begonnen, das Ziel sei im Jahr 2004 aber noch nicht erreicht. Ein Anschlussprogramm werde benötigt.[132]

Tatsächlich ist es Bremen in den zehn Jahren nicht gelungen, die Haushaltskennziffern maßgeblich zu verbessern, aufgrund derer das Verfassungsgericht dem Land den Status einer extremen Haushaltsnotlage bescheinigt hatte. Angesichts der Möglichkeit weiterer Hilfen mag das vielleicht auch gar nicht die Interessenlage gewesen sein. Das Verhältnis von Zinszahlungen zu Steuereinnahmen hat sich jedenfalls nahezu nicht verändert.[133] Zu Beginn der Sanierung war der Bremer Schuldenstand pro Kopf unter 13 000

Euro. Am Ende der Sanierung waren pro Kopf etwa 15 000 Euro nach Bremen an Rettungsgeldern geflossen. Und die Verschuldung pro Kopf war 2004 auf etwa 17 000 Euro gestiegen. Inzwischen sind es über 27 500 Euro pro Kopf.[134]

Hinzu kommen die anteiligen Schulden des Bundes von 16 000 Euro, so dass jeder Bremer statistisch gesehen mit 43 000 Euro verschuldet ist. Damit stehen die Bremer schlechter als die Griechen da, deren öffentliche Schulden »lediglich« 34 260 Euro pro Kopf betragen. Eine ähnliche Entwicklung zeigt sich in einem anderen Notlagenland. Auch für das Saarland hat sich die Situation durch die Sanierungshilfen nicht nachhaltig gebessert.[135]

Erhebliche Transferleistungen des Bundes sind also an diese Länder geflossen. Und zwar unter Sanierungsauflagen und unter stetiger Überwachung. Aber die Haushaltslage beider Bundesländer ist am Ende eines zehn Jahre andauernden Sanierungsprozesses kaum verändert. Und so mag es nicht überraschen, dass beide Länder erneut Sanierungshilfen gefordert und sich 2005 bzw. 2006 abermals an das Bundesverfassungsgericht gewandt haben.

Die erneute Klage war vielleicht nicht direkt, aber möglicherweise auf indirekte Weise noch einmal erfolgreich. Denn als Teil der Reform der Finanzverfassung im Jahr 2009 wurden beiden Ländern erhebliche Sonderzahlungen versprochen. Auf der Basis des neuen Art. 143d Abs. 2 GG wird mehreren Bundesländern in der Übergangsphase von 2011 bis 2019 finanzielle Hilfe gewährt, wenn sie sich auf den neu beschlossenen Haushaltskonsolidierungspfad begeben. Insgesamt sollen diese Hilfen bis zu 800 Millionen Euro pro Jahr betragen. Von diesem Betrag erhalten das Saarland mit 260 Millionen und Bremen mit 300 Millionen pro Jahr zusammen den bei weitem größten Anteil. Einen Zusammenhang zwischen diesen Hilfen und den zum Zeitpunkt der Verfassungsreform anhängigen Klagen des Saarlands und Bremens vor dem Bundesverfassungsgericht gibt es offiziell nicht.

Mit seinem Urteil von 1992 zu Gunsten des Saarlands und Bremens hat das Bundesverfassungsgericht deutlich gemacht: Bund und Länder befinden sich in einer Haftungsgemeinschaft. Gerät der Bund oder ein Land in eine extreme Haushaltsnotlage, muss die übrige Bund-Länder-Gemeinschaft helfen. Die Bestätigung des Prinzips des gegenseitig füreinander Einstehens durch das Gericht mag für die praktische Finanzpolitik von Bund und Ländern ab 1992 nicht ganz unerheblich gewesen sein. In dieser Phase stieg die Verschuldung in vielen Bundesländern deutlich an. Auch die neuen Bundesländer, die weitgehend ohne Schuldenlasten gestartet sind, holten dabei schnell auf. Das Land Berlin, das zum Zeitpunkt der Wiedervereinigung praktisch schuldenfrei war, überholte in nur wenigen Jahren viele Schwesterländer und hatte im Jahr 2009 eine der höchsten Pro-Kopf-Verschuldung aller Länder.

Berlin ist dann auf den Spuren des Saarlands und Bremens gewandert und hat ebenfalls eine Klage beim Bundesverfassungsgericht eingereicht, um Sanierungshilfen zu erstreiten. In seinem »Berlin-Urteil«[136] vom 19. Oktober 2006 knüpft das Bundesverfassungsgericht an die Grundsätze seines Urteils von 1992 an. Es verweigert Berlin zwar Hilfen; Berlin sei nicht in einer extremen Haushaltsnotlage. Es bestätigt aber das bündische Prinzip und damit in letzter Konsequenz ein wechselseitiges Haftungsversprechen für Staatsschulden innerhalb der Bund-Länder-Gemeinschaft. Dieser Interpretation des Urteils folgten auch die drei großen Ratingagenturen. Sie sahen keinen Anlass zum Umdenken. Am deutlichsten wird diese Einschätzung bei der Ratingagentur Fitch: Das Urteil wirke sich nicht auf die Ratingfaktoren aus. Faktisch bestätige das Urteil das Bundestreueprinzip, auf dem die Bestnoteneinschätzung AAA für Bund und Länder beruhe.[137]

Für diese Entscheidung hat das Gericht die Anforderungen für das Vorliegen einer extremen Haushaltsnotlage einfach entsprechend hoch angesetzt. Die Haushaltsnotlage müsse ein »so extremes Ausmaß« erreicht haben, dass »ein bundesstaatlicher Notstand im Sinne einer nicht ohne fremde Hilfe abzuwehrenden Existenzbedrohung des Landes als verfassungsgerecht handlungsfähigen Trägers staatlicher Aufgaben eingetreten« sei. Das Land muss außerdem alle ihm verfügbaren Möglichkeiten der Abhilfe erschöpft haben. Die Bundeshilfe muss den einzig verbleibenden Ausweg darstellen.[138]

Wie der Staatsrechtsexperte Stefan Korioth vermutet, werden diese hohen Hürden dazu führen, dass die extreme Haushaltsnotlage künftig »als Anspruchsgrundlage im Finanzverteilungsstreit wohl keine Rolle mehr spielen wird.«[139] Man wird sehen. Ob sich das nun präzisierte Kriterium einer extremen Haushaltsnotlage erfüllen lässt und Bundeshilfen sprudeln können, wird auch davon abhängen, wie man die Formulierungen des Gerichts interpretiert.

Betrachtet man die Aufnahme neuer Schulden als »eine der verfügbaren Möglichkeiten der Abhilfe«, dann entsteht ein seltsames Paradox: Da in letzter Konsequenz bei einer Zahlungsunfähigkeit eines einzelnen Landes die Bund-Länder-Gemeinschaft für die Schulden des Landes geradesteht, bleibt der Zugang zum Kreditmarkt auch für ein extrem hoch verschuldetes Land für lange Zeit offen, und zwar zu Konditionen, die für alle Länder und den Bund praktisch die gleichen sind. Solange also die Bund-Länder-Gemeinschaft als Ganzes aus der Sicht der Kreditgeber noch kreditwürdig ist, hat auch ein extrem hoch verschuldetes Land die Möglichkeit, seine staatlichen Aufgaben und seinen Schuldendienst durch immer neue Schulden zu finanzieren. Selbst wenn das Land alle anderen Möglichkeiten zur Selbsthilfe erschöpft hat, stößt es so niemals an die Grenzen seiner Möglichkeiten zur Selbsthilfe durch Neuverschuldung, solange die Bund-Länder-Gemeinschaft noch kreditwürdig ist. Erst wenn die Bund-Länder-Gemeinschaft als Ganzes ihre Kreditwürdigkeit einbüßt, versiegt auch der Kreditmarkt als Finanzierungsquelle für das einzelne Land. Dann hat das Land selbst keine weiteren Möglichkeiten der Abhilfe und kann legitimerweise die Bund-Länder-Gemeinschaft um Hilfe bitten. Für diese Hilfe ist es dann jedoch zu spät: Die Gemeinschaft ist zu einer Hilfe nun nicht mehr in der Lage, denn sie ist selbst pleite.[140]

Trifft diese Interpretation zu, dann hat das Bundesverfassungsgericht eine Situation geschaffen, in der die Überschuldung eines Landes, auch wenn sie praktisch schon eingetreten sein mag, zunächst zu immer höheren Schulden und letztlich zur Überschuldung der Bund-Länder-Gemeinschaft führen muss, weil eine frühzeitige Hilfe nicht statthaft ist. Insgesamt hat das Gericht mit seinen Urteilen von 1992 und 2006 dem deutschen Föderalismus keinen guten Dienst erwiesen. Der Gesetzgeber hat auf die so entstandene Situation mit der jüngsten Verfassungsreform von 2009 reagiert. Statt die Voraussetzungen dafür zu schaffen, dass die Länder in ihrer Haushaltspolitik frei aber selbstverantwortlich handeln und im Überschuldungsfall einer Umschuldung entgegensehen, hat der Gesetzgeber ein kompliziertes Regelwerk der Haushaltsüberwachung geschaffen: die »Schuldenbremse« (vgl. Kapitel 12). Ob sie das Samariterdilemma im deutschen Föderalismus beseitigen kann, bleibt abzuwarten.

Zu Beginn des zweiten Jahrzehnts des 21. Jahrhunderts stehen die europäischen Staatslenker und die EU-Kommission vor ganz ähnlichen Entscheidungsproblemen wie das Bundesverfassungsgericht, als es über Staatshilfen für das Saarland, Bremen und Berlin zu urteilen hatte. Die europäische Politik hat seit dem Ausbruch der Staatsschuldenkrise in einer Kette von Entscheidungen den Weg in eine Vergemeinschaftung der Haftung für Staatsschulden innerhalb der Eurozone beschritten. Die Politik hat die verhängnisvollen Verhaltensanreize erkannt, die sich aus dieser Vergemeinschaftung der Haftung für die Schuldenpolitik der Einzelstaaten ergeben. Sie setzt darauf, diese Fehlanreize zu bändigen, und zwar durch zentrale Kontrollen der nationalen Haushaltspolitik und weitreichende Eingriffskompetenzen.

Dabei wird schon vor der Einführung des neuen Überwachungsregimes herzlich über seine genaue Ausgestaltung gestritten: automatische Sanktionen für umschuldungsreife Staaten, oder doch politische Mehrheitsentscheidungen? Parlamentarische Rechte, was die Intervention des Rettungsschirms angeht? Für vage Zusagen, was eine Verschärfung der Haushaltsüberwachung durch die Europäische Regierungsebene angeht, hat sich die deutsche Regierung in den vergangenen zwei Jahren konkrete Zugeständnisse in Sachen Haftungsübernahme und Rettungsprogramme abringen lassen. Selbst wenn es gelingt, diese vagen Zugeständnisse in einen handfesten neuen Stabilitäts- und Wachstumspakt zu überführen, kann man davon nicht viel erwarten. Die Politik übersieht einfach die Grenzen einer solchen Kontrollpolitik im Kontext souveräner Staaten.

Das Beispiel Bremens macht das nur allzu deutlich. Deutschland ist bislang daran gescheitert, das Haushaltsgebaren von Bundesländern innerhalb des deutschen Bundesstaats zu zügeln. Einige Bundesländer sind zu Dauersanierungsfällen geworden. Sanierungen über Zeiträume von zehn Jahren haben daran nichts geändert. Und obwohl diese Sanierungspläne unter strikter Überwachung und unter strikten Verwendungsauflagen für die betreffenden Länderhaushalte geflossen sind, hat sich ein Sanierungserfolg nicht eingestellt. Man kann wohl mit gutem Grund vermuten: Wenn es innerhalb Deutschlands nicht einmal gelingt, einzelne Bundesländer zu sanieren, dann ist eine Kontrolle von ganzen Staaten innerhalb der EU und durch die Europäische Kommission eine völlig hoffnungslose Angelegenheit.

Eine Eurozone in Freiheit und Selbstverantwortung

Kehren wir zur rechten oberen Ecke des Politikraums in Abbildung 6 zurück. Hier haben Einzelstaaten weitgehende Autonomie und Gestaltungsfreiheit über ihren Haushalt. Sie sind aber für die budgetären Konsequenzen ihrer Haushaltspolitik allein verantwortlich. Gelingt es, ein solches System zu installieren, dann ist das Samariterdilemma ausgeräumt, und zugleich bleibt den Einzelstaaten Gestaltungsfreiheit.

Mit dem Artikel 125 AEUV hatten sich die EU-Mitgliedsländer eigentlich genau diese Eigenverantwortlichkeit gegenseitig versprochen. Die Systemrelevanz von Eurostaaten im herrschenden Finanzmarktumfeld des Jahres 2010 unterminierte aber die Glaubwürdigkeit der »No-bailout-Klausel« und beeinträchtigte damit die Eigenverantwortung. In der Welt nach dem Zusammenbruch der US-Investmentbank Lehman Brothers können sich die Staaten keinen Zusammenbruch eines wichtigen Marktteilnehmers – sei es eine Bank oder gar ein Staat – mehr vorstellen. Zu groß erscheint ihnen das Risiko, dass in einem Finanzsystem des vernetzten Kapitals und hoher Verschuldungsgrade schon kleinere Ausfälle großes Unheil anrichten. Wechselseitige Abhängigkeiten und geringe Risikopuffer könnten beim Kollaps einer Institution rasch die Funktionsweise des gesamten Systems infrage stellen.[141] Der Lehman-Crash im September 2008 hatte beinahe eine Kernschmelze des Finanzsystems ausgelöst, die nur durch drastische Eingriffe von Staaten und eine Liquiditätsschwemme vonseiten der Notenbanken gestoppt werden konnte.

An diesem Beispiel zeigt sich, dass die Ursachen für die Fehlfunktion des Stabilitäts- und Wachstumspakts nicht in den Institutionen des Pakts selbst begründet sind. Die Ursachen liegen vielmehr in der Funktionsweise der Finanzmärkte, jedenfalls in der Ausprägung der letzten Jahre. Eine ursachengerechte Beseitigung der Fehlfunktionen muss deshalb zunächst bei den Finanzmärkten ansetzen. Das »No-bailout-Versprechen« der Eurozone gegenüber den einzelnen Mitgliedsstaaten muss glaubwürdig sein. Um das zu erreichen, muss man die Anreize zur zwischenstaatlichen Hilfe beseitigen. Das kann die Weltgemeinschaft tun, indem sie dem insolventen Mitgliedsstaat einen Weg zur Selbsthilfe eröffnet und gleichzeitig die negativen systemischen Auswirkungen unterbindet, die von der Insolvenz eines Staats für die anderen Mitgliedsstaaten ausgehen.

Leukerbad ist ein kleiner Kurort im Kanton Wallis in der Schweiz. Im Jahr 1998 hatte Leukerbad ca. 1750 Einwohner. Wie im Kanton Wallis üblich, gibt es in Leukerbad mit einer Bürgergemeinde und einer Munizipalgemeinde zwei getrennte Körperschaften, die sich am Kreditmarkt verschulden können. Die Gemeindeverwaltung hatte im Laufe der Jahre durch eine sehr rege Investitionstätigkeit direkt im Gemeindehaushalt und zusätzlich indirekt über Beteiligungsgesellschaften Schulden in Höhe von fast 350 Millionen Schweizer Franken angehäuft. Die aufsichtführende Kantonalverwaltung wurde auf die missliche Finanzlage erst im Laufe der neunziger Jahre aufmerksam. Die Kantonalverwaltung beschränkte daraufhin am 16. September 1998 die Handlungsfreiheit der Munizipal- und der Bürgergemeinde Leukerbad, und gab die Ausarbeitung eines Sanierungsplans in Auftrag. Dieser Plan wurde von den Gläubigern zunächst abgelehnt, am 7. Dezember 1999 kam es dann aber zu einem Vergleich mit den Gläubigern. Die überschuldeten Beteiligungsgesellschaften der Gemeinde gingen großenteils in Konkurs. Die Bevölkerung sank in den folgenden Jahren, vermutlich durch Abwanderung nach Erhöhungen der Gemeindesteuer, auf ca. 1400 Einwohner ab. Die Versuche der Munizipalgemeinde selbst und drei weitere Versuche von Gläubigern, die Schulden auf den Kanton Wallis zu überwälzen, scheiterten allesamt. Am 3. Dezember 2003 schließlich verzichteten die Gläubiger auf 78 Prozent ihrer Forderungen im Rahmen eines Sanierungsbeschlusses, in dem der Kanton sich die Gläubigeransprüche abtreten lässt. Die Munizipalgemeinde leistet, so der Plan, für rund dreißig Jahre Abzahlungen.[142]

Von Leukerbad hat nur ein Bruchteil der Menschheit schon einmal gehört. Und als die Überschuldung von Leukerbad offenkundig wurde, gab es kein Beben an den Börsen und Kapitalmärkten der Welt. Die Insolvenz Leukerbads hatte zwar negative Auswirkungen auf die Gemeinde und ihre Kreditgeber, aber nicht darüber hinaus.

Ist das Schuldenvolumen einer insolventen Gebietskörperschaft hingegen hinreichend groß, kann ein Bankrott auch die Weltkapitalmärkte beeinflussen. Bereits in vorhergehenden Kapiteln haben wir erwähnt, dass es im schlimmsten Fall zu einer globalen Vertrauenskrise kommen kann, die Ansteckungseffekte für andere Staaten hat und die Finanzmärkte erschüttert. Unter Hinweis auf die Risikolage deutscher Institute sprach sich im März 2010 beispielsweise der Deutsche-Bank-Chef Josef Ackermann für Hilfen für Griechenland aus. Ohne eine Stabilisierung Griechenlands könnten die Banken nach seiner Einschätzung Probleme bekommen. Griechenland wäre also »systemrelevant« und die »No-bailout-Klausel« deshalb in diesem Fall nicht durchsetzbar, sie verliert ihre Glaubwürdigkeit. Eine Systemreform, die auf Freiheit und Selbstverantwortung der Einzelstaaten setzt, muss die »Systemrelevanz« jedes einzelnen Eurostaats verringern oder beseitigen. Einfach ist das nicht, aber möglich. Wir erörtern das im nächsten Kapitel.

8. Die Rolle der Banken

Als die Staatenlenker der Eurozone im Mai 2010 zu ihrem Krisentreffen zusammenkamen und den großen Rettungsschirm verabschiedeten, wäre die Alternative die Einhaltung der »No-bailout-Klausel« gewesen, also eine Insolvenz des griechischen Staats mit Umschuldungsverhandlungen mit seinen Gläubigern. Die drei Gründe, weshalb diese Alternative nicht gewählt wurde, haben wir bereits kurz beschrieben: die Furcht vor einem Übergreifen der Vertrauenskrise von Griechenland auf andere Mitglieder der Eurozone, die Gefahr einer Vertrauenskrise in den Finanzmärkten, und die Gefahr, dass Deutschland und Frankreich nach 2007 zum zweiten Mal innerhalb weniger Jahre Steuerzahlergeld für die Rettung heimischer Banken aufwenden müssten. Will man, dass sich die Staatenlenker in einer ähnlichen Situation in der Zukunft gegen eine Staatenrettung, also für die Einhaltung der »No-bailout-Klausel« entscheiden, dann muss man dafür sorgen, dass diese drei Gründe für eine Rettungsaktion ausgeräumt werden.

Der erste Grund, die möglichen Ansteckungseffekte, würde man rückblickend wohl nicht mehr so ernst nehmen. Zur Ansteckung und einem Vertrauensverlust gegenüber anderen Mitgliedern der Eurozone kam es trotz der Rettung, oder vielleicht auch gerade wegen der Rettungsaktion; immerhin hat die Rettungsaktion auch gesündere Staaten in eine Schieflage gebracht. Statt die Ansteckung durch »Rettung« zu bekämpfen, würde heute sicher manch einer für eine Verhütung der Ansteckung durch Isolation plädieren.

Die gefährliche Liaison zwischen Banken und Staat

Die beiden weiteren Gründe hängen mit der spezifischen Beziehung zwischen Staaten und Banken zusammen, und mit dem Zustand der Finanzmärkte ganz allgemein. Banken spielen für die Finanzierung des Regierungsgeschäfts schon seit Jahrhunderten eine große Rolle. Die Beziehung zwischen dem Bankhaus der Fugger und dem deutschen Königshaus, oder zwischen John Law und dem französischen Königshaus, die wir noch ausführlicher behandeln (Kapitel 14) sind dabei nur prominente Beispiele für eine symbiotische Beziehung, die sich bis in die Neuzeit fortgesetzt hat. Banken finanzieren einen Großteil der Staatskredite. Banken und bankenähnliche Institutionen halten 35 Prozent der Staatskredite im Euroraum, wie sich aus Abbildung 10 erkennen lässt. Sie sammeln also Gelder von Privatanlegern ein und kaufen mit einem Großteil dieses Gelds einfach Staatspapiere.

Manch einer wird sagen, dass er sich unter dem Bankengeschäft etwas anderes vorgestellt hat. Und wer in Einführungsveranstal-

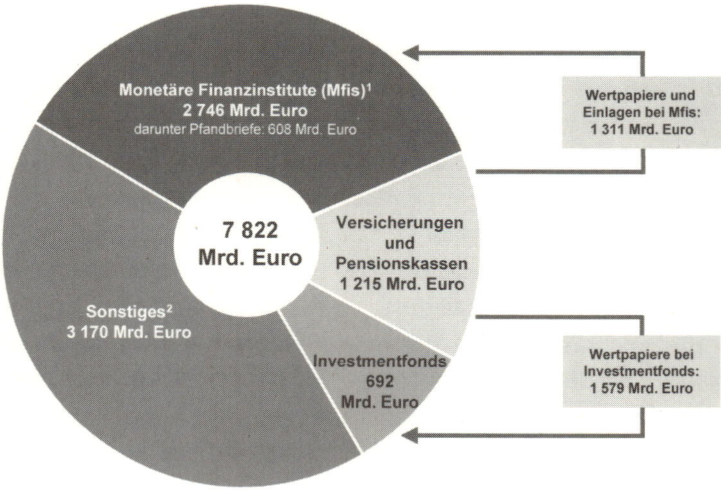

Stand: Ende 2010.
1) Kredite an und Wertpapiere von öffentlichen Haushalten.
2) Nicht im Finanzsystem des Euro-Raums; im Wesentlichen gehalten von Nicht-Finanzinstituten im Euro-Währungsgebiet und Nicht-Ansässigen im Euro-Währungsgebiet.

Abb. 10: Staatsverschuldung im Finanzsystems des Euroraums
Quelle: SVR, Jahresgutachten 2011-2012, S. 81

tungen in VWL etwas über Banken lernt, erfährt auch etwas anderes. Da ist die Rede davon, dass Banken Gelder der Kleinsparer einsammeln und für große und langfristige Kreditprojekte zur Verfügung stellen (Fristen- und Losgrößentransformation) und dass sie durch ihr Portfolio an Kreditnehmern das Kreditausfallrisiko senken (Risikentransformation) bzw. dass sie ihre besondere Kompetenz bei der Bewertung von Privat- und Unternehmenskreditrisiken nutzen (Risikobewertung). Dass sie mit dem Geld der Kleinsparer das tun, was die Kleinsparer selbst genauso gut könnten, nämlich Staatsschuldtitel kaufen und verkaufen, davon ist dort nicht die Rede.

Dass Banken trotzdem so gern Staatsschuldtitel kaufen, statt sich dem mühsamen Geschäft der Finanzierung der privaten Wirtschaft anzunehmen, dafür hat der Staat gesorgt. Anders als im sonstigen Kreditgeschäft hat er das Kaufen von Staatsschuldtiteln mit drei Vorteilen ausgestattet: Banken müssen kein Eigenkapital als Sicherheiten vorhalten, wenn sie mit den Kleinsparereinlagen Staatsschuldtitel kaufen. Das Mittel für diesen Zweck ist – beabsichtigt oder nicht – das Regelwerk für Banken, bekannt als »Basel II« und »Basel III«. Die in diesem Regelwerk international vereinbarten Auflagen für das Bankgeschäft sind eigentlich dazu gedacht, die Krisenanfälligkeit der Finanzmärkte zu vermindern. Doch für die Regierungen erfüllt das Regelwerk noch einen anderen Zweck: Durch diese Regeln wird es für Banken finanziell attraktiver, einen hohen Anteil an vermeintlich sicheren Staatsanleihen in ihrem Anlageportfolio zu halten.[143]

Banken können darüber hinaus die Staatskredite als Sicherheiten für neue Kredite an die EZB weitergeben und sich dort zu günstigen Konditionen neue Mittel leihen (und, wenn sie möchten, davon erneut Staatspapiere kaufen). Den Banken bleibt bei diesen Geschäften die Differenz zwischen der Verzinsung der Staatsschuldtitel und dem Kreditzins, den die EZB für diese Kredite verlangt. Wie attraktiv dieses Geschäft für die Banken ist, haben wir im Zusammenhang mit den Krediten im Umfang von gut 1 000 Milliarden Euro in Kapitel 5 diskutiert.

Und auf eine weitere Weise wird den Banken der Erwerb von Staatsschuldtiteln schmackhaft gemacht: Sollte ein Staat doch einmal an den Rand eines Zahlungsausfalls geraten, dann wird der Staat schon für eine Rettung sorgen (und sei es durch einen großen Rettungsschirm). Denn er hat dafür gesorgt, dass seine Banken so viele Staatsschuldtitel in den Büchern haben, dass sie im Fall eines Zahlungsausfalls des Staats zu einem systemischen Risiko würden.

Die Folgen der Liaison zwischen dem Staat und den Banken sind leider wenig erfreulich – außer vielleicht für die Banken. Erstens leidet die Kreditversorgung des Mittelstands – und wird so zu einem Dauerbrenner in der wirtschaftspolitischen Diskussion. Zweitens zahlt letztlich der Steuerzahler für die Subvention der Banken, die sich aus der Zinsdifferenz zwischen EZB-Krediten und der Verzinsung von Staatsschuldtiteln ergibt. Und drittens führt die Liaison genau zu dem Fehlversagen der finanzpolitischen Institutionen in der Eurozone, das wir im Zuge der europäischen Staatsschuldenkrise beobachten konnten: Die Insolvenz und nachfolgende Umschuldung eines Mitgliedslands der Eurozone wird wirtschaftlich und politisch unmöglich, weil sie Bankenpleiten nach sich zöge. So zeigen Daten der OECD von 2010, dass zum damaligen Zeitpunkt eine Umschuldung Griechenlands mit einem Schuldenschnitt von 50 Prozent mehr als 100 Prozent des Eigenkapitals von vier großen Banken in Griechenland vernichtet hätte.[144] Diese Bankenpleiten würden ihrerseits erst das Finanzsystem in die Krise stürzen und anschließend zu einer Weltwirtschaftskrise führen. Und die gefährlich hohen Beteiligungen deutscher und französischer Banken an der griechischen Staatsschuld haben der deutschen und französischen Regierung die Entscheidung gegen eine Insolvenz Griechenlands bis heute leicht gemacht. Eine Reform dieser Beziehung steht am Anfang des Wegs zu eigenverantwortlichen Mitgliedsstaaten der Eurozone.

Unbeliebt ist eine solche Reform unter den Staatenlenkern, weil sie die Zinsen für Staatsschulden erhöhen könnte und es damit schwieriger machen würde, heute schon die Steuern von morgen zu verausgaben. Schwierig ist eine solche Reform nicht – es geht eigentlich nur darum, einige Sachverhalte abzuschaffen, mit denen Staaten heute den Banken das Kaufen von Staatsschuldtiteln versüßen. Und die Auflösung der Liaison zwischen Staat und Banken wird zwar helfen, aber noch nicht ausreichen, die »No-bailout-

Klausel« glaubwürdig zu machen, weil sie nicht der einzige Grund ist, weshalb eine Zahlungsverweigerung und Umschuldung eines Mitglieds der Eurozone eine Finanzkrise auslösen könnte.

Systemrelevanz

Ob eine Zahlungsverweigerung Griechenlands und anschließende Umschuldungsverhandlungen zu einem unerträglichen Erdbeben an den Finanzmärkten oder gar zu einer »Kernschmelze« des Systems führt, oder so geräuschlos wie der Bankrott der Gemeinden von Leukerbad verläuft, das hängt von der Funktionsweise der Finanzmärkte und dem Verhalten der Investoren ab.

Banken und Finanzinstitute haben im bestehenden System einen Anreiz, ihr Kreditpotential voll auszureizen und damit sehr hohe einseitige Investitionsrisiken einzugehen. Die Problematik, wonach private Investoren die Gewinne ihrer Transaktionen einstreichen, die Verluste aber im Rahmen staatlicher Hilfsaktionen auf den Steuerzahler abwälzen können, haben viele Beobachter beklagt. Hans-Werner Sinn hat diese Situation als Kasino-Kapitalismus bezeichnet[145] – fairerweise muss man Kasinobesuchern zu Gute halten, dass sie im Gegensatz zu systemrelevanten Banken ihre Verluste selbst tragen müssen. Der Regulierungsexperte der englischen Zentralbank, Andrew Haldane, spricht vom »doom loop« – einer Art Teufelskreis, den es zu durchbrechen gilt.[146]

Im Finanzmarktkasino setzen die großen Finanzinstitute ihr Geld (und eben auch das Geld Anderer) auf eine Karte. Mögliche Gewinne aus den eingegangenen Risiken streichen sie ein. Bei Verlusten können sie darauf vertrauen, dass ihnen vom Staat geholfen wird. Zentralbanken und Staaten greifen ihnen unter die Arme, wenn die Wette nicht aufgegangen ist. Diese Institute rechnen auch damit, dass alle anderen Institute sich so ähnlich verhalten. Riesige, teilweise kreditfinanzierte Engagements in Hypothekenpapieren schlechter Bonität (»subprime«) in den Portfolios vieler Großbanken waren so ein Beispiel. Großengagements in Griechenlandanleihen, welche wiederum mitunter mit geliehenem Geld finanziert, wären ein anderes. In einem Umfeld, in dem sich alle Finanzinstitute so verhalten, kann man darauf vertrauen, dass die Zentralbanken und die Staaten einspringen, wenn die Dinge schiefgehen. Würden sie nicht helfen, käme es angesichts der riesigen Verluste zum Systemzusammenbruch. Denn Banken bieten für die Volkswirtschaft existenzielle Dienstleistungen wie Kredite und Zahlungsverkehr an und sind dadurch mit anderen Sektoren eng verflochten. Auf diese Weise kann sich ein Bankencrash leicht zu einer gesamtwirtschaftlichen Krise auswachsen. Und die möchte die Politik vermeiden.

In diesem Umfeld wäre ein einzelnes Institut schlecht beraten, wenn es sich an diesen riskanten Aktivitäten nicht beteiligen würde. Das ist eines der zentralen Charakteristika der Finanzmarktwelt, wie wir sie heute beobachten. In dieser Welt gehen Finanzinstitute in ihren Portfolios milliardenschwere riskante Engagements ein und beteiligen sich mitunter mit ihrem gesamten Eigenkapital oder mit noch mehr an jeder neuen Spekulationsblase. Das einzige Risiko für ein Institut besteht dann nur noch darin, möglicherweise nicht bedeutend genug zu sein, um als systemrelevant eingestuft und bei einer Schieflage entsprechend gerettet zu werden. Es gilt das Prinzip »Too big to fail« – wer zu groß geworden ist, um unterzugehen, der hat eine Lizenz zur Teilnahme im Finanzmarktkasino.

Die (unausgesprochenen) Staatsgarantien begünstigen das Finanzmarktkasino sogar noch: denn dadurch können sich die Banken zu billigen Konditionen Geld leihen. Weil der Käufer von Bankanleihen davon ausgehen kann, dass im Zweifel der Staat einspringt, stellt er den Instituten bereitwillig Kapital zur Verfügung, mit dem dann gewettet werden kann.

Der ehemalige Vorstand der Citigroup, Chuck Prince, hat das Prinzip des Finanzmarktkasinos, das alle Spieler einem Gruppendruck unterwirft, einmal treffend beschrieben. Kurz vor dem Ausbruch der Finanzkrise im Juli 2007 gab er der Financial Times zu Protokoll: »Wenn die Musik aufhört, wird es in Bezug auf die Liquidität schwierig werden. Aber solange die Musik spielt, muss man aufstehen und mittanzen. Wir tanzen noch.«[147] Zu diesem Zeitpunkt muss sich Prince bei seinem Tänzchen bereits unwohl gefühlt haben. Schon einen Monat zuvor soll er sich beim damaligen amerikanischen Finanzminister Henry M. Paulson für eine härtere Regulierung der Finanzbranche ausgesprochen haben. »Kannst Du nicht irgendetwas tun, damit wir nicht mehr gezwungen sind, die ganzen Risiken einzugehen?«, zitiert Paulson den Ex-Citigroup-Chef in seinen Memoiren zur Finanzkrise. Prince soll am 26. Juni 2007, während eines Dinners in den heiligen Hallen der New York Federal Reserve, der New Yorker Niederlassung der amerikanischen Zentralbank, darüber geklagt haben, dass wegen des harten Konkurrenzkampfes um Köpfe, Kurse und Renditen die Institute immer höhere Risiken eingehen müssen. Paulson solle doch endlich einschreiten und den Systemfehler abschalten.[148]

Wie das Finanzmarktkasino geschlossen wird, ist eine spannende Frage. Sie steht nicht nur wegen der Staatsschuldenkrise auf der Tagesordnung. Für viele Nationen ist der Finanzsektor zu einer existenziellen Bedrohung geworden, weil die einheimischen Institute eine gigantische Größe erreicht haben, die die eigene Volkswirtschaft um ein Vielfaches übersteigt – Island und Irland sind Beispiele dafür. Beide Länder wären ohne internationale Hilfe durch den IWF beziehungsweise die Eurozone von ihren strauchelnden Kreditinstituten mit in den Abgrund gerissen worden.[149]

Außerdem haben faktische Staatsgarantien seit Ausbruch der Finanzkrise die Notwendigkeit von Reformen noch dringlicher gemacht. Und so suchen insbesondere Länder mit einem überproportional großen Finanzsektor nach Wegen, wie das Bankwesen intelligenter reguliert werden kann, so dass Steuerzahler bei Schieflagen der Institute künftig nicht mit teuren Rettungspaketen einspringen müssen, gleichzeitig aber die Realwirtschaft möglichst wenig tangiert wird. Schließlich nehmen die Finanzinstitute durch die Verteilung von Kapital eine wichtige Schlüsselstellung in jeder Ökonomie ein. Wird die Wirtschaft nicht ausreichend mit Geld versorgt, kann eine solche Kreditklemme das Wachstum abwürgen. In Großbritannien hat die nach ihrem Vorsitzenden benannte Vickers-Kommission auf 363 Seiten konkrete Vorschläge unterbreitet, das »Finanzsystem robuster zu gestalten und Risiken von der öffentlichen Hand zu nehmen«.[150]

Die Schweiz hat mit dem »Too-big-to-fail-Gesetz« bereits die Schraube bei systemrelevanten Instituten angezogen. Großbanken, die zu groß sind, um sie in Konkurs gehen zu lassen (»too big to fail«), müssen eine Eigenkapitalquote von bis zu 19 Prozent ausweisen. Neun Prozent davon können die Institute in Form von Pflichtwandelanleihen, sogenannten CoCo-Bonds, halten, die im Krisenfall bei der Unterschreitung kritischer Kernkapitalquoten in Eigenkapital umgewandelt werden. Der Risiko-Puffer ist nicht fix. Die Schweizer Finanzmarktaufsicht (Finma) muss die Anforderungen an die Eigenkapitaldecke von systemrelevanten Banken senken, wenn diese ihre Risiken senken.[151] Auf diese Weise entstehen natürliche Anreize zu schrumpfen. Außerdem werden die Halter der CoCo-Bonds Druck auf das Management ausüben, sich vom Finanzmarktkasino fernzuhalten, weil sie sonst in Aktien ausgezahlt werden. Auch die Aktionäre haben kein Interesse an überhöhten Risiken. Werden nämlich die CoCo-Bonds in Aktienkapital umgewandelt, kommt dies quasi einer Enteignung der Aktionäre gleich, schließlich werden die Halter der Pflichtwandelanleihe zu Miteigentümern.

Die wirksamsten Politikvorschläge zielen somit direkt darauf ab, Anreize der Eigentümer von Banken zu verändern. Zu den Maßnahmen gehören die Größenbegrenzung für einzelne Bankinstitute, höhere Eigenkapitalanforderungen – wie in der Schweiz beschlossen –, die Abschirmung des Privatkundeneinlagegeschäfts von möglichen Bankenpleiten und Möglichkeiten der Regulierungsbehörden, sich bei entstehenden Schieflagen frühzeitig ins operative Geschäft einzumischen, bis hin zur Möglichkeit der Verstaatlichung, wenn bestimmte Sicherheitsgrenzen unterschritten werden. Die wichtigste dieser Maßnahmen ist eine drastische Erhöhung der Eigenkapitalanforderungen. Durch hinreichend hohe Eigenkapitalanforderungen kann man sicherstellen, dass Banken nicht das Geld der Steuerzahler in Gefahr bringen, sondern die Aktionäre Verluste praktisch vollständig mit Eigenkapital abdecken müssen. Die neue Bankenregulierung mit dem Namen Basel III schreibt den Banken bis zum Ende des Jahrzehnts eine Verfünffachung der Eigenkapitalquote, also des Risikopuffers, auf rund zehn Prozent vor. Vielen Beobachtern geht diese Maßnahme nicht weit genug. Nach Berechnungen des Regulierungsexperten der englischen Zentralbank, Andrew Haldane, ist Banken bei einer solchen Eigenkapitalquote von zehn Prozent immer noch ein Kredithebel von 25 möglich. Bereits ein vergleichsweise geringer Wertverlust bei den Bankenassets um vier Prozent würde also den gesamten Risikopuffer aufzehren.[152]

Großbritanniens Bankenregulierer setzen daher neben der höheren Eigenkapitalquote auf eine Trennung von riskanten Investmentbanking-Aktivitäten vom normalen Bank- und Kredit-Geschäft. Sollte dann die Kasino-Bank straucheln, müsste kein Steuerzahlergeld eingesetzt werden, weil ja das Geld der privaten Sparer nicht mehr aufs Spiel gesetzt werden darf.[153]

Die Bankenbranche reagiert auf entsprechende Forderungen in der Regel mit dem Argument, es blieben dann nicht genügend Mittel für die Kreditvergabe an den Unternehmenssektor. Das Argument dürfte eher ein vorgeschobenes sein, mit dem die Banken das Finanzkasino geöffnet halten wollen, um weiterhin ein Geschäft zu Lasten des Steuerzahlers zu betreiben. Die Kapitalmarkttheorie liefert jedenfalls gute Gründe darauf zu vertrauen, dass die allgemeinen Eigenkapitalanforderungen wenig Einfluss auf das Kreditvergabegeschäft der Banken haben sollten. Ebenso ist es eher unwahrscheinlich, dass die Abtrennung des Investmentgeschäfts dazu führt, dass es nicht mehr genügend Geld für Unternehmenskredite gibt.

Bemerkenswert ist auch, dass sich das unsolide Wettverhalten der Finanzinstitute genauso gegenseitig verstärkt, wie sich das vorsichtige, und sorgfältig diversifizierende Anlageverhalten der einzelnen Akteure in »gesunden« Finanzmärkten gegenseitig stabilisiert. Ist der Übergang zu einem System ohne Finanzmarktkasino also erst einmal geglückt, gibt es Kräfte, die diese Situation untermauern. In einer vernünftigen Finanzwelt würden Banken, ihre Eigentümer und ihre Manager glauben, dass ihnen im Verlustfall keine Regierung und keine Zentralbank helfen. Dann wäre die Bank in ihren Investitionsentscheidungen wohl vorsichtiger. Sie würde nicht mit riesigem Kredithebel auf bestimmte Entwicklungen setzen. Sie würde getreu dem Motto, nicht alle Eier in nur einen Korb zu legen, ihre Investitionen breit streuen. Einseitige große Risikopositionen würde Sie meiden. Und Spekulationsblasen wahrscheinlich auch.

Aber warum sollen die Banken glauben, dass der Staat und die Zentralbanken im Zweifel nicht helfen? Wie kann sich so eine Ansicht durchsetzen? Weshalb sollte sie glaubhaft sein? Nehmen wir dazu einmal an, dass die überwiegende Anzahl von Banken tatsächlich der Anlagestrategie eines konservativen Bankiers folgt und ihre Investitionen auf möglichst viele unterschiedliche Anlagen verteilt. Wenn eine große Bank davon ausgeht, dass alle anderen Banken ihre Investitionen in dieser Weise gut absichern und keine einseitigen Großrisiken eingehen, dann verändern sich die Anreize für diese Bank. Sie kann sich ausrechnen, dass auch ihr nicht geholfen wird, wenn sie in die Schieflage gerät. Denn da die anderen Banken gut und sicher aufgestellt sind, führt der Konkurs einer einzelnen Bank nicht zu einem Systemkollaps. Wenn dieser Bank aber nicht geholfen wird, dann lohnt sich auch für diese Bank das Eingehen großer Wetten nicht mehr. Sie ist stattdessen gut beraten, ebenfalls eine konservative Anlagestrategie zu wählen und ihre Portfoliorisiken zu minimieren. In einer Welt, in der alle anderen nicht wetten, hat auch jede einzelne Bank keinen Anreiz mehr, riskante Wetten einzugehen.

Wenn wir eine solche »gesunde« Welt der Finanzmärkte erreichen, dann verändert sich auch die Systemrelevanz von Staaten der Größe Griechenlands: In einer gesunden Finanzwelt haben alle Investoren ihre Risiken breit gestreut. Griechenlands Staatsschulden haben am Weltkapitalmarkt einen Anteil in der Größenordnung von unter 0,3 Prozent.[154] In Bezug auf die Staatsschuld der USA von gut 11 000 Milliarden Euro hat Griechenland mit gut 350 Milliarden Euro einen Größenanteil von unter drei Prozent. Wenn Investoren also ihre Risiken breit über unterschiedliche Länder und verschiedene Formen von Kapitalvermögen streuen würden, hätte wohl kaum jemand in seinem Portfolio mehr als ein Prozent Griechenlandanleihen. Sollte in dieser Situation Griechenland seine Zahlungen verweigern und in Umschuldungsverhandlungen eintreten, würde dadurch kaum ein Investor ruiniert werden.

In einer »gesunden« Finanzwelt wird es weiter Krisen geben. Wie der Historiker Werner Plumpe einmal treffend formuliert hat, gehören »Wirtschaftskrisen zum Kapitalismus wie Gewitter zu einem heißen Sommertag«.[155] Und es wird weiter einzelne Institute geben, die durch falsche Wetten ins Straucheln geraten und sei es durch kriminelle Milliardenverluste einzelner Händler.[156] In einer »gesunden« Finanzwelt würden Banken und deren Anteilseigner eingegangene Risiken aber selbst tragen müssen, und wären Staaten von der Größe Griechenlands also nicht systemrelevant. Jedenfalls nicht, was die Finanzmärkte betrifft. In einer Welt, in der solche Staaten nicht systemrelevant sind, fällt der wichtigste Grund weg, weshalb man den Zahlungsausfall solcher Staaten durch zwischenstaatliche Hilfen und Rettungsschirme vermeiden möchte. Die »No-bailout-Klausel«, so wie sie der Artikel 125 AEUV vorsieht, wird dann schon erheblich glaubwürdiger.

9. Konfliktlinien

»Der Verteilungskampf zwischen Finanzindustrie und Steuerzahlern bildet den ökonomischen Kern des Problems, er wird aber verdeckt geführt und verschleiert«, so urteilte der Ökonom Stefan Homburg in einem Interview im September 2011 zu den Hintergründen der Europäischen Staatsschuldenkrise.[157] Wie in der Politik so häufig stehen hinter den Ereignissen und Entscheidungen Personen und Interessengruppen, die nicht nur das Wohl des großen Ganzen vor Augen haben, sondern ihre eigenen Vor- und Nachteile. Dabei gibt es eine große Zahl von Interessengruppen.

Finanzindustrie gegen Steuerzahler

Da sind zunächst die unterschiedlichen Interessen von Finanzindustrie und europäischen Steuerzahlern.

Banken und andere mächtige Kapitalsammelstellen wie Versicherungen oder Pensionskassen, die in großem Stil in die Staatenfinanzierung investiert haben, fürchten seit Anfang der Krise eine Staatspleite und erleben einen Verfall der Preise für ihre Staatspapiere. Sie haben die Wahl, entweder mit Verlust zu verkaufen, oder zu warten und zu hoffen, dass ihre Kredite fällig werden und zurückgezahlt werden, bevor es zu einer Staatspleite kommt. Unter diesen Investoren gibt es wiederum zwei Gruppen. Die eine Gruppe trägt die Verluste aus Investitionen gegebenenfalls und notgedrungen selbst; das sind insbesondere Privatanleger, Pensionsfonds und Versicherungsunternehmen, deren Eigenkapitalausstattung größer ist als diese Verluste. Die andere Gruppe würde diese Verluste im Fall einer Staatspleite an andere weiterreichen. Zu diesen Investoren gehören große Banken, deren Eigenkapital zu gering ist, die Verluste selbst zu tragen, und deren Ruin ein Finanzmarkt-Erdbeben nach sich ziehen würde.

Beide Gruppen haben von der Konkursverschleppung des griechischen Staats und anderer Krisenstaaten in der Eurozone profitiert, weil die seit dem 10. Mai 2010 fälligen Kreditforderungen bedient wurden, anstatt zu einem Teil der Konkursforderungen zu werden. Im Januar 2012 lagerten bereits Kredite im Umfang von 147 Milliarden Euro nicht mehr in den Bilanzen privater Investoren, sondern bei den Griechenlandrettern, einschließlich der EZB mit geschätzten 55 Milliarden Euro.[158] Besonders die Banken haben auch gut an den Wertpapierpensionsgeschäften der Europäischen Zentralbank verdient: mit den bereits beschriebenen Karussellgeschäften. Bei denen leihen sich die Institute zinsgünstig Geld bei der EZB, kaufen dafür hoch rentierende griechische Staatspapiere und hinterlegen diese bei der EZB als Sicherheiten und streichen die Zinsdifferenz als Gewinn ein. Solange die Staatsschulden griechischer Provenienz nicht ganz aus den Portfolios der Banken verschwunden und in die Portfolios des Europäischen Rettungsfonds oder der EZB gewandert sind, ist eine Staateninsolvenz eine Bedrohung für diese Gruppe.

Demgegenüber steht der europäische Steuerzahler. In den Monaten seit dem Mai 2010 hat allein Griechenland private Gläubiger im Umfang von rund 60 Milliarden Euro ausgezahlt und gleichzeitig neue Schulden beim Europäischen Rettungsschirm aufgenommen. Wenn es am Ende zu einem Zahlungsausfall kommt, stehen dafür die europäischen Steuerzahler gerade, weil sie die Garantien für diese Schulden übernommen haben. Griechenland ist dabei nur ein Teil des Problems, da ähnliche Rettungsaktionen gegenüber Irland, Portugal, Italien und Spanien laufen.

Gläubiger gegen griechische Staatsbürger

Die zweite Konfliktlinie verläuft zwischen den Akteuren aus den verschiedenen Staaten Europas.

Eine Staatsinsolvenz in Griechenland im Mai 2010 in Verbindung mit einem drastischen Schuldenschnitt hätte in erster Linie die Kreditgeber Griechenlands getroffen. Ein Großteil der Kreditgeber waren ausländische Banken, Versicherungen und Pensionsvereine. Ein solcher Schuldenschnitt wäre zu Gunsten des griechischen Steuerzahlers und zu Lasten der Gläubiger Griechenlands verlaufen. Der Schuldenschnitt wäre rechtlich verhältnismäßig einfach gewesen, weil der weitaus überwiegende Teil der Staatspapiere Griechenlands den Gläubigern wenig Schutz gibt. Anleihen nach griechischem Recht enthalten keine »pari-passu-Klausel«, erlauben es dem Land also, gegenüber diesen alten Krediten neue Kredite, die vorrangig behandelt werden, zu vergeben; sie enthalten keine »cross-default-Klausel«, erlauben es dem Gläubiger also nicht, die Schulden fällig zu stellen, wenn Griechenland gegenüber anderen Kreditgebern säumig wird. Und sie enthalten keine »Negativerklärungen«; Griechenland kann also an den aufgenommenen Krediten vorbei neue Kredite gegen konkrete Sicherheiten aufnehmen und die Kreditgeber der bestehenden Verträge damit zu nachrangigen Gläubigern machen.[159] Mit der Ablösung der Kreditverpflichtungen gegenüber privaten Gläubigern durch Kredite aus dem europäischen Rettungsschirm für Griechenland verändert sich das Bild. Bereits Anfang 2012 waren öffentliche Gläubiger, darunter die EZB, der IWF und die europäischen Staaten, mit 147 Milliarden Euro in griechischen Schuldtiteln engagiert, hielten also über 40 Prozent der Schulden des Landes (siehe Abbildung 11).

Diese Kreditverträge vereinbaren einen stärkeren Gläubigerschutz gegenüber Griechenland. Eine Entscheidung über eine Zahlungsverweigerung für diese Kredite ist keine rein griechische Staatsangelegenheit mehr. Der amerikanische Konfliktexperte an der University of California, Stergios Skaperdas, rät Griechenland im Oktober 2011 deshalb zu einem Staatsbankrott so schnell wie möglich.[160]

Diese Konfliktlinie ist auch berührt, wenn es um die Verhandlungen zwischen der griechischen Regierung und dem Europäischen Rat oder der Eurogruppe geht, oder bei der Überwachung des Reformprogramms und der Freigabe von Geldern aus dem Rettungsfonds auf Basis der Berichte der »Troika«. Dass die Forderungen von EZB, Kommission und IWF, die diese Dreier-Gruppe bilden, die griechischen Bürger auf die Straße treiben, ist ein Indiz

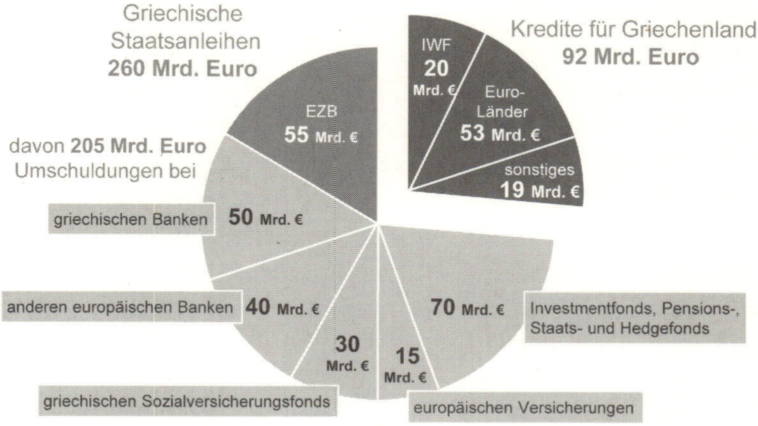

Abb. 11: Griechenlands Gläubiger
Quelle: Spiegel Online,
10. Januar 2012

dafür, dass die Troika-Berichte nicht komplett bedeutungslos sind. Die Alternativen seitens der Eurogruppe, was die Auszahlung der Hilfsgelder angeht, sind indes sehr beschränkt.

Auch der erzwungene Schuldenerlass von über 100 Milliarden Euro, zu dem es im März 2012 kam, kann nicht darüber hinwegtäuschen. Es wäre interessant gewesen zu sehen, welche Entscheidungen die europäische Staatengemeinschaft getroffen hätte, wenn der Schuldenschnitt nicht erfolgt wäre. Die Umschuldung ging einher mit einem erneut über 100 Milliarden Euro schweren Hilfspaket für Griechenland, das unmittelbar nach der Umschuldung bewilligt wurde. In großen Teilen hat dieses Paket dazu gedient, die Finanzmarktauswirkungen der Umschuldung abzufedern.

Eurostaaten gegen Eurostaaten

Eine dritte Konfliktlinie verläuft zwischen den Staaten, die sich an der Rettung der Krisenstaaten beteiligen.

Die finanziellen Hilfen und Garantien im Rahmen der Aktionen des großen Rettungsschirms werden von einem Konsortium von Staaten gegeben. Welcher Staat sich in welchem Umfang an den Hilfsmaßnahmen beteiligt, war von Anfang an ein heißes Eisen. So waren beispielsweise Länder, die selbst vor dem finanziellen Kollaps stehen, im Mai 2010 besorgt, dass ihr Engagement bei der Rettung ihre eigene Krisensituation verschlechtern könnte. Der EFSF-Vertrag enthält deshalb eine Klausel, die Mitglieder aus den Verpflichtungen entlässt, wenn sie selbst hilfsbedürftig werden. Aber auch innerhalb der zunächst gesünderen Retterstaaten gab es Streit. Finnland beispielsweise wollte bereits im Sommer 2011 gern die Notbremse ziehen und ließ sich eine Versicherung dagegen zurechtzimmern. Dabei sollte die Restgruppe der Retterstaaten Finnland entschädigen, wenn die Garantien aus dem Rettungsfonds angefordert würden. Das rief ähnliche Begehrlichkeiten anderer Retterstaaten auf den Plan. Es drohte das Ende der Rettergemeinschaft.

Konflikte unter den Rettern entstehen auch dann, wenn es um die Verteilung der Risiken geht. Große Unterschiede ergeben sich beispielsweise zwischen einer Rettung von Krisenstaaten durch den Aufkauf der Staatsschulden durch die EZB und einer Rettung durch eine gemeinschuldnerische Haftung für Kredite. Letztere könnte ein Gestaltungselement der bereits genannten, von der Europäischen Kommission vorgeschlagenen europäischen »Stabilitätsbonds« sein. Fallen die Kredite in den geretteten Krisenstaaten aus, dann beteiligen sich die Mitgliedsländer an diesen Verlusten anteilig, und zwar im Umfang ihrer Anteile an den Geldschöpfungsgewinnen der EZB. Bei einer gemeinschuldnerischen Haftung lasten die Kosten überproportional auf den Staaten mit der höchsten Bonität. Deutschland haftet also im einen Fall in Höhe von etwa 27 Prozent, im anderen Fall steht Deutschland maximal bis zur Höhe der Gesamtsumme der Kreditausfälle gerade – so nämlich ist gemeinschuldnerische Haftung definiert.

10. Warum überhaupt Staatsschulden?

Warum machen Staaten eigentlich Schulden? Was spricht dafür? Der Finanzwissenschaftler Robert K. von Weizsäcker antwortet darauf: »Fast nichts – würde ich als Ökonom erwidern. Einiges – hätte ich als Politiker gesagt«.[161] Strenggenommen gibt es wenige Gründe, aus denen der Wirtschaftswissenschaftler dem Politiker zum Schuldenmachen raten würde, aber viele Gründe, warum der Politiker den Staat trotzdem so gern in die Verschuldung treibt.

Was also sind die guten Gründe? Die wichtigsten wollen wir hier ins Zentrum rücken. Erstens: Staatsverschuldung kann die Kosten öffentlicher Investitionen auf die Personen verlagern, die auch die wirtschaftlichen Vorteile aus der Investition haben. Zweitens: Staatsverschuldung macht es möglich, die Lasten großer wirtschaftlicher Schocks mit jahrzehntelangen Auswirkungen, wie z. B. Kriege oder Naturkatastrophen, auf mehrere Generationen zu verteilen. Und drittens: Staatsverschuldung kann ein glättender Puffer sein im wirtschaftlichen Auf und Ab.

Das Pay-as-you-use-Prinzip

»Ein Staat ohne Staatsschuld thut entweder zu wenig für seine Zukunft, oder er fordert zu viel von seiner Gegenwart.« Ob Lorenz von Stein damit Recht hat oder nicht, dieses Zitat aus seinem 1871 veröffentlichten Lehrbuch der Finanzwissenschaften darf in keinem Buch über Staatsverschuldung fehlen, auch in unserem nicht. Es mag in den heutigen Zeiten etwas makaber anmuten, da die Kredite ein Ausmaß erreicht haben, die die Zukunft eher ruinieren denn fördern. Lorenz von Stein geht es um Zahlungen in der Gegenwart und der Zukunft, die gegeneinander aufgewogen werden, und damit um die Frage, wer für die Finanzierung welcher Staatsausgaben aufkommt. Soll jede Generation die Kosten ihrer Ausgaben selbst schultern? Was ist dann aber mit Ausgaben für Projekte mit langer Nutzungsdauer, wie beispielsweise dem Bau einer Brücke, die zum Investitionsbeginn erst einmal viel Geld verschlingen, später dann aber mehreren Generationen Nutzen stiften? Sollten da nicht auch alle Nutznießer die Kosten tragen?

Nicht alle kreditfinanzierten Ausgaben des Staates müssen nämlich die Zukunft einer Nation belasten. Wird geliehenes Geld in langfristige Projekte wie modernere Verkehrswege oder in Forschung und Bildung investiert, winkt trotz der Staatsschulden künftigen Generationen mitunter ein höherer Wohlstand. So wie sich viele Bauherren ohne Kredit ihre Immobilie nicht leisten könnten, könnte es auch für den Staat sinnvoll erscheinen, öffentliche Investitionen mit Krediten zu finanzieren. Für größere Projekte fällt zunächst einmal ein hoher Kostenbetrag an. Ohne einen Kredit müsste der Fiskus diesen Betrag an anderer Stelle im Haushalt einsparen oder aber durch eine einmalige Sondersteuer hereinholen. Da liegt die Vermutung nahe, dass sich die öffentliche Hand selbst mit sinnvollen Investitionen zurückhalten würde, könnten diese nicht durch einen Kredit finanziert werden.

Viele Finanzwissenschaftler haben deshalb einen Zusammenhang zwischen Staatsschulden und Investitionen hergestellt: Öffentliche Investitionen könne man mit Krediten vorfinanzieren und Kredite und Tilgung denjenigen Generationen abverlangen, denen die Erträge der Investitionen zufallen. Ein gutes Beispiel ist der Bau des Panamakanals. Nach der Fertigstellung des Kanals konnten Generationen dieses riesige Infrastrukturprojekt nutzen, bis zum heutigen Tag.

Der Urvater der modernen Finanzwissenschaft, Richard Musgrave, nannte den dieser Überlegung zu Grunde liegenden Sachverhalt das »pay-as-you-use-principle«. Nach diesem Prinzip sollten die jeweiligen Nutznießer – und auch nur diese – zur Finanzierung öffentlicher Leistungen herangezogen werden. Bei langlebigen Projekten bieten sich Kredite besonders an, weil so die Kosten der Finanzierung nicht auf einen Schlag am Anfang anfallen, sondern entsprechend dem entstehenden Nutzenstrom über einen längeren Zeitraum abgestottert werden können.[162] Für

Investitionen nach dem Pay-as-you-use-Prinzip ist es dabei nicht entscheidend, dass das Investitionsprojekt selbst direkt Einnahmen erzielt. Viele Aktivitäten, die von staatlicher Seite unternommen werden und unternommen werden sollten, führen auf indirekte Weise zu höherer Wirtschaftskraft; wenn zum Beispiel an den Universitäten staatlich finanzierte Grundlagenforschung zu neuen Entdeckungen führt, sind diese oft wirtschaftlich gar nicht direkt zu vermarkten. Sie ermöglichen aber häufig die Entwicklung neuer marktfähiger Produkte, die ohne diese Grundlagenforschung nicht möglich gewesen wäre. Es ist geradezu die Aufgabe des Staats, diese für die Wirtschaft zentralen »Wissenszwischenprodukte« zu produzieren, weil sich außer dem Staat niemand finden würde, der diese Investitionen tätigt.

Das Pay-as-you-use-Prinzip wird häufig aus der Forderung nach Generationengerechtigkeit abgeleitet, hat aber auch andere, eher pragmatische Begründungen. Ein staatliches Investitionsprojekt, dessen Kosten allesamt in den nächsten drei Jahren anfallen, und das erst in fünfzig Jahren einen Nutzen stiftet, würde politisch keinen guten Stand haben, so das Argument. Es sind die jetzt lebenden Generationen, die über dieses Projekt entscheiden müssen. Müssen sie das gesamte Projekt selbst durch Steuern finanzieren, wird es kaum eine Mehrheit unter den heute lebenden Wählern und Politikern finden. Lässt sich das Projekt hingegen durch zusätzliche Schulden finanzieren, dann werden die Widerstände der Lebenden gegen das Projekt schwächer ausfallen.

Das Argument ist problematisch, auch wenn es plausibel erscheint. Wenn die gegenwärtigen Generationen ohnehin nur an sich selbst denken, warum sollten sie dann die Schulden nicht einfach sowieso machen und das Geld selbst verprassen, anstatt damit ein Projekt zu finanzieren, das nur der nächsten Generation nützt?[163] Vieles spricht dafür, dass genau das in der Praxis auch passiert. Man beobachtet zwar zeitgleich öffentliche Investitionen und staatliche Kreditaufnahme. Wäre das eine praktische Umsetzung des Pay-as-you-use-Prinzips, müsste man auch einen Zusammenhang zwischen der Abschreibung der öffentlichen Investitionsprojekte und der Rückzahlung der Staatsschuld beobachten. Dieses Tilgungselement bleibt aber häufig ein frommer Wunsch.

So betrachtet hat ein Kriterium, das die Obergrenzen für Staatsschulden auf der Höhe der Investitionen festsetzt, im Kern eine innere Logik: Es soll verhindern, dass die gegenwärtig lebenden Generationen Schulden bis zum Anschlag machen und das ganze Geld einfach für sich selbst verbrauchen. Nicht umsonst wurde in Artikel 115 im Grundgesetz in der Reform von 1969 die Neuverschuldung auf den Umfang der staatlichen Investitionen beschränkt. Und auch der Sachverständigenratsvorschlag zur Neufassung des Artikels 115 im Vorfeld der »Föderalismuskommission II« wollte die Verschuldungsgrenze an die Investitionen knüpfen. Er hat dabei die Anknüpfung an einen modifizierten und sinnvolleren Nettoinvestitionsbegriff vorgeschlagen, hat sich damit aber in der Verfassungsreform 2009 nicht durchgesetzt.[164]

In der praktischen Umsetzung hat das Pay-as-you-use-Prinzip bzw. die Knüpfung von Schulden an Investitionen Schwächen. Die Anwendung einer Schuldenregel, die sich an den Investitionen für künftige Generationen orientiert, müsste zurechnen können, wie groß der Nutzeneffekt von Investitionen für die künftigen Generationen wirklich ist. Man müsste zwischen Investitionen in den Bau von Altersheimen und Investitionen unterscheiden, die die nachfolgenden Generationen begünstigen. Man müsste auch zwischen Brutto- und Nettoinvestitionen unterscheiden. Dazu müsste man Wertänderungen im Bestand an öffentlichem Vermögen taxieren können und entsprechend dessen Wertverzehr beziehungsweise Wertveränderungen berücksichtigen.

Bereits in der Diskussion um eine geeignete Reform in der »Föderalismuskommission II« hat sich der Investitionsbegriff als äußerst elastisch erwiesen. Ausgaben für Bildung sollten beispielsweise nach Meinung vieler Beteiligten mitzählen. So legitim der Punkt erscheinen mag, bei den Möglichkeiten zur praktischen Umsetzung hapert es. Gerade bei Bildungsinvestitionen mag man die Höhe der Bruttoinvestitionen noch ausmachen können. Bei der Bestimmung der Abschreibungen wird es schwierig. Im Zuge der menschlichen Alterung im Einzelnen und bei der Alterung der Gesellschaft im Großen müsste man »Abschreibungen auf Humankapital« vornehmen. In einer alternden Gesellschaft mit immer weniger Kindern kann man sogar vermuten, dass netto gesehen das Bildungskapital der Gesellschaft trotz erheblicher Bildungsinvestitionen schrumpft. Andere Beteiligte wollten sogar die Transferleistungen nach Ostdeutschland seit der Wiedervereinigung als Investitionen in die Zukunft Deutschlands verstanden wissen.[165] Mit einem Quäntchen Phantasie lässt sich so in jeder staatlichen Ausgabe eine Investition in die Zukunft erkennen.

Konsumglättung

Die vielleicht bekannteste Funktion hat Staatsverschuldung, wenn es darum geht, das Auf- und Ab der öffentlichen Steuereinnahmen im Konjunkturverlauf von den Staatsausgaben zu entkoppeln. Ein wirtschaftlicher Abschwung geht mit Steuerausfällen einher. Mit der fallenden Wirtschaftsaktivität gehen die Staatseinnahmen in der Regel sogar stärker zurück als das Sozialprodukt. Auf der anderen Seite steigen im Abschwung die Ausgaben der öffentlichen Hand. Wenn sich Einnahmen und Ausgaben derart gegenläufig entwickeln, rutscht der Staatshaushalt im Abschwung ins Minus.

Eine Haushaltssperre, mit der der Finanzminister den Behörden einen sofortigen außerplanmäßigen Ausgabenstopp verordnen kann, und andere radikale Leistungskürzungen oder Gebührenerhöhungen könnten ein solches Haushaltsminus im Abschwung vielleicht verhindern. Ein Finanzminister könnte auch versuchen, die Lücke durch radikale Steuererhöhungen per Eilgesetz zu schließen. Solche Maßnahmen sind indes unpopulär. Und sie sind auch nicht sehr zweckmäßig. Wenn der Staat im Abschwung seine wirtschaftliche Aktivität senkt und im Aufschwung ausweitet, verstärkt er damit die konjunkturellen Schwankungen der Wirtschaftsentwicklung.

Als mahnendes Beispiel der Geschichte für eine solche prozyklische Haushaltspolitik und ihre möglichen Folgen dient oft die Brüning'sche Politik Anfang der dreißiger Jahre. Der damalige Reichskanzler Heinrich Brüning, von Frühjahr 1930 bis Mai 1932 im Amt, schlug mehr oder weniger freiwillig in der bereits laufenden Wirtschaftskrise einen strikten Sparkurs ein. Beispielsweise kürzte er die Beamtengehälter um 25 Prozent. Im weiteren Verlauf seiner Amtszeit kletterte die Arbeitslosigkeit auf schwindelerregende Höhen. Die Einschätzung, dass dieses Sparen in der Krise das wirtschaftliche Elend mit verschuldet hat und der Kanzler damit zu einem unfreiwilligen Wegbereiter der Nationalsozialisten wurde, war und ist weit verbreitet und bildet einen zentralen Ausgangspunkt für die sogenannte Borchardt-Kontroverse unter Wirtschaftshistorikern.[166]

Statt solcher radikaler Anpassungen sieht man seither vorübergehende Staatsdefizite in der Krise meist als das kleinere Übel. »Eingebaute Stabilisatoren« werden die Mechanismen genannt, mit denen der Staat im Abschwung ganz automatisch seine Einnahmen senkt und Ausgaben erhöht, ohne dass dazu der Gesetzgeber oder die Regierung unmittelbar etwas unternehmen müsste. Der progressive Einkommensteuertarif beispielsweise sorgt dafür, dass die Steuerzahler bei steigenden Einkommen mit einem höheren Steuersatz belastet werden und umgekehrt. Die Steuerbürger haben im Abschwung mehr Netto vom Brutto und müssen ihren Konsum nicht entsprechend ihres geringeren Brutto-Einkommens kürzen. Automatische Mehrausgaben des Staates im Abschwung ergeben sich aus steigenden Transferzahlungen. So ist der Staat gezwungen, Defizite in den Sozialkassen auszugleichen, etwa höhere Ausgaben für Arbeitslose zu entrichten. Aus ökonomischer Sicht erscheinen solche »automatischen« Schulden gerechtfertigt. Dies gilt umso mehr, als die im Abschwung aufgenommenen Kredite im folgenden Aufschwung eigentlich wieder vollständig zurückgezahlt werden könnten und sollten. Die automatischen Stabilisatoren wirken nämlich auch in umgekehrter Richtung: Eine Konjunkturerholung lässt die Steuerquellen sprudeln und gleichzeitig gehen die notwendigen Transfers an die Sozialkassen zurück.

Eingebaute Stabilisatoren können auf den Konjunkturverlauf glättend wirken und so vielleicht sogar die Lebenszufriedenheit der Bürger erhöhen. Erkenntnisse der Glücksforschung legen nahe, dass das Wohlergehen der Menschen von starken wirtschaftlichen Schwankungen gemindert wird.[167] Die Stabilisatoren können auch für mehr Effizienz des gesamten Wirtschaftssystems sorgen.[168] Einmal angenommen, der Staat müsste zu jedem Zeitpunkt Steuereinnahmen und Staatsausgaben zum Ausgleich bringen.

Dann müssten die im Zeitablauf schwankenden Einnahmen und Ausgaben durch einen permanent variierenden Steuersatz ausgeglichen werden. Ein steuerpolitischer Zickzack-Kurs wäre die Folge. Konsumenten und Unternehmen bevorzugen aber einen gewissen Vertrauensschutz und stabile steuerpolitische Rahmenbedingungen für ihre langfristigen Konsum- und Investitionsentscheidungen.

Staatsverschuldung kann im Grunde mehr, als nur kleinere Konsumdellen und Konjunkturausschläge glätten. Wirklich nützlich wird sie über längere Zeiträume und mehrere Generationen hinweg, um tiefgreifende Schicksalsschläge der ganzen Nation zu verarbeiten. Kriege können etwa solche Schicksalsschläge sein. Ein Krieg ist ein Großschadenereignis für eine ganze Generation – womit einmal nicht ein einzelner Jahrgang, sondern alle Alterskohorten gemeint sein sollen, die von dem Ereignis direkt betroffen sind. Die Wehrfähigen müssen ihr Leben riskieren und auch die Zivilbevölkerung ist lebensbedrohenden Risiken ausgesetzt. Hinzu kommen die Entbehrungen und finanziellen Lasten eines Kriegs. Fast die gesamte Wirtschaft wird im Krieg mitunter auf die Produktion von Waffen und Kriegsmaterial umgestellt. Konsumwünsche bleiben auf der Strecke.

Die Mitglieder einer Generation würden sich sicher gern gegen ein solches Risiko versichern, wie man sich auch gegen andere Schadenereignisse versichert. Dann müssten alle Versicherten eine Prämie zahlen, aus der diejenigen eine Kompensation erhalten, denen ein Schaden entsteht. Eine entsprechende »Kriegsversicherung«, die Kriegsschäden aus einbezahlten Prämien ersetzt, ist unter den Mitgliedern einer einzelnen Generation jedoch nicht möglich. Bei normalen Versicherungen zahlen alle Versicherten eine Prämie, aber nur eine kleine Zahl von Mitgliedern der Versicherungsgemeinschaft hat einen Schaden. So werden die Schäden von Wenigen auf die Schultern der Versicherungsgemeinschaft umverteilt. Kriege sind Ereignisse von einem anderen Typ. Die Kriegsschäden sind systematischer Natur. Ein Kriegsereignis tritt ein oder nicht, und wenn es zu einem Krieg kommt, sind alle Mitglieder der Kriegsgeneration von dem wirtschaftlichen und militärischen Schock mehr oder weniger ähnlich betroffen.

Um die Kriegsschäden mit den Versicherungsprämien abzudecken, müssten also alle Personen im Kriegsfall Prämien zahlen, die ungefähr so groß sind wie ihr eigener Verlust. Wenn man aber eine Prämie zahlt, die man dann ziemlich genau wieder zurückbekommt, ist diese Versicherung nichts wert. Umgekehrt, tritt kein Kriegsereignis ein, dann reichen Prämien von null, um die nicht vorhandenen Kriegsschäden abzudecken. Auch das hat wenig mit Versicherung zu tun. Eine wirkungsvolle Versicherung gegen die wirtschaftlichen Folgen des Kriegs kann es deshalb nicht zwischen den Mitgliedern der gleichen Generation geben.

Sieht man den Krieg aber als Ereignis, das zufällig eine von mehreren Generationen trifft, dann könnten sich die Menschen über die Generationen hinweg untereinander versichern. Die einzelnen Generationen, die in einem Staat nacheinander leben, können bei einer solchen Versicherung die Rolle übernehmen, die einzelne Individuen in einer normalen Versicherung spielen. Sie können eine Versicherungsgemeinschaft von Generationen bilden, die sich gegenseitig versprechen, die Kosten eines Kriegs, der eine Generation trifft, auf alle Generationen zu verteilen. Dazu könnten die Generationen, die nicht von einem Krieg betroffen sind, Rücklagen bilden und an ihre Kinder und Kindeskinder weitergeben, und Generationen, die von einem Kriegsereignis betroffen sind, könnten diese Rücklagen aufbrauchen und einen Teil der Kosten des Kriegs in Form von Staatsschulden an künftige Generationen weitergeben. Das Prinzip ist dabei das gleiche, mit dem z. B. die Mitglieder von Versicherungsvereinen auf Gegenseitigkeit die Schäden, die einzelne Mitglieder treffen, auf die Gemeinschaft der Versicherten verteilen, nur dass die »Mitglieder« in diesem Versicherungsverein nicht Einzelindividuen sind, sondern die Personengruppen, die jeweils eine ganze Generation in einem Land ausmachen.[169]

Will man die Kosten eines Kriegs auf mehrere Generationen verteilen, können Staatsschulden dabei eine Rolle spielen. Die Generation, die vom Krieg betroffen ist, kann den Krieg großenteils durch Kriegsanleihen finanzieren. Diese Kredite werden dann großenteils an künftige Generationen weitergegeben und von diesen Generationen bezahlt. So trifft nicht eine einzelne Generation die gesamte finanzielle Last des Kriegs, sondern die Last verteilt sich auf die Schultern vieler Generationen, so lange, bis die Kredite irgendwann getilgt sind.

Die Idee einer Versicherung zwischen Generationen ist bestechend. Sie macht den Krieg für die betroffene Generation tragfähig und seine Kosten zu einer eher berechenbaren und handhabbaren Größe. Und empirisch betrachtet scheint die Idee auch ihre Anwendung zu finden. Staaten finanzieren die Einnahmeausfälle und die höheren Kosten von Kriegen gern durch Schulden. Kriegsanleihen waren beispielsweise in den Weltkriegen wichtig für die Finanzierung der Kriegskosten. Problematisch an der Methode ist, dass Kriege in der Regel eben doch keine Schadenereignisse sind, die ein Land wie der Blitz oder wie ein Meteor treffen. Kriege sind das Ergebnis politischer Entscheidungen. Wenn die Regierung eines Staats einen Krieg anzettelt, dann fällt ihr das leichter, wenn sie weiß, dass sich die Kosten des Kriegs zu großen Teilen an spätere Generationen weitergeben lassen.

Nachfragetheorie und Globalsteuerung

Seit der Finanzkrise des Jahres 2008 und der anschließenden schweren Wirtschaftskrise haben Staatseingriffe an Popularität gewonnen. Frei nach dem Motto »Es ist besser, Schulden zu vererben als einen Scherbenhaufen« setzen sich selbst Wirtschaftswissenschaftler, die in der Vergangenheit nicht als Freunde der staatsschuldenfinanzierten Nachfrageförderung aufgefallen sind, für konjunkturpolitische Eingriffe ein.[170] Der Sachverständigenrat hat die Richtung des konjunkturpolitischen Handelns der Bundesregierung in der schweren Wirtschaftskrise als adäquat eingeschätzt.[171] Der Wissenschaftliche Beirat beim Bundesministerium der Finanzen hat sich zu Beginn der Krise dafür ausgesprochen, mit fiskalischen Impulsen über die eben beschriebenen automatischen passiven Stabilisatoren hinauszugehen.[172] Allein der Staat schien sozusagen als »spender of last resort« in der Lage, eine wirtschaftliche Depression oder einen Zusammenbruch des Bankensystems abzuwenden. Die Bankenrettungsfonds im Jahr 2008 beiderseits des Atlantiks, SoFFin in Deutschland oder TARP in den USA, werden als Beleg für diese Art der Staatsverschuldung angeführt.[173]

Nun ging es im Abschwung nicht allein darum, die Steuersätze stabil zu halten. Vielmehr sollen Abgaben sogar eher noch gesenkt werden, um Vitalkräfte einer Ökonomie wieder zu wecken. Hochschnellende Staatsdefizite werden dabei billigend in Kauf genommen.

Diese Form der Politik geht auf die Ideen von John Maynard Keynes zurück.[174] In seinem 1936 erschienenen Hauptwerk, der »Allgemeinen Theorie der Beschäftigung, des Zinses und des Geldes«, hatte er die Ursachen der Großen Depression der dreißiger Jahre untersucht und Aufsehen erregende Lösungskonzepte jenseits des damals herrschenden ökonomischen Paradigmas entwickelt. Entgegen der klassischen Lehre, so Keynes, würden die Märkte in wirtschaftlichen Extremsituationen wie der Weltwirtschaftskrise keineswegs von sich aus und allein durch eine rasche Anpassung von fallenden Löhnen und Preisen wieder zu Vollbeschäftigung zurückfinden. Seine Theorie sah den Staat in der Pflicht, einen Nachfragemangel der privaten Haushalte und Unternehmen durch kreditfinanzierte Staatsausgaben auszugleichen. Die staatliche Nachfrage sollte dafür sorgen, dass sich die gesamtwirtschaftliche Nachfrage dem Produktionspotential annähert, also der Menge von Gütern und Dienstleistungen, die bei Vollbeschäftigung produziert werden können.

Von kreditfinanzierten Staatsausgaben wird im Rahmen dieser Überlegungen erhofft, dass durch sie das Volkseinkommen um mehr als die kreditfinanzierten Staatsausgaben wächst. So könnte jeder staatlich eingesetzte Euro die Gesamtwirtschaft um mehr als einen Euro ankurbeln. Unterschiedliche Wirkungsketten sollen dafür verantwortlich sein. Durch eine kreditfinanzierte Ausweitung der öffentlichen Hand wird in einer Unterbeschäftigungssituation zusätzliche Nachfrage mobilisiert, die Einkommen schafft, weitere Nachfrage generiert und so weiter.[175]

Bis heute streiten sich Ökonomen über die Wirkungen der staatlichen Konjunkturpakete in der Finanzkrise. Dutzende von Studien gibt es, und sie kommen teilweise zu vollkommen unterschiedlichen Ergebnissen. Befürworter von Staatseingriffen wie der Nobelpreisträger Paul Krugman oder die Professorin und Wirtschaftsberaterin des US-Präsidenten Obama, Christina Romer, gehen davon aus, dass ein Euro schuldenfinanzierter Staatsausgaben das Volkseinkommen um deutlich mehr als einen Euro, nämlich um zwischen 1,5 und 1,6 Euro erhöht.[176] Kritiker wie der Harvard-Ökonom Robert Barro oder die Frankfurter Ökonomen Tobias Cwik und Volker Wieland haben dagegen Zweifel an der Wirksamkeit staatlicher Ausgabenprogramme auf Pump.[177] Barros Berechnungen zufolge liegt der Faktor zwischen 0,6 und 0,7. Die Wirtschaftsakteure könnten voraussehen, so Barros Überlegungen, dass die schuldenfinanzierten Konjunkturprogramme nur von kurzer Dauer sind und später sogar höhere Steuern drohen. Das kann sich negativ auf ihr Konsumverhalten auswirken und die gewünschte Wirkung kreditfinanzierter Staatsausgaben dämpfen. Diese Kontroverse der Makroökonomen wirkt gelegentlich wie ein Glaubenskrieg, und ein Sieg der einen oder anderen Seite ist nicht abzusehen.

Einen entscheidenden Haken haben all die möglichen Gründe für eine sinnvolle Nutzung von Staatsverschuldung, wenn man damit die Staatsschuldenentwicklung der vergangenen fünfzig Jahre erklären möchte. Das Pay-as-you-use-Prinzip zur Finanzierung von Investitionen lässt sich nicht als Begründung für den laufenden Schuldenanstieg in Deutschland anführen. Deutschland befand sich in den vergangenen dreißig Jahren nicht in einem Stadium wie nach dem Zweiten Weltkrieg, in dem die staatlichen Nettoinvestitionen hoch waren. Deutschland ist eher in einem Reifestadium, in dem die laufenden Abschreibungen auf frühere öffentliche Investitionen riesig und die Nettoinvestitionen nicht unbedingt positiv sind. Eine Verschuldung, die den Nettoinvestitionen gefolgt wäre, hätte deshalb ein anderes Muster. Die Verschuldung hätte in den Gründerjahren der Bundesrepublik besonders hoch sein müssen. Die Schuldenzunahme hätte in den vergangenen zwanzig Jahren aber mindestens abflachen müssen, vielleicht hätte der Schuldenbestand sogar zurückgeführt werden müssen. Das Gegenteil ist der Fall.

Das Konjunkturglättungsargument taugt noch weniger. Es

könnte eine seit fünfzig Jahren ansteigende Schuldenquote nur erklären, wenn Deutschland seit fünfzig Jahren ein einziges andauerndes Konjunkturtal durchschreiten würde. Glaubt man schließlich an die Keynes'sche Theorie der »Globalsteuerung«, erklärt diese auch eher Schwankungen im Staatsvermögen als einen fünfzig Jahre währenden Trend. Das Bedürfnis, die Kosten von großen Schadenereignissen einer ganzen Generation auf viele Generationen zu verlagern, taugt ebenfalls nicht. Seit 1945 erlebt Deutschland eine der längsten Friedensperioden überhaupt. Die deutsche Wiedervereinigung mag ein erheblicher Schock gewesen sein, und die zusätzlichen Schulden in den Jahren nach der Wiedervereinigung mögen im Einklang mit solchen Versicherungsüberlegungen und Generationengerechtigkeit stehen. Die Entwicklungen in den übrigen Jahrzehnten nach 1950 finden so aber keine Erklärung. Das lässt den Schluss zu: Diese wirtschaftstheoretischen Gründe sind nicht die tatsächlichen Gründe für den langfristigen Anstieg der Staatsverschuldung. Die wahren Gründe für das Anwachsen der Staatsschuld sind im politischen Prozess zu suchen.

11. Warum Politiker gern Schulden machen

Regierungen treten in Sachen Staatsschulden oft mit guten Vorsätzen an. Der Budgetausgleich soll kommen. Natürlich nicht dieses Jahr. Toll wäre es ja. Aber nein, dieses Jahr sind ein paar zusätzliche Schulden unvermeidlich. Aber schon bald soll er kommen. Die Weichen sind ja gestellt. In den kommenden Jahren wird die Nettokreditaufnahme kontinuierlich sinken. Spätestens in fünf Jahren, wenn alles glatt geht, wird es keine zusätzlichen Schulden mehr geben. Der Haushalt wird ausgeglichen sein. Man kann vielleicht sogar etwas zurückzahlen.

Dann, ein Jahr später, völlig überraschend, folgt auf die gute Konjunktur ein Abschwung. Das Wachstum bricht ein. Hoppla, wer hätte das gedacht? Dass ein jahrelanger Aufschwung einmal endet, damit konnte wirklich niemand rechnen.

Natürlich gibt es nicht nur die Eintrübung der Konjunktur, sondern auch andere Gründe, weshalb die Haushaltsentwicklung hinter den guten Vorsätzen zurückbleibt. Die Gesundheitsministerin benötigt plötzlich noch einige Milliarden für die Krankenversicherung. Völlig unerwartet, weil die Beiträge einfach nicht mehr ausreichen, das medizinisch Notwendige zu bezahlen, und bei den Kassen riesige Defizite aufgelaufen sind. Oder die landeseigene Bank hat im Immobiliengeschäft ein paar Milliarden auf Sand gebaut. Oder einige Großprojekte erweisen sich eben als etwas teurer als gedacht. Oder Privatisierungserlöse bleiben hinter den Erwartungen zurück. Mögliche Überraschungen in der Finanzpolitik gibt es viele, in der Regel sind sie negativ. Dann muss sich die Politik eben notgedrungen einen Nachschlag für den Haushalt genehmigen. Aber verschoben ist nicht aufgehoben. Dann wird eben nach der Krise konsolidiert. Fallbeispiele für dieses Muster liefern die haushaltspolitischen Debatten Deutschlands der vergangenen 25 Jahre.

Fallbeispiel 1: Theodor Waigel

Anfang der neunziger Jahre beschert die deutsche Wiedervereinigung Deutschland eine Sonderkonjunktur. Am Ende dieser positiven Konjunkturentwicklung beschreibt der damalige Finanzminister Theodor Waigel in einer Bundestagsrede vom 8. September 1992 die mittlere Finanzvorausschau so:

> »Die Steigerung des Ausgabevolumens ist 1993 auf 2,5 Prozent begrenzt. Die durchschnittliche Steigerungsrate bis 1996 von 2,3 Prozent liegt weit unter dem erwarteten nominalen Anstieg des Bruttosozialprodukts von knapp 7 Prozent. Die Nettokreditaufnahme des Bundes wird 1993 auf 38 Milliarden DM reduziert und bis 1996 auf deutlich unter 25 Milliarden DM zurückgeführt.«[178]

In der gleichen Rede heißt es:

> »Der Finanzplan des Bundes ist keine unverbindliche Absichtserklärung. Wir haben genau gerechnet und die absehbaren Risiken in den Haushaltsplanungen berücksichtigt. Insbesondere haben wir ab 1995 mit einem Volumen von 15 Milliarden DM Vorsorge für die Neugestaltung des bundesstaatlichen Finanzausgleichs und mit 13 Milliarden DM für die Beteiligung des Bundes an der dauerhaften Finanzierung der Treuhandverbindlichkeiten getroffen.«[179]

Die Planungen des Ministers gehen leider nicht auf. Da für die absehbaren Risiken Vorsorge getroffen wurde, sind wohl die unabsehbaren Risiken verantwortlich für das Defizit. Dazu gehören wahrscheinlich das Ende des Konjunkturhochs und das darauf folgende Konjunkturtief in der Mitte der neunziger Jahre. Jedenfalls legt der gleiche Bundesfinanzminister für 1996 einen Haushalt vor, den er in einer Rede am 5. September 1995 vorstellt mit den Worten: »Mit 59,84 Milliarden DM bleibt die Nettokreditaufnahme knapp unter der Obergrenze von 60 Milliarden DM, der im letzten Finanzplan gesetzten Messlatte. Der Haushalt 1996 ist ein Sparhaushalt par excellence.«[180]

Fallbeispiel 2: Hans Eichel

Am 4. Mai 1999, drei Wochen nach Amtsübernahme, beschreibt der damalige Bundesfinanzminister Hans Eichel im Bundestag seine finanzpolitische Agenda. Er will »raus aus der Schuldenfalle« und referiert eindrucksvoll und unter Verzicht auf jegliche Schuldzuweisungen den massiven Anstieg der Bundesschulden im Jahrzehnt nach der deutschen Wiedervereinigung, der sich unter der Regierung von Altbundeskanzler Helmut Kohl aufgebaut hat, als »Marsch in den Verschuldungsstaat« und kommt zu folgendem haushaltspolitischen Ergebnis:

> »Wenn wir weiterhin auf Kosten der Zukunft leben, dann droht uns bald Handlungsunfähigkeit im Bundeshaushalt. Deshalb müssen wir diesen verhängnisvollen Weg stoppen. Gestoppt haben wir diesen verhängnisvollen Weg erst, wenn der Bundeshaushalt für den Ausgleich keine Nettokreditaufnahme mehr braucht. Das ist ein weiter Weg.
>
> Man muß sich einmal klarmachen, was es heißt, wenn im Bundeshaushalt 1999 [...] ein Viertel der Steuereinnahmen, 82 Milliarden DM, allein für Zinszahlungen gebunden ist. Der Bund muß für Zinszahlungen pro Minute 150 000 DM, in einer Stunde über 9 Millionen DM und am Tag 225 Millionen DM ausgeben. Mit dem Geld von drei Minuten Zinszahlungen des Bundes hätte man ein Einfamilienhaus zusammen.«[181]

Hans Eichel macht auch in seiner Berliner Rede an der Humboldt-Universität deutlich, worin das Dilemma der Schuldenpolitik liegt, und dass ein Umsteuern dringend erforderlich ist:

> »Dort, wo die Versäumnisse der Vorgängerregierung am größten waren, sind unsere Ausgleichsmaßnahmen am stärksten. Familienlastenausgleich und Rentenreform allein reichen noch nicht aus, um die Generationengerechtigkeit wiederherzustellen. Der Kurs der Finanzpolitik muss das unterstützen. Finanzpolitik kann aber nicht der Generationengerechtigkeit entsprechen, wenn es ihr nicht gelingt, den Schuldenberg zu begrenzen. Wachsende Staatsschulden engen den Handlungsspielraum künftiger Generationen ein. Wir verfrühstücken im wahrsten

Sinne des Wortes heute die Gestaltbarkeit zukünftiger Politik, wenn unsere heutige Politik nicht nachhaltig ist. Nachhaltigkeit ist Generationengerechtigkeit. Sie bezieht die Lebensmöglichkeiten künftiger Generationen in unsere heutige Politik ein.«[182]

Die Aussagen zu Beginn seiner Amtszeit waren programmatisch. Eichel erhob Sparsamkeit zum moralischen Imperativ. Und für diese Sparmentalität musste sich der Finanzminister gelegentlich Spott gefallen lassen. Wie Der Spiegel später einmal höhnte: »Er ging mittags zum Döner-Mann, kaufte billige »Billy«-Regale bei Ikea, putzte bei Bedarf seine Berliner Wohnung und verordnete sich lieber eine Diät, als zu eng gewordene Oberhemden auszumustern.«[183] Als er dann am 12. September 2000 den Entwurf des Haushaltsplans für das Jahr 2001 in den Bundestag einbrachte, konnte er erste Erfolge präsentieren. In seiner Rede im Bundestag zu diesem Anlass heißt es:

> »Ich lege Ihnen heute den Entwurf des Haushaltsplanes für das Jahr 2001 vor. Ich stelle fest: die Bundesregierung hält genau den Kurs, den sie vor einem Jahr diesem Hause und dem deutschen Volk versprochen hat.
>
> Das heißt zuerst, die Bundesregierung hält den Konsolidierungskurs mit einer Finanzpolitik, die aus der Schuldenfalle hinausführt. Die Planung steht unverändert: Wir wollen durch eine ständig fallende Neuverschuldung bis zum Jahr 2006 zu einem ausgeglichenen Haushalt kommen. Dies bedeutet dann, wir werden 2006 erstmals seit Jahrzehnten einen Haushalt ohne neue Schulden haben.«[184]

Wir wissen heute, dass es anders gekommen ist. In die Amtszeit von Hans Eichel fällt eine Serie von Jahren, in denen die Bundesrepublik nicht das »größte Entschuldungsprogramm in der Geschichte« erlebt, sondern sich Jahr für Jahr in einem solchen Ausmaß neuverschuldet, dass das Land in Konflikt gerät mit seinen Verpflichtungen aus dem Vertrag von Maastricht.[185] Es kommt in diesen Jahren zur Einleitung eines Defizitverfahrens gegen Deutschland seitens der Europäischen Kommission, weil Deutschland seit 2002 in mehreren aufeinanderfolgenden Jahren eine Nettoneuverschuldung eingeht, die mehr als drei Prozent des deutschen Bruttoinlandsprodukts beträgt und damit die kritische Marke des Maastricht-Vertrags übersteigt.

Angesichts der Ernsthaftigkeit und des Nachdrucks, mit dem der »Eiserne Hans« angetreten ist und für diese Position politisch gekämpft hat, entbehren diese Entwicklungen nicht einer gewissen Tragik. Sie zeigen vielleicht am deutlichsten, dass selbst ein eiserner Sparwille des Finanzministers nicht davor schützt, dass der Staat immer weiter in die Neuverschuldung hineinläuft. Die Frage nach den wahren Ursachen der Tendenz zur immer weiteren Neuverschuldung drängt sich damit auf.

In seiner Berliner Rede gibt Hans Eichel einen wichtigen Hinweis: »Und unterwegs werden sich viele noch dagegen stemmen, die lieber heute ausgeben als für die Gestaltungsfreiheit und die Entfaltungsmöglichkeiten ihrer Kinder zu sorgen.«[186] Ein anderer Hinweis findet sich in Presseberichten, wonach Bundeskanzler Schröder den Sparkurs Hans Eichels im Jahr 2002 stellvertretend für die Ressortminister mit Gestaltungswillen oder für eigene Ausgabenpläne mit den Worten »Hans, jetzt lass mal gut sein« ausgebremst hat.[187]

Fallbeispiel 3: Peer Steinbrück

Peer Steinbrück übernimmt das Amt des Bundesfinanzministers im Spätherbst 2005. In dieser Zeit setzt bereits eine wirtschaftliche Erholung ein, die die meisten Konjunkturexperten aber noch nicht erkennen. Die Bundesrepublik ist zu diesem Zeitpunkt »Dauersünder«, was die Verletzung des Defizitkriteriums aus dem europäischen Stabilitäts- und Wachstumspakt angeht. Auch für das Jahr 2006 wird eine Verletzung des Drei-Prozent-Kriteriums erwartet. In seiner ersten Rede als Bundesfinanzminister im Deutschen Bundestag am 1. Dezember 2005 formuliert er ein für den damaligen Zeitpunkt durchaus ehrgeiziges Ziel:

> »Die Bundesregierung hat ein ausgewogenes und aufeinander abgestimmtes Maßnahmenpaket in der, wie ich glaube, richtigen Schrittfolge vorgelegt. Wir wollen 2006 Rückenwind orga-

nisieren. Wir wollen 2007 das Maastrichtkriterium hinsichtlich der Verschuldung und auch die Regelgrenze des Artikels 115 Grundgesetz einhalten. Das wird uns erhebliche Anstrengungen abverlangen.

Ich kündige hiermit noch einmal an, dass die Einhaltung des Maastrichtkriteriums von 3 Prozent im Jahre 2007 auch mit Blick auf die europapolitische Aufstellung der Bundesrepublik Deutschland von einer erheblichen Bedeutung sein wird.«[188]

Wir erinnern uns: 2006 sollte nach den Worten von Steinbrücks Vorgänger das historische Jahr sein, in dem Deutschland erstmals seit Jahrzehnten ohne Nettoneuverschuldung auskommt. In seiner Rede am 5. September 2006 anlässlich der Einbringung des Entwurfs des Bundeshaushalts 2007 im Deutschen Bundestag kann Finanzminister Steinbrück zwar nicht auf ein solches historisches Ereignis verweisen. Er hat dennoch Anlass zur Freude. Die Konjunktur hat deutlich Fahrt aufgenommen. Seit vielen Jahren ist sein Haushalt für 2007 der erste Haushalt, der verspricht, nicht die Defizitgrenze des Maastricht-Vertrags zu verletzen. Mit Verve kämpft der Minister für einen Kurs der Konsolidierung, und mit Worten, die durchaus vertraut klingen:

»Wir schulden unseren Kindern und Enkeln jede Anstrengung für tragfähige, solide und verlässliche öffentliche Finanzen. Wir wissen, was auf unsere Kinder und Enkelkinder zukommt. Auch in dieser Hinsicht wäre es im Augenblick falsch, die Tatsache zu ignorieren, dass wir 1500 Milliarden Euro Schulden mit uns herumschleppen. Wie sollten wir unseren Kindern in zehn oder 20 Jahren erklären, dass wir dies alles im Jahre 2006 zwar wussten, dass es uns aber egal war und dass wir noch nicht einmal unter den günstigeren Bedingungen eines Aufschwungs die Kraft hatten, die Wünsche der gegenwärtig in der Verantwortung stehenden Generation gegen die berechtigten Zukunftsinteressen unserer Kinder und Enkelkinder gegebenenfalls zurückzuweisen?«[189]

Am 11. September 2007 ist der wirtschaftliche Aufschwung in Deutschland noch intakt und ungebrochen. Und wie man im

Nachhinein weiß, ist er sogar gerade auf seinem Zenit. In seiner Rede vom 11. September 2007 zur Einbringung des Bundeshaushaltsplans 2008 sowie des Finanzplans des Bundes 2007 bis 2011 in den Deutschen Bundestag formuliert Steinbrück voller Zuversicht ein sehr ehrgeiziges Ziel, das zugleich sehr vertraut klingt:

> »Meine Damen und Herren, die Bundesregierung legt einen Finanzplan vor, mit dem wir auf der Ebene des Bundes spätestens im Jahre 2011 erstmals seit 40 Jahren realistisch einen ausgeglichenen Haushalt erreichen werden.«[190]

Am Rande sei notiert: Seit vierzig Jahren gibt der Bund Jahr für Jahr mehr Geld aus, als er durch Steuern und Abgaben einnimmt. Dass es 2011 also einmal solide zugehen soll, wäre insofern wirklich Grund zum Feiern.

Bereits unter dem Eindruck der Finanzkrise, aber nur Tage vor der Beinahe-Kernschmelze des Weltfinanzsystems sagt Steinbrück in seiner Rede »Keine Schulden. Alle Chancen« anlässlich der ersten Lesung des Bundeshaushalts 2009 am 16. September 2008:

> »Ich freue mich deshalb, dass der vorliegende Entwurf des Haushalts 2009 und der Finanzplan bis 2012 unsere gemeinsame und erfolgreiche Finanzpolitik der letzten Jahre seit Gründung der Großen Koalition fortsetzen und widerspiegeln. Das wichtige finanzpolitische Ziel der Großen Koalition, ab 2011 keine neuen Schulden mehr zu machen, rückt damit in greifbare Nähe.
> 2009 sinkt die Nettokreditaufnahme mit 10,5 Milliarden Euro auf den niedrigsten Stand seit der Wiedervereinigung. 2010 wird sie mit 6 Milliarden Euro auf dem niedrigsten Stand seit 1974 liegen. 2011 soll der Haushalt ohne neue Schulden auskommen, und 2010 soll das strukturelle Defizit – das heißt, unter Herausrechnung von Einmaleffekten – auf Null sinken.«[191]

Die Rede kulminiert in den Schlussbemerkungen:

> »Es erfüllt mich deshalb mit einer gewissen Genugtuung, dass die Bundesregierung den Kurs, ab 2011 keine neuen Schulden mehr aufzunehmen, bestätigt und fortsetzt. Das ist die einzige Null, auf die wir in dieser Großen Koalition gemeinsam stolz sein sollten.«[192]

Gut zwei Monate später klingt der Bundesminister verändert:

»Bei einer Haushaltsrede in dieser Zeit muss aufgrund der geänderten Situation natürlich an den Anfang gestellt werden: Ja, die Weltwirtschaft ist auf einer Talfahrt. Ja, die Bundesrepublik Deutschland ist in einer **Rezession** [fett im Originaltext]. Es wäre nicht mehr eine zutreffende Feststellung, zu sagen, dass wir in einer Stagnation sind. Dass die Bundesrepublik Deutschland maßgeblich mitgeschüttelt wird, ist kein Wunder.[193] [...]

Ich sage freimütig: Dies bedeutet nicht die Aufgabe des Konsolidierungsziels; keineswegs. Wir werden dies auf der Zeitachse aber neu justieren müssen. Das bedeutet, dass wir bis zum Jahr 2011 keinen Bundeshaushalt ohne Neuverschuldung erreichen können, es sei denn, dass es in den nächsten zwei Jahren eine wundervolle Entwicklung gibt. Ich will aber sehr deutlich machen: Wir bleiben bei diesem wichtigen und richtigen Ziel, und sei es aus Gründen der Generationengerechtigkeit.«[194]

In diesen Fallbeispielen zeichnet sich ein politisches Verhaltensmuster ab, das augenscheinlich nicht abhängig ist von der parteipolitischen Konstellation der Regierung. Der Finanzminister tritt für Konsolidierung ein. Die jeweiligen mittelfristigen finanzpolitischen Ziele der gesamten Regierung hängen dabei von der gerade herrschenden Konjunkturlage ab. Ist die Konjunkturlage gut, rückt eine Verringerung der Nettokreditaufnahme in greifbare Nähe. Sogar ein ausgeglichener Haushalt erscheint in der mittelfristigen Finanzplanung möglich. Die Verschlechterung der Konjunkturlage rückt das Ziel dann in die weitere Ferne. Bei dieser rollierenden Planung steigt die Staatsverschuldung beständig an.

Wird die Politik immer aufs Neue und völlig unerwartet von schrecklichen Nachrichten über eine konjunkturelle Abkühlung überrascht? Zugegeben, die Kosten der deutschen Wiedervereinigung, das Konjunkturtal der frühen neunziger Jahre, das Aufwachen aus dem Traum der Internet-Ökonomie, der Terroranschlag vom 11. September 2001 und zuletzt das Beinahe-Zusammenbrechen des Finanzmarktsystems unmittelbar nach der Insolvenz von Lehman Brothers, das sind für sich genommen historisch singuläre Ereignisse. Solche Ereignisse zu prognostizieren, ist wohl kaum möglich. Aber dass es immer wieder schlechte Nachrichten gibt, so viel lässt sich vielleicht doch daraus lernen.

Man kann auch daran zweifeln, dass es diese singulären Ereignisse waren, die das konjunkturelle Stimmungsbarometer haben fallen lassen. Die Konjunktur zeigte bereits vor dem Terroranschlag des 11. September 2001 klare Anzeichen einer Abkühlung. Ähnliches gilt für das Zusammenfallen von Finanzkrise und Konjunkturabschwung. Man kann wohl vermuten, dass die Regierung auch ohne die Finanzmarktturbulenzen durch eine ganz normale Abkühlung der Konjunktur am Ziel eines ausgeglichenen Haushalts 2011 mit großer Wahrscheinlichkeit vorbeigeschrammt wäre.

Es ist nicht leicht zu erkennen, wann ein Aufschwung beginnt und wann er endet. Die Konjunktur- und Wachstumsprognosen gehören nicht zu den Stärken der wirtschaftswissenschaftlichen Disziplin. Wissenschaft und Politik erkennen den Aufschwung oft erst, wenn er fast zu Ende ist. Am 23. Februar 1999 beispielsweise, als der Konjunkturzyklus in Deutschland wohl gerade einen Gipfel kurz überschritten hatte, sagte der damalige Finanzminister Oskar Lafontaine zum Thema Haushaltskonsolidierung:

> »Der Haushalt 1999 ist ein erster Schritt, aber – vielleicht ist es ungewöhnlich, wenn ich als derjenige, der ihn, zumindest was die Aufstellung angeht, zu verantworten hat, das sage – er ist ein bei weitem noch unzureichender Schritt zur Sanierung der Staatsfinanzen. […]
>
> Wir haben bei weitem noch nicht genug Anstrengungen unternommen, um den Staatshaushalt zu sanieren. Zu rechtfertigen ist das nur, weil ich der Auffassung bin, die von vielen geteilt wird, dass der Staat in einer Phase zurückgehender Konjunktur diesen Prozess nicht noch durch verstärkte Sparmaßnahmen oder Steuererhöhungen verschärfen soll.
>
> Man kann sich zu dieser Auffassung bekennen oder nicht. Ich halte diese Auffassung für richtig. Wenn Gefahren bestehen, dass das Wachstum zu stark zurückgeht, dann kann der Staat nicht verstärkt Ausgaben kürzen oder Steuern erhöhen. Zu dieser Auffassung kann man ja oder nein sagen, aber man sollte an dieser Stelle eine gewisse Konsequenz entwickeln.«[195]

Im Allgemeinen, das kann man sagen, sind die Verantwortlichen für die wachsenden Staatsschulden sicher nicht die Finanzminister oder ihre Finanzbeamten. Finanzministern kann man die Bemühungen um gesunde Staatsfinanzen getrost abnehmen. Als Hans Eichel als Bundesfinanzminister antrat, war sein Programm die Rückführung des Haushaltsdefizits, der ausgeglichene Haushalt und der Verzicht auf neue Schulden, und mittelfristig sogar die teilweise Tilgung der Altschulden. Für dieses Ziel ist er mit seiner ganzen Kraft eingetreten.

Ähnliches kann man über die meisten Finanzminister sagen. Und die Aufgabe mag den einen oder anderen frustriert haben. Hans Apel, Finanzminister in der Regierung von Helmut Schmidt zwischen 1974 und 1978, soll das Finanzressort für einen »Scheißjob« gehalten haben. Sein Vorvorvorgänger, Alex Möller, soll nach zwei Jahren »Martyrium« in der Regierung Brandt resigniert haben vor Leuten, die sich »wie eine Kompanie benahmen, die mit der Kriegskasse durchgebrannt ist und sie nun vertrinkt«.[196] Und Möllers Nachfolger Karl Schiller sah sich analog der griechischen Mythologie als »Atlas«, der die Ausgabenbürde der sozialliberalen Koalition zu tragen habe. »Gratulieren Sie mir nicht, kondolieren sie mir lieber«, ließ er knapp zu seiner Amtseinführung wissen, nur um ein Jahr später aufzugeben.[197] Warum ist die Arbeit der Finanzminister so selten von Erfolg gekrönt? Warum regiert die Politik so gern auf Pump? Und warum können sie das tun? Wenn Politiker mit harschen Worten mit Bankern ins Gericht gehen, müssen sie sich gelegentlich an die eigene Nase fassen. Denn wie die gescholtenen Manager sind sie oft selbst einfach die Gefangenen des Systems und der Anreize, die von diesem System ausgehen.

Ist die Staatsverschuldung ein Webfehler der repräsentativen Demokratie? Das ist eine große Frage für die Wirtschaftswissenschaft. Eine Vielzahl möglicher Gründe wurde bereits erforscht. Dazu gehören politische Schuldenzyklen, die mit wichtigen Wahlen zusammenhängen, Fragen der politischen Couleur der Regierung, die Bedeutung von Regierungskoalitionen, ihrer Größe und der Zahl der dazu gehörenden Parteien. Auch der Typ der demokratischen Verfassung oder die föderale Struktur machen möglicherweise einen Unterschied. Eine Schlüsselrolle spielen natürlich die Wähler, die tendenziell jener Partei ihre Stimme geben, von deren Wahl sie sich die größten persönlichen Vorteile erhoffen. Aus dieser Vielzahl von Einzelfragen greifen wir im Folgenden vier wichtige Aspekte heraus.

Politische Konjunkturzyklen

Politiker und Beobachter des politischen Prozesses wissen: Wahlzyklen sind in der Politik von großer Bedeutung. Das gilt auch für die Budgetpolitik und die Entwicklung der Staatsschulden. Schon in den siebziger Jahren haben Ökonomen vermutet, die Regierung könne schuldenfinanzierte Ausgaben nutzen, um ihre Wiederwahlchancen zu erhöhen. Beispielsweise könnte ein schuldengetriebenes Aufflackern der Konjunktur vor der Wahl nützlich sein, wenn Wähler ihre Entscheidungen stärker auf nur kurze Zeit zurückliegende Erfahrungen gründen.[198] Oder wie es Robert von Weizsäcker ausdrückt: »Der Widerspruch zwischen den kurzfristigen Anreizen der repräsentativen Demokratie und den langfristigen Erfordernissen der öffentlichen Finanzwirtschaft scheint ein Politikversagen auszulösen.«[199] Befriedigend wären solche Theorien nicht, wenn sie zur Erklärung des Phänomens auf der Annahme gründen würden, der Bürger und Wähler lasse sich dauerhaft täuschen und mache immer wieder die gleichen Fehler. Derartige Annahmen sind aber keineswegs erforderlich. Einige Überlegungen gehen beispielsweise davon aus, dass die positiven Wirkungen von Staatsausgaben für die Bürger unmittelbar spürbar sind, während Schulden erst nach Ablauf von einigen Monaten sichtbar werden. Vor der Wahl polieren dann alle Politiker ihr Image durch höhere schuldenfinanzierte Ausgaben. Selbst wenn die Bürger diesen Sachverhalt kennen: Würde ein Politiker aufs Schuldenmachen verzichten, würden die Bürger das vor der Wahl gar nicht mehr erfahren; sie könnten ihn deshalb dafür gar nicht belohnen. Sie würden aber schlechtere sichtbare Politikergebnisse erkennen. Der Politiker, der aufs Schuldenmachen verzichtet, würde also schlechter aussehen, als er tatsächlich ist.[200]

Viele empirische Studien bestätigen dabei Hypothesen, die sich intuitiv anbieten.[201] Während das Ausgabenniveau insgesamt sich nicht sehr verändert, sinken vor der Wahl häufig die Steuern. Schmerzhafte Maßnahmen wie Steuererhöhungen oder Ausgabenkürzungen erfolgen eher nach einer Wahl als kurz davor. Dabei hängt der Umfang solcher Effekte vom politischen Regime ab. Unterschiede gibt es beispielsweise in Abhängigkeit davon, ob die Sitze im Parlament mit Abgeordneten gefüllt werden, die direkt mit einem reinen Mehrheitswahlrecht gewählt werden, wie in Großbritannien, oder ob es eher eine den Stimmen proportionale Sitzverteilung gibt, wie in Deutschland. In Staaten mit Mehrheitswahlrecht fallen Steuergeschenke im Wahljahr größer aus. Und politische Fragmentierung begünstigt das Schuldenmachen. Je mehr Parteien an der Regierung beteiligt sind, desto stärker ist das Gerangel um Geld, um die jeweilige Klientel zufriedenzustellen. »Jeder Abgeordnete im Parlament versucht, möglichst viel an öffentlichen Projekten in seinen Wahlkreis zu holen, und seine Wiederwahl zu sichern, und hofft, die Kosten auf die gesamte Bevölkerung zu verteilen«, hat der Finanzwissenschaftler Lars P. Feld einige empirischen Erkenntnisse einmal in Der Spiegel zusammengefasst.[202] Eine weitere Gesetzmäßigkeit hat Feld ausgemacht: Die Staatsverschuldung wächst stärker, je häufiger eine Regierung wechselt. Einen Unterschied macht es auch, ob ein Staat eine Präsidialdemokratie ist, wie die USA oder Frankreich, oder eine parlamentarische Demokratie, wie Deutschland oder Großbritannien. Die Haushaltskonsolidierung nach der Wahl fällt Präsidialdemokratien meist leichter.[203]

Die Begehrlichkeiten der Ressortminister

Finanzminister gestalten die Haushaltspolitik nicht allein. Sie sind umgeben von Ressortministern. Die ehemalige Gesundheitsministerin Ulla Schmidt wurde nicht an der Solidität des Haushalts gemessen, sondern daran, wie gut die gesundheitliche Versorgung war und wie stabil die Beiträge dafür waren. Der Arbeits- und Sozialminister achtet eher auf die Stabilität des Rentenversicherungsbeitrags und darauf, dass es den Rentnern gut geht. Niedrigere Beitragssätze und höhere Renten lassen sich indes nur durchsetzen, wenn dafür mehr Geld aus dem Bundeshaushalt in die Rentenkasse fließt. Woher der Finanzminister dieses Geld nimmt, ist für den Arbeits- und Sozialminister zweitrangig. Und wenn sich der Bund dafür weiter verschulden muss, ist das auch nicht seine Sorge. Ressortminister nehmen in der Regel gern ein paar Milliarden höhere Verschuldung in Kauf, wenn ein Großteil dieses Geldes in die Kassen ihres Ministeriums fließt.

Zugegeben, eine kluge Öffentlichkeit könnte auch Ressortminister entsprechend danach beurteilen, ob Kosten und Nutzen bei den diversen Ausgaben im Verhältnis stehen. Sollte eine Partei wieder einmal öffentlich die beliebte Forderung nach erstens mehr staatlichen Leistungen, zweitens niedrigeren Steuern und drittens einer Tilgung der Staatsschuld zum Wahlziel erheben, könnten die Bürger erkennen, dass diese drei Forderungen nicht miteinander vereinbar sind. Sie könnten ihre Stimme einfach einer anderen Partei geben.

Wird zum Beispiel mehr Geld für Altersrenten ausgegeben, müssen entweder die Rentenversicherungsbeiträge oder der Zuschuss aus dem Bundeshaushalt an die Rentenkassen erhöht werden. Im zweiten Fall muss man diese Gelder bei anderen staatlichen Aufgaben einsparen, höhere Steuern eintreiben oder einfach ein paar Milliarden höhere Schulden machen. Ob sich wirklich alle Beteiligten über diese einfachen Zusammenhänge bei allen staatlichen Ausgaben immer im Klaren sind, sei einmal dahingestellt. Schuldenmachen ist unter den verschiedenen Finanzierungsarten vielleicht am einfachsten und hat wohl auch die geringsten Widerstände in der Politik.

Der Wille, lieber selbst zu gestalten

Das Schuldenmachen eröffnet den jeweils Regierenden zusätzliche Handlungsspielräume. Sie haben Geld zur Verfügung, das sie ansonsten gar nicht hätten. Das können sie für die Dinge ausgeben, von denen sie überzeugt sind. Für Programme, die sie für wichtig halten, oder Projekte, die sie für gut befinden. Natürlich müssen die Schulden oder wenigstens die Zinsen in der Zukunft bedient werden. Das schränkt die Handlungsspielräume der zukünftigen Regierenden ein. Künftige Politikergenerationen sind dann vielleicht nur noch mit dem Schuldendienst befasst.

Die gerade Regierenden mögen das bedauern oder nicht. Die Politik heute mag es gelegentlich sogar begrüßen, wenn die Handlungsoptionen in der Zukunft zusammenschnurren. Vielleicht würden die künftig Regierenden Dinge finanzieren, die die heute Regierenden gar nicht so gut finden. Und selbst wenn die Ziele künftiger Politiker sich von denen gegenwärtiger Politiker gar nicht unterscheiden, ist es vielleicht angenehmer, diese Dinge selbst zu gestalten, als dieses Privileg künftigen Politikern zu überlassen. Es wäre nachvollziehbar, wenn Politiker heute lieber selbst alle möglichen Handlungsspielräume nutzen, ihre eigenen Vorstellungen zu verwirklichen, anstatt Handlungsspielräume für andere, zukünftige Politiker offenzuhalten. Schließlich weiß man selbst am besten was man will. Und entsprechend sind die Handlungsanreize. Ob andere morgen das tun was man selbst will, das weiß keiner so genau. Heute etwas nicht zu tun, das man will, nur damit später andere das tun können, was sie wollen – das ergibt wenig Sinn!

Der amerikanische Ex-Präsident Ronald Reagan zum Beispiel war Republikaner, und er galt als ein zutiefst konservativer Politiker, was seine Grundüberzeugungen und seine Einstellungen zum Staat angeht. Trotzdem beendete er seine Amtszeit als Präsident mit einem tiefroten Staatshaushalt und einem Berg an Staatsschulden. Seine Regierung hat große Summen für Rüstung ausgegeben. Viele erinnern sich an die Vision des Star-Wars-Progamms, und manche denken, die USA habe mit ihrem Rüstungswettlauf die Sowjetunion in den Ruin getrieben. Gleichzeitig wurden unter seiner Regierung die Steuern deutlich gesenkt. Wer viel ausgibt und wenig einnimmt, macht Schulden.

Die Wirtschaftstheoretiker Torsten Persson und Lars Svensson haben sich gefragt, weshalb ausgerechnet ein überzeugter Konservativer so viele Staatsschulden machen würde. Präsident Reagan mag geahnt haben, dass ihm ein weit weniger konservativer Politiker als Präsident der Vereinigten Staaten von Amerika folgt. Möglicherweise gar einer, der Staatsgelder in den Aufbau eines amerikanischen Sozialstaats stecken möchte. Einer, der für eine allgemeine Krankenversicherung eintritt. Selbst konnte er die Machtübernahme durch einen Demokraten nicht verhindern. Er konnte aber dafür sorgen, dass sein Nachfolger einen tief verschuldeten Staatshaushalt übernimmt. So eine Schuldenlast macht es auch einem Demokraten schwer, öffentliche Gelder für sozialstaatliche Programme zu mobilisieren. So konnte Präsident Reagan mit seiner Schuldenpolitik über seine Amtszeit hinaus wirken. Er konnte eine Reihe von Politikmaßnahmen verhindern, die er wohl nicht gemocht hätte. Das Instrument hierfür war die Staatsverschuldung: Er hat seinem Nachfolger einfach die finanziellen Mittel für solche Maßnahmen entzogen.

Ein Vergleich mit der Situation von Privatleuten macht diesen wichtigen Unterschied deutlich. Der Privatmann Herr K. kann bei seiner Bank einen Konsumentenkredit aufnehmen. Das verschafft ihm unmittelbar Gestaltungsspielraum. Von dem Kredit kann er zum Beispiel in Urlaub fahren oder ein neues Auto kaufen. Herr K. weiß aber, dass er mit dem Kredit und diesen Ausgaben heute im Gegenzug seine Konsummöglichkeiten morgen einschränkt. In der Zukunft stehen Zinszahlungen und Tilgung an. Diese Verpflichtungen binden Teile seines künftigen Einkommens. Herr K. muss deshalb entscheiden, ob er lieber heute oder in der Zukunft konsumiert. Herr K. weiß: Sein auf Kredit finanzierter Neuwagen schränkt seine eigenen Möglichkeiten in der Zukunft ein. Er selbst hat Nachteile in der Zukunft, wenn er heute mehr konsumiert als es seinem Einkommen entspricht. Wenn hingegen ein regierender Politiker sich Geld geliehen hat und damit seine Lieblingsprojekte finanziert und umsetzt, dann hat nicht er oder seine Regierung die zukünftigen Kosten seiner Schulden zu tragen, sondern seine Nachfolger.

Ein wichtiges Instrument, mit dem Staaten solche illegitimen Formen der Staatsverschuldung einzudämmen versuchen, sind die verfassungsmäßigen Regeln und Schranken für Staatsverschuldung. Wie diese Finanzverfassung in Deutschland aussieht und wie sie sich entwickelt hat, ist das Thema des nächsten Kapitels.

12. Deutschlands Finanzverfassung

»Ich habe in einen Abgrund gesehen.« Mit Worten des Entsetzens kommentierte der ehemalige deutsche Finanzminister Peer Steinbrück die tiefroten Bilanzen der Hypo Real Estate. Im September 2008 – kurz nach der Pleite der amerikanischen Investmentbank Lehman Brothers – musste die Bundesregierung bei der Bank mit Milliarden einspringen. Das Institut war eine gigantische Wette auf den Zinsunterschied zwischen kurz- und langfristigen Krediten eingegangen und hatte verloren.

Wäre Steinbrück im Jahr 2012 noch Finanzminister, dürfte ihm beim Blick in den Bundeshaushalt erst recht schwindelig werden. Die Staatsverschuldung hat in Deutschland ein historisches Ausmaß erreicht und legt mit atemberaubendem Tempo weiter zu. Das lässt sich mit wenigen Zahlen dokumentieren. Im Jahr 2012 betragen die Verbindlichkeiten von Bund, Ländern und Gemeinden mehr als zwei Billionen Euro. Pro Kopf ist damit jeder der gut 80 Millionen Deutschen mit 25 345 Euro belastet. Pro Sekunde steigen die Verbindlichkeiten um 1 335 Euro.[204]

Die Schuldendynamik scheint in Abbildung 12 auf. Dauerte es noch fast fünf Jahrzehnte bis Bund, Länder und Gemeinden umgerechnet 1 000 Milliarden Euro an Verbindlichkeiten aufgehäuft hatten, »brauchten« sie für die nächste Billion gerade noch 16 Jahre.

Der deutsche Finanzminister Wolfgang Schäuble hat für 2011 trotz boomender Konjunktur gut 17 Milliarden Euro an neuen Krediten aufgenommen. Und auch die Bundesländer haben zum deutschen Schuldenberg beigetragen. Die Schuldenquote, d. h. die Höhe der Schulden im Vergleich zur jährlichen Wirtschaftsleistung, steht bei 82 Prozent. Sie ist damit doppelt so hoch wie nach der Wiedervereinigung und bedeutet, dass die Deutschen für die Rückzahlung ihrer Schulden nach aktuellem Stand etwa die ersten 43 Wochen des Jahres nur dafür produzieren müssten.

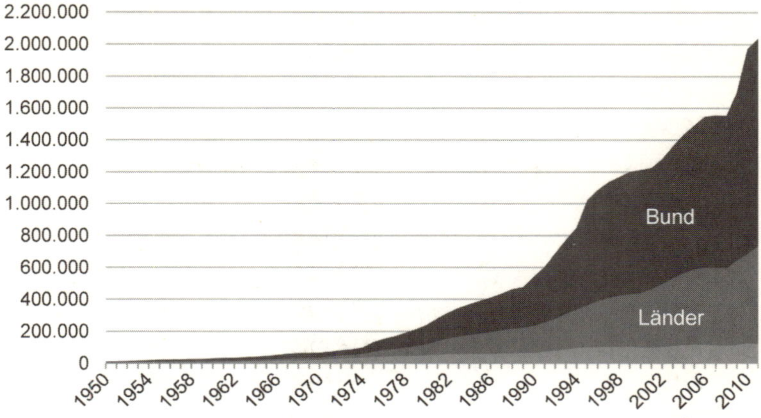

Abb. 12: Gesamtschuldenstand von Bund, Ländern und Gemeinden (in Millionen Euro)
Quelle: Statistisches Bundesamt

Bund und Länder profitierten in den Jahren 2010 und 2011 von günstigen Zinsen, wie Abbildung 12 zeigt. Mussten in den vergangenen drei Jahrzehnten den Kreditgebern noch im Schnitt fast sechs Prozent bezahlt werden, waren es 2011 gerade noch rund 2,6 Prozent.[205] Zum Jahresanfang 2012 drängte sich der Eindruck auf, es gäbe doch Schulden ohne Sühne. Es kam zu der absurden Situation, dass sich der Bund zu negativen Zinsen verschulden konnte. Bei einer Schatzanweisung über sechs Monate zahlten Investoren dem Fiskus Geld dafür, dass sie ihm ihr Kapital leihen durften. Fast eine Viertel Million Euro schenkten sie dem Bundesfinanzminister, damit er bereit war, sich von ihnen 3,9 Milliarden Euro für ein halbes Jahr zu borgen.[206] Auch bei der Platzierung langjähriger Schuldtitel konnte sich Berlin über Niedrigrekorde freuen. Im Herbst 2011 musste der Finanzminister mit 1,8 Prozent noch nicht mal mehr zwei Prozent bieten, um Käufer für zehnjährige Bundesanleihen zu finden. Noch nie konnte sich ein deutscher Finanzminister so günstig Geld leihen – und das trotz Rekordverschuldung. Welche fiskalische Macht die niedrigen Zinsen haben, offenbart ein Blick in den Bundeshaushalt 2011. Mit Zinsausgaben von weniger als 33 Milliarden Euro war der Schuldendienst so niedrig wie zuletzt im Jahr 1993.[207]

Ein abrupter Anstieg des Zinsniveaus würde die Lasten natürlich wieder in die Höhe treiben und gerade die Kommunen auf einen Schlag in Bedrängnis bringen. Die Kämmerer mussten für ihre kurzlaufenden Kassenkredite phasenweise noch nicht einmal ein Prozent zahlen. Der Bund hat den Vorteil, dass ein Großteil der Schulden zu festen Konditionen langfristig finanziert ist. Die durchschnittliche Gesamtlaufzeit beträgt um die sechs Jahre, Ende 2011 lag die Restlaufzeit der umlaufenden Bundesschuld exakt bei sechs Jahren und vier Monaten.[208]

Damit schlagen sich Zinserhöhungen erst mit zeitlicher Verzögerung im Haushalt nieder, weil nur die Anschlussfinanzierung und die Ausgabe neuer Schuldenpapiere teurer wird.

Nun weiß jeder, der privat Schulden hat, dass es nicht allein auf die Höhe der Verbindlichkeiten ankommt, sondern auch auf die Einnahmen und Ausgabensituation. Wie viel Geld kann man zusätzlich beschaffen? Auch mit Blick auf diesen Parameter hat die öffentli-

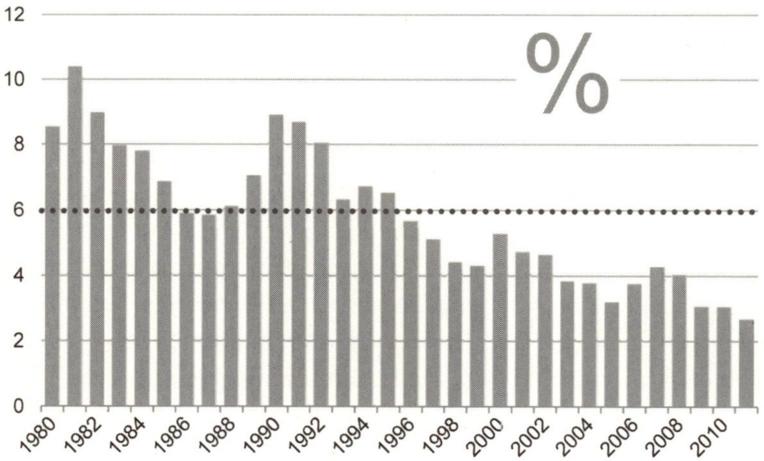

Abb. 13: Durchschnittliche Verzinsung der Bundesschuld (in Prozent)
Quelle: Bundesministerium der Finanzen

che Hand wenig Spielraum. Im Jahr 2011 lag die Staatsquote mit 46 Prozent nahe der 50-Prozent-Marke. Das bedeutet, dass beinahe jeder zweite in Deutschland erwirtschaftete Euro durch die öffentlichen Hände geht. Der Staat verwendet das Geld für Sozialleistungen und Subventionen, für das eigene Personal, aber auch für Investitionen in Kitas, Schulen oder Universitäten. Nun muss man nicht wie Helmut Kohl eine Staatsquote von 50 Prozent als die Schwelle zum Sozialismus betrachten.[209] Aber jedenfalls steht Deutschland zum ersten Mal seit Mitte der neunziger Jahre wieder an dieser 50-Prozent-Marke und es ist schwierig, ohne Schaden für das langfristige Wachstum die Abgabenlast noch weiter zu erhöhen.[210]

Wie eng der Spielraum für weitere Erhöhungen der Einnahmen ist, macht auch eine weitere Zahl deutlich: die Abgabenbelastung mit Steuern und Sozialbeiträgen. Nach Berechnungen des Bundes der Steuerzahler stand diese Quote 2011 bei 51 Prozent. Von jedem verdienten Euro gehen 20,4 Cent Sozialabgaben und 30,6 Cent Steuern ab.[211] Von diesem Niveau aus ist es für Berlin schwierig, die Schraube weiter anzuziehen.[212]

Wirklich abgenommen haben die Schulden seit 1948 zwar nie, aber immerhin verblieb die Schuldenquote trotz stark steigender absoluter Schulden bis Mitte der siebziger Jahre auf einem Niveau um die 20 Prozent der Wirtschaftsleistung. In dieser Phase wuchs das Bruttoinlandsprodukt im gleichen hohen Tempo wie die Schulden. Nach der ersten Ölkrise jedoch konnten weder die Vorkehrungen zur Begrenzung der Staatsverschuldung im Grundgesetz noch der von vielen als politischer Erfolg Deutschlands gesehene europäische Stabilitäts- und Wachstumspakt den Schuldenanstieg stoppen.

Dem in Abbildung 14 gut sichtbaren treppenförmigen Verlauf lässt sich wenigstens ein positiver Aspekt abgewinnen: Es gab zwischenzeitlich immer wieder Phasen der Stabilisierung. Das zeigt, dass sich in Deutschland die öffentlichen Haushalte noch nicht in einer Schuldenspirale befinden, die sich immer schneller dreht und mit normalen Mitteln nicht mehr anzuhalten ist. Vielmehr scheint eine Konsolidierung der Haushalte durchaus noch möglich, wenn der entsprechende Wille der politischen Akteure und eine gewisse Bereitschaft der Bundesbürger besteht.

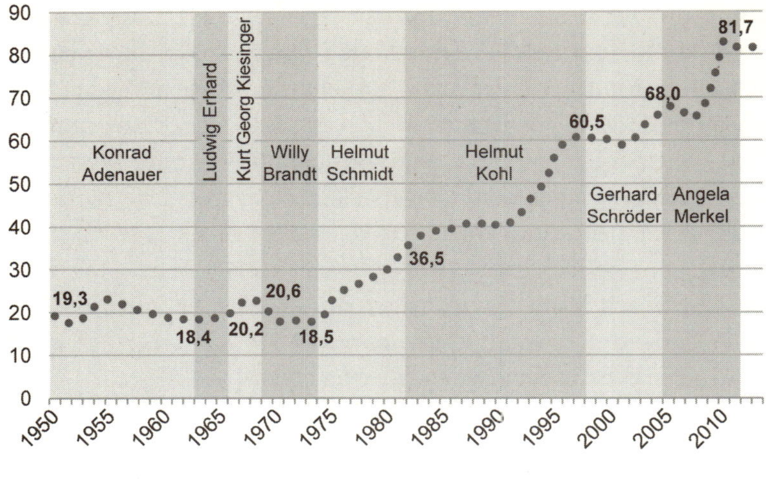

Abb. 14: Schuldenquote von Bund, Ländern und Gemeinden (in Prozent des Bruttoinlandsprodukts)
Quellen: Statistisches Bundesamt, bei Prognosen Fitch Ratings und Internationaler Währungsfonds

Aktuell hat es jedoch den Anschein, als sei der öffentliche Kredit ein fester Posten in den jährlichen Etats der Finanzminister, und als handele es sich bei der Staatsverschuldung um ein »naturgesetzliches Phänomen«. Das war nicht immer so. Die Einstellung zur öffentlichen Schuldenaufnahme unterlag im Laufe der Zeit erheblichen Schwankungen.[213]

Staatsfinanzen sind die in Zahlen geronnene Geschichte einer Nation. Die öffentlichen Haushalte bilden ab, wofür Geld ausgegeben wird und wofür nicht. Auch machtpolitische Ambitionen und militärische Abenteuer schlagen sich in den Haushaltszahlen nieder. Die öffentlichen Finanzen erfassen wie ein »Seismograph« die zentralen Veränderungen in Politik, Ökonomie, Kultur und Gesellschaft.[214] Sie sind das Ergebnis eines komplexen politischen Prozesses, an dem viele Teile der Gesellschaft und Wirtschaft, aber auch die Gebietskörperschaften Bund, Länder und Gemeinden beteiligt sind. Sie sind auch Ausdruck machtpolitischer Konstellationen und marktpolitischer Ordnungsvorstellungen. Geopolitische

Problemlagen wie der Krieg seinerzeit in Kuwait, der Afghanistankonflikt oder die Terrorismusbekämpfung fließen in einen öffentlichen Haushalt genauso ein wie der demographische Wandel einer Gesellschaft.

Wie die folgende kleine Finanzgeschichte der Bundesrepublik zeigt, können ruckartige Veränderungen bei der Verschuldung durchaus als politische Zäsuren beziehungsweise Wendemarken interpretiert werden. Eng damit verbunden sind die damit einhergehenden Verfassungsänderungen.

Neustart nach dem Zweiten Weltkrieg

Nach einer ausufernden Schuldenpolitik in der nationalsozialistischen Epoche wurde der Schuldenzähler nach dem Zweiten Weltkrieg auf nahe Null gestellt. Die Tilgung der öffentlichen Verbindlichkeiten erfolgte auf radikale Weise: eine neue Währung. Wie andere Geldwerte auch, wurden im Zuge der Währungsreform vom 20. Juni 1948 die Reichsschulden von 392,5 Milliarden Reichsmark um 93,5 Prozent gekürzt und in die neue »Deutsche Mark« umgewandelt. Der Staat wurde also auf einen Schlag 93,5 Prozent seiner Schulden los. Es handelte sich um den »schärfste(n) Währungsschnitt in der deutschen Wirtschaftsgeschichte«.[215]

Die ausländischen Gläubiger Deutschlands genossen allerdings eine bevorzugte Behandlung. Deren Forderungen von 1,4 Milliarden Reichsmark wurden auf der Londoner Schuldenkonferenz 1952 verhandelt und schließlich im Paket mit anderen Forderungen etwa der Siegermächte in einem Gesamtvolumen von 14,5 Milliarden D-Mark anerkannt. Den Großteil der Auslandsverbindlichkeiten beglich der Bund in den sechziger Jahren, die letzte Rate wurde Anfang Oktober 2010 vom Nachlassverwalter der deutschen Geschichte, dem »Bundesamt für zentrale Dienste und offene Vermögensfragen«, kurz BADV, überwiesen.[216]

Die drastische Enteignung durch die Währungsreform ermöglichte der Bundesrepublik zwar einen Start ohne größeren fiskalischen Ballast, aber sie hat wohl mindestens eine Generation für das Thema Geldentwertung besonders sensibel gemacht. Vielleicht wurden deswegen im Grundgesetz von 1949 die Vorschriften zur Staatsverschuldung relativ restriktiv gefasst.[217] Die Vorschrift zur Begrenzung der Schuldenaufnahme des Staats knüpfte an die Tradition der Verfassungsväter der Weimarer Verfassung an, die eine Kreditaufnahme als normales Instrument der Haushaltsfinanzierung nicht vorsah, sondern lediglich bei »außerordentlichem Bedarf« und zu »werbenden Zwecken«. Die verbindliche Formulierung des Artikels 115 im Grundgesetz von 1948 kam mit 69 Wörtern aus und lautete:

> »Im Wege des Kredites dürfen Geldmittel nur bei außerordentlichem Bedarf und in der Regel nur für Ausgaben zu werbenden Zwecken und nur auf Grund eines Bundesgesetzes beschafft werden. Kreditgewährungen und Sicherheitsleistungen zulasten des Bundes, deren Wirkung über ein Rechnungsjahr hinausgeht, dürfen nur auf Grund eines Bundesgesetzes erfolgen. In dem Gesetze muß die Höhe des Kredites oder der Umfang der Verpflichtung, für die der Bund die Haftung übernimmt, bestimmt sein.«

Nicht allen Zeitgenossen war diese Formulierung genügend präzise und restriktiv. Der Rechnungshof des Deutschen Reichs (Britische Zone) war einer der Bedenkenträger. Er befürchtete eine »ungesunde« Ausweitung der Kreditfinanzierung öffentlicher Ausgaben und forderte schärfere Regeln. Die Formulierung verschloss den Weg in die Staatsverschuldung ja nicht vollständig. Die politischen Akteure mussten dafür nur jeweils einen außerordentlichen Bedarf feststellen. Verschuldung sollte außerdem nur »in der Regel«, also nicht zwingend nur für Projekte mit klaren wirtschaftlichen Erträgen, dienen. Erfinderische Regierungen hätten mit dieser Formulierung leicht ein ganz erhebliches Maß an Staatsverschuldung erreichen können.[218]

Die Schlupflöcher in der Verfassung blieben aber weitgehend ungenutzt. Die Regierung verfolgte überwiegend eine Politik der Schuldenenthaltsamkeit. Ausgaben waren durch »ordentliche« Einnahmen gedeckt. Und so betrug die Verschuldung des Gesamthaushaltes im Jahr 1950 gerade einmal umgerechnet rund zehn Milliarden Euro. Bis 1960 stiegen die Schulden zwar auf mehr als das Doppelte, allerdings ging ein Großteil der Nettokreditaufnahme auf die Länder sowie die Altschuldenregelung aus dem Londoner Abkommen zurück.

Das deutsche Wirtschaftswunder war für eine solide Haushaltspolitik hilfreich. Zwischen 1950 und 1965 erlebte die Bundesrepublik Wachstumsraten, die mit denen Chinas zu Beginn des 21. Jahrhunderts vergleichbar sind. Durchschnittlich 7,6 Prozent legte die bundesdeutsche Wirtschaft in den fünfziger Jahren zu, im Spitzenjahr 1955 gab es ein Plus von 11,5 Prozent. Die Beschäftigtenzahl wuchs in diesen Jahren in der Größenordnung von einer halben Million zusätzlicher Beschäftigter pro Jahr.[219] Die Wachstumsdynamik ließ die Steuern reichlich sprudeln und auch die Finanzlage im Bereich der Sozialversicherung war günstig.

Die Finanzaufwendungen für die Systeme sozialer Sicherung waren mit den heutigen Anforderungen kaum zu vergleichen. Aus dem Bundeshaushalt floss nur wenig Geld in die Renten- oder Krankenversicherung. Das war auch gar nicht nötig, wuchs doch neben der Wirtschaft auch die Bevölkerung. Demographische Probleme, unter denen die Systeme der sozialen Sicherung zu Beginn des 21. Jahrhunderts leiden, lagen noch in weiter Ferne. Und so ging die Schuldenquote von 21 Prozent im Jahr 1950 innerhalb einer Dekade sogar leicht auf 17,4 Prozent zurück. Ob diese Entwicklung auf wirtschaftliches Glück, haushälterischen Sachverstand oder aber die spezifische Formulierung des Artikels 115 im Grundgesetz zurückzuführen ist, lässt sich kaum beantworten. Ein Mann hatte ganz sicher seinen Anteil daran: der unter Adenauer dienende Finanzminister Fritz Schäffer. Er brachte das Kunststück fertig, in seiner Amtszeit sogar Rücklagen zu bilden. Seine strikte Sparpolitik schaffte es unter dem Begriff »Schäfferturm« in die Geschichtsbücher, angelehnt an den Berliner Juliusturm, in dem die Deutschen den Goldschatz aufbewahrten, den die Franzosen nach dem Krieg von 1870/71 zu zahlen hatten.[220]

Siegeszug des Keynesianismus

Noch vor der ersten ernsten Nachkriegsrezession, die in den Jahren 1966/67 die Bundesrepublik traf, trat ein Stimmungswandel ein und die Politik veränderte ihre Einstellung zur Bedeutung eines solide finanzierten Haushalts.[221] Weltweit begann eine Diskussion um die Aufgaben des Staates in Wirtschaft und Gesellschaft. Der amerikanische Ökonom John Kenneth Galbraith brachte den neuen Zeitgeist auf den Punkt, als er die öffentliche Armut bei gleichzeitigem privatem Reichtum anprangerte. Der Staat müsse für seine Aufgabe einen größeren finanziellen Gestaltungsspielraum bekommen. Auch in Deutschland schien unter der sozial-liberalen Koalition jetzt vieles finanzierbar, etwa das Wintergeld für Bauarbeiter. Das Konzept der sogenannten Globalsteuerung erlebte ungeahnte Popularität. Die öffentliche Hand sollte die Haushaltspolitik den Zielen der allgemeinen Wirtschaftspolitik unterordnen.[222]

Dieser Forderung schlossen sich auch in Deutschland viele politische Lager an. Die Lenkung des Wirtschaftswachstums, etwa durch Steuern auf Investitionen oder eine Beschränkung der Kreditmöglichkeiten des privaten Sektors, wurde zu einer zentralen Aufgabe der Wirtschaftspolitik erhoben. In einer Welt, in der die ersten Astronauten oder Kosmonauten um die Erde kreisten und der erste bemannte Flug zum Mond unmittelbar bevorstand, machte sich großes Technikvertrauen und ein enormer Politikoptimismus breit. Die Steuerbarkeit der Konjunktur schien möglich, Wirtschaftskrisen schienen vermeidbar oder beherrschbar.

Kreislauftheoretische Vorstellungen gesamtwirtschaftlicher Zusammenhänge erlebten innerhalb und außerhalb der Wissenschaft eine echte Hochkonjunktur. Varianten der Theorien von John Maynard Keynes zur Krisenanfälligkeit moderner Volkswirtschaften und über staatliche Konjunktursteuerung als Therapie hatten sich auch innerhalb der Zunft der deutschen Ökonomen verbreitet. So rieten in dieser Zeit auch zentrale wissenschaftliche Beratergremien der Bundesregierung dazu, in den Wirtschaftskreislauf mit staatlichen Ausgabenprogrammen und anderen staatlichen Steuerungsinstrumenten einzugreifen. Beispiel hierfür ist das Gutachten einer Sachverständigenkommission für Finanzreform (das sogenannte Troeger-Gutachten). In der Zusammenfassung heißt es dort:[223]

»Der moderne Industriestaat muß seine Wirtschafts- und Sozialpolitik in den Dienst
– der inneren und äußeren finanziellen Stabilität,

- eines kräftigen, möglichst gleichmäßigen Wirtschaftswachstums,
- einer optimalen Ausnutzung der verfügbaren Arbeitskräfte und der sonstigen nationalen Produktionsfaktoren und
- einer gewissen Verringerung der Ungleichmäßigkeit der Einkommens- und Vermögensverteilung

stellen. Diese Zielsetzungen müssten von der Bundesregierung wirksamer als bisher durch eine entsprechende Fiskal- und Kreditpolitik gefördert werden können. Dazu muß ihr das notwendige Instrumentarium zur Verfügung stehen.«

In diesen Formulierungen sind Kernpunkte der nächsten Verfassungsreform bereits vorgezeichnet. Der Paradigmenwechsel fand seine konkrete rechtliche Fundierung in der Verabschiedung des Gesetzes zur Förderung der Stabilität und des Wachstums im Jahr 1967 und in entsprechenden Änderungen des Grundgesetzartikels 115 zwei Jahre später. Das neue Gesetz nennt vier Kriterien für das in der Verfassung definierte Ziel des »gesamtwirtschaftlichen Gleichgewichts«: Es beauftragt die Regierung, für ein stabiles Preisniveau, einen hohen Beschäftigungsstand, ein außenwirtschaftliches Gleichgewicht und ein stetiges und angemessenes Wirtschaftswachstum zu sorgen.[224]

Es gab natürlich auch kritische Kommentare zu der Reform. Die Bemerkungen von Rudolf Stucken könnten auch in gegenwärtigen Diskussionen zur Föderalismuskommission II fallen:

»Unbefriedigend ist dabei, daß viele Begriffe, mit denen im Gesetz gearbeitet wird, sich einer exakten Definition entziehen; [...] Widerspricht eine ein- bis zwei prozentige Preissteigerung je Jahr schon der Stabilität des Preisniveaus? Ist hoher Beschäftigungsstand schon bei zwei bis drei prozentiger Arbeitslosigkeit im Durchschnitt eines Jahres gegeben? Wann ist Wirtschaftswachstum »angemessen«? Unter welchen Umständen liegt eine Störung des gesamtwirtschaftlichen Gleichgewichts vor, was mehrfach als Vorbedingung für einschlägige Maßnahmen im Gesetz genannt wird? Auf Grund dieser Unbestimmtheit bleibt ein großer Ermessensspielraum für die Anwendung des Gesetzes, was auch seine Vorteile hat. Aber die Anwendung des Gesetzes bleibt damit eine Kunst, die Intuition verlangt. [...] Ist bei der Unbestimmtheit der Begriffe damit zu rechnen, dass auch die unangenehmen Maßnahmen zur rechten Zeit ergriffen werden? Demgemäß ist die Frage der sinnvollen Anwendung des Gesetzes nicht nur eine Frage der Intuition, sondern auch eine Frage des Charakters, insbesondere auch der souveränen Haltung gegenüber den Wählerwünschen, an der es in den letzten Jahren gefehlt hat.«[225]

Zum modernen Bild des Staats als aktiven Wirtschaftsgestalter schien auch die Verschuldungsschranke aus Weimarer Zeiten, die ihren Weg ins deutsche Grundgesetz gefunden hatte, nicht mehr zu passen.[226] Die Neufassung vom 12. Mai 1969 änderte die Schuldenpolitik mindestens in dreifacher Hinsicht. Bund und Länder sollten von nun ab bei ihrer Haushaltswirtschaft den »Erfordernissen des gesamtwirtschaftlichen Gleichgewichts« Rechnung tragen (Art. 109 Grundgesetz). Staatliche Ausgabenpolitik sollte Konjunkturausschläge nach oben oder unten abfedern. So sollte den als Schwankungen um den Wachstumspfad verstandenen Konjunkturausschlägen die Spitze genommen werden.

Außerdem erhielt der Bund in Artikel 115 mehr Spielraum für die Kreditaufnahme. Kreditaufnahme wurde losgelöst von spezifischen wirtschaftlichen Einzelaktivitäten des Staats. Kredite sind einfach bis zur Höhe der im Haushaltsplan veranschlagten Ausgaben für Investitionen erlaubt. Die Summe der Investitionen ergab sich dabei als Gesamtsumme bestimmter Ausgabenkategorien. Zur »Abwehr einer Störung des gesamtwirtschaftlichen Gleichgewichts« konnte der Staat diese Grenze überschreiten. Außerdem konnte der Bund per Gesetz sogenannte Sondervermögen schaffen, die eine noch weniger reglementierte Spielwiese der Haushaltspolitik bilden.

Schon Zeitgenossen haben die Unschärfe der Vorschriften und Begriffe kritisiert. Insbesondere der Begriff des »gesamtwirtschaftlichen Gleichgewichts« und einer »Störung« desselben hat den Zeitgenossen Kopfzerbrechen bereitet und sollte Verfassungsrechtler und die Gerichte noch ausführlicher beschäftigen.[227]

Der Staatsrechtler Wolfram Höfling resümiert die Geschichte

der Reform des Haushaltsrechts von 1967 und ihre Diskussion entsprechend kritisch. Die Geschichte der Staatsschuldenpolitik sei »zugleich die Geschichte der Entgrenzung der Staatsschuldenpolitik«:

»Die Reformdiskussion rückte die effektive Einbindung der staatlichen Kreditaufnahme in eine umfassende Konjunktur- und Stabilitätspolitik so sehr in den Vordergrund, daß ganz automatisch die überkommene Begrenzungsfunktion der Verfassungsregeln über den Staatskredit zu einem – teilweise nur noch als lästig empfundenen – Sekundärthema denaturierte.«[228]

Durch die neuen Regeln wurde das Gesamtvolumen der Neuverschuldung durch die Notwendigkeiten der allgemeinen Konjunktur- und Wachstumspolitik bestimmt. Das Haushaltsrecht ordnete sich dem »Sog des Interventionismus« und den Bedürfnissen einer »Globalsteuerung« wirtschaftlicher Aktivität unter.[229]

Sind die neuen Regeln nun verantwortlich für die zunehmende Nutzung von Krediten zur Finanzierung staatlicher Aktivität in Deutschland? Hat die Verfassungsänderung diese Politik geformt? Oder wurde die Verfassung geändert, weil man eine andere, kreditfinanzierte Politik verfolgen wollte? Die Verfassungsänderung selbst war jedenfalls Ausdruck einer veränderten Einstellung entscheidender wirtschaftspolitischer Kräfte, aber Ursache und Wirkung sind kaum zuzuordnen.

Die Finanzreform des Jahres 1969 muss man nicht unbedingt als eine Entgrenzung der Staatsverschuldung interpretieren. Man kann sie auch streng als die Unterordnung der Haushaltspolitik unter die allgemeine Wirtschaftspolitik verstehen.[230] Dann bestimmen die konjunkturpolitischen und wachstumspolitischen Notwendigkeiten den Grad der Neuverschuldung. In wirtschaftlich schlechten Jahren mögen diese Notwendigkeiten dann eine hohe Nettoneuverschuldung erfordern, die eventuell sogar oberhalb der staatlichen Investitionen liegen kann. In Boomjahren können aber auch eine Nettokreditaufnahme von null oder Haushaltsüberschüsse erforderlich sein. Leider wurde diese wohlwollende Interpretation der Schuldenregeln, die eine in beide Richtungen aktive Wirtschaftspolitik vorsieht, von der Verfassungswirklichkeit nicht ausgefüllt.

Ein praktisches Beispiel dafür ist die Auseinandersetzung um die Frage, ob die erhebliche Neuverschuldung des Jahres 1981 unter dem SPD-Finanzminister Hans Matthöfer verfassungskonform war. Es handelte sich um Kredite in Höhe von umgerechnet rund 17 Milliarden Euro, gemessen am damaligen Volkseinkommen von 826 Milliarden Euro entsprach das einem Defizit von zwei Prozent. Aus heutiger Sicht wäre das ein Betrag, den sich jeder Finanzminister als Ausweis relativ solider Haushaltspolitik ans Revers heften würde, aber damals war es eine nicht ganz unerhebliche Summe. Die politische Opposition zog daher vor das Bundesverfassungsgericht. Das Gericht urteilte fast acht Jahre später, am 18. April 1989.[231] Es bestätigte, dass die neuen Schulden verfassungskonform waren.

Das Gericht hat das Urteil aber genutzt, zukünftigen Regierungen einige Prüfaufträge und Weisungen zur Staatsverschuldung mit auf den Weg zu geben. Wenn die Regierung sich fortan auf den Sachverhalt einer gesamtwirtschaftlichen Gleichgewichtsstörung berufen wollte, um in einem Jahr besonders hohe Schulden machen zu können, dann musste sie bestimmten Erklärungspflichten nachkommen. Sie musste im Gesetzgebungsverfahren erklären, worin das drohende Ungleichgewicht besteht, beziehungsweise weshalb sie glaubt, dass die hohen Schulden dazu geeignet sind, dieser Bedrohung zu begegnen. In der Regierungspraxis ist es jedoch nicht besonders schwierig, derartige Erklärungen zu finden.

Bilanzkosmetik durch Sondervermögen

Für den eher kreativen Umgang der Bundesregierungen mit den Verfassungsprinzipien zur Verschuldung gibt es ein weiteres Indiz. Mit der Schaffung von sogenannten »Sondervermögen« haben sie Schulden am regulären Haushalt vorbei gemacht. Der Begriff beschönigt den Sachverhalt. Staatliche Sondervermögen sind in der Regel das Gegenteil dessen, was man landläufig unter Vermögen versteht. »Sonderschulden« wäre in vielen Fällen der treffendere Ausdruck. Es geht dabei oft um künftige Verbindlichkeiten oder Kreditaufnahmen, die kurzfristig aus dem laufenden Budget herausgenommen und großenteils erst später in den Haushalt überführt werden.

Der Bonner Grundgesetzkommentar zum Artikel 115 nennt eine ganze Reihe von Sondervermögen, darunter das *ERP-Sondervermögen, den Ausgleichsfonds für überregionale Vorhaben zur Teilhabe schwerbehinderter Menschen am Arbeitsleben, das Bundeseisenbahnvermögen, den Erblastentilgungsfonds, den Entschädigungsfonds, den Fonds zur Förderung von wirtschaftlichen, sozialen und kulturellen Zwecken in dem in Artikel 3 des Einigungsvertrags genannten Gebiet, die Versorgungsrücklage des Bundes, das Sondervermögen »Deutscher Binnenschifffahrtsfonds, den Fonds nach § 1 Abs. 1 des Gesetzes über eine finanzielle Hilfe für Doping-Opfer der DDR, den nationalen Solidaritätsfonds Aufbauhilfe, das Sondervermögen »Ufi-Abwicklungserlös«, den Klärschlamm-Entschädigungsfonds oder das Sondervermögen Deutsche Bundespost.*[232]

Eines der vom Umfang her größten »Sondervermögen« ist der *Erblastentilgungsfonds*. In ihm wurden 1995 die Altschulden der DDR (aus dem »Kreditabwicklungsfonds«), die Finanzschulden der Treuhandanstalt (aus dem »Fonds Deutsche Einheit«), die Altschulden der ostdeutschen Wohnungswirtschaft und Altschulden gesellschaftlicher Einrichtungen zu einem Anfangsschuldenstand von über 170 Milliarden Euro zusammengefasst.[233]

Der Verschuldungsverlauf nach 1969

Tatsächlich bekam die Verschuldung nach dem Regierungswechsel von einer Großen Koalition zu einer SPD-geführten Regierung 1969 eine völlig neue Dimension. Es begann der Aufbruch ins Uferlose. Die Kanzler Willy Brandt und vor allem Helmut Schmidt schienen den öffentlichen Kredit nicht mehr allein als Instrument zur Glättung von Konjunkturzyklen, sondern als legitimes Finanzierungsmittel zu betrachten. Die Schulden wuchsen deutlich schneller als die Wirtschaft. In nur 13 Jahren schnellten die Verbindlichkeiten des Bundes von umgerechnet 31 auf 160 Milliarden Euro nach oben. In der achtjährigen Amtszeit von Helmut Schmidt vervierfachten sich die Schulden. Länder und Kommunen standen dem kaum nach. So wuchs die Schuldenquote Deutschlands von knapp 20 Prozent des Bruttoinlandsprodukts im Jahr 1969 auf 41 Prozent im Jahr 1982. Mit den Krediten stiegen auch die Zinslasten gewaltig. In den Sechzigern noch eine Minigröße im Bundeshaushalt, erreichte die Quote in den Achtzigern bereits einen zweistelligen Anteil.

Neben dem Wandel in den Grundanschauungen zur staatlichen Gestaltung des Wirtschaftswachstums und der Verfassungsreform spielten jedoch noch andere Faktoren eine Rolle. Im Gefolge des israelisch-arabischen Kriegs kam es Anfang der siebziger Jahre zum Ölboykott. Zwischen März 1973 und Januar 1974 schoss daraufhin der Preis des wichtigsten Energieträgers in die Höhe. Die sogenannte erste Ölkrise führte zur zweiten Rezession der Nachkriegsgeschichte. Im Jahr 1975 erreichte die Neuverschuldung daraufhin mit 54 Milliarden D-Mark einen neuen Rekord.[234] Der Einsatz der neuen Instrumente der »Globalsteuerung« führte die Wirtschaft jedoch nicht erkennbar zurück auf den Wachstumspfad der fünfziger Jahre. Vielmehr schuf die Zeit das Wort »Stagflation« zur Beschreibung der damaligen Situation mit geringer wirtschaftlicher Dynamik (Stagnation) und vergleichsweise hohen Preissteigerungsraten (Inflation).

Der iranischen Revolution folgte 1979 eine zweite Ölkrise, die mit einer Preisverdoppelung beim Schwarzen Gold die wirtschaftliche Dynamik in den frühen achtziger Jahren bremste. Wie bereits sechs Jahre zuvor versuchte die Politik, mit einem kreditfinanzierten Konjunkturpaket dem Einbruch zu begegnen. Auch Verteilungsfragen spielten dabei eine Rolle, etwa bei der Steuerreform von 1974/75, die insbesondere die unteren Einkommensbezieher um 13 Milliarden D-Mark entlastete. Zwar wurde der Spitzensteuersatz erhöht, aber die SPD konnte beim Koalitionspartner FDP keine Gegenfinanzierung der gesamten Reform durch die Bessersituierten durchsetzen, so dass ein Großteil auf Pump finanziert werden musste. Die knappen Mehrheitsverhältnisse der rot-gelben Koalition haben deren fiskalische Solidität nicht gerade gestärkt.[235]

Seit den Siebzigern war die Wirtschaftswunderzeit also vorbei.

Auch zahlreiche staatliche Konjunkturprogramme, großenteils finanziert durch neue Schulden, konnten das Wachstumswunder nicht wiederbeleben. Mit jedem weiteren Konjunkturpaket sank die Hoffnung, mit Hilfe der Staatsfinanzen wieder auf einen dynamischen Wachstumspfad zu gelangen. Noch nicht einmal das konjunkturelle Auf und Ab ließ sich durch einen steuernden Staat verlässlich bändigen.

Langsam wich der Politikoptimismus einem allgemeinen Staatsskeptizismus. Der Staat wurde zunehmend als Problem statt als Problemlöser gesehen. Wahlen gewannen oft jene, die weniger Staat forderten, wie Margaret Thatcher 1979 in Großbritannien oder Ronald Reagan 1981 in den USA. Reagan fasste die neue Ideologie so zusammen: »Die neun entsetzlichsten Wörter der englischen Sprache sind: ›I'm from the government and I'm here to help.‹ « (Ich komme von der Regierung, um zu helfen).[236]

Auch in Deutschland verschoben sich die Gewichte in der Wirtschaftspolitik: Anstatt der Globalsteuerung der Nachfrageseite war zunehmend die Verbesserung der Rahmenbedingungen für die Angebotsseite, also die Unternehmen, angesagt. Das sogenannte Lambsdorff-Papier, das ganz dem Zeitgeist folgend die Rücknahme staatlicher Sozialleistungen auf der einen und niedrigere Unternehmenssteuern auf der anderen Seite forderte, war wohl mitverantwortlich für das Zerbrechen der sozialliberalen Koalition im Herbst 1982.

Tatsächlich brachte dieser Machtwechsel zunächst eine Stabilisierung des Schuldenstands bei etwas über 40 Prozent, aber die grundsätzliche Schuldenpolitik fand mit dieser Periode keinen Abschluss, sondern eine Fortsetzung aus anderen Anlässen. Einer davon war der enorme Finanzierungsbedarf in Folge der deutschen Wiedervereinigung. Zentral war die Entscheidung, die Wiedervereinigung durch Kredite statt durch Steuern zu finanzieren. So schnellte die Schuldenquote von rund 40,4 Prozent im Jahr 1991 auf 58,4 Prozent im Jahr 1996.[237]

Nun mag die deutsche Wiedervereinigung nach dem Niedergang der DDR als Ausnahmeereignis einen Anstieg der Staatsverschuldung am ehesten rechtfertigen. Doch war auch das nicht der letzte Gipfel des deutschen Schuldenpfades. Die Rezession nach dem Platzen der Internetblase im Jahr 2001 leitete eine weitere größere Kreditrunde mit einem Anstieg der Schuldenquote bis zu 67,8 Prozent der Wirtschaftsleistung im Jahr 2005 ein.

Zuletzt waren die Finanzmarktturbulenzen im Herbst 2008 in Verbindung mit einem massiven Einbruch der Weltwirtschaft für die Politik ein Anlass, den Schuldenberg auf über 70 Prozent des BIP zu erhöhen. Im Januar 2010 wurde ein Bundeshaushalt verabschiedet, der zu mehr als einem Viertel durch neue Schulden finanziert war.[238] Und darauf folgten die schon beschriebenen Entwicklungen im Zusammenhang mit der Europäischen Schuldenkrise.

Seit der Neufassung des Artikels 115 im Grundgesetz im Jahr 1969 verstießen die insgesamt zwölf Finanzminister von SPD, CDU oder CSU immer wieder gegen den Grundsatz, dass die Neuverschuldung im Normalfall die Summe der öffentlichen Investitionen nicht übersteigen darf. Besonders leger wurde seit der Jahrtausendwende mit dem Grundsatz umgegangen. In sieben von elf Jahren lag die Nettokreditaufnahme seitdem über den Investitionsausgaben. Weitet man den Zeitraum bis 1990 zurück aus, kommen noch weitere vier fragwürdige Jahre hinzu.

Zugegeben, das neue Millennium bescherte der Ökonomie gleich zwei schwere Rezessionen – eine davon fiel mit einem Minus von fünf Prozent im Jahr 2009 besonders markant aus. Dennoch wurde beim Haushalten allzu oft die vage definierte Ausnahmeklausel zur Abwehr einer Störung des gesamtwirtschaftlichen Gleichgewichts bemüht, die allein einen Verstoß gegen den »Verschuldungs«-Artikel 115 des Grundgesetzes rechtfertigt. Im Jahr 2006 etwa konnte bei einem Wirtschaftswachstum von 2,9 Prozent von Wachstumsschwäche und konjunktureller Krise nicht die Rede sein.[239] Dennoch war die Neuverschuldung höher als die öffentlichen Investitionen. Die »Fünf Weisen«, also der Sachverständigenrat zur Begutachtung der gesamtwirtschaftlichen Lage der Bundesrepublik, sahen daher im Haushalt 2006 einen »klaren Verstoß gegen die Verfassung«.[240]

Der Bundeshaushalt hat ein strukturelles Grundproblem. Über die Jahre haben sich Budgetausgaben für Soziales verfestigt. So sind Strukturen entstanden, aus denen kaum ein Finanzminister ausbrechen kann. Viele Budgetposten – wie etwa die Zahlungen von Hartz IV – knüpfen an gesetzliche Ansprüche an und sind damit weitgehend unveränderlich. Der Etat für Arbeit und Soziales sowie Gesundheit und Familie macht inzwischen knapp die Hälfte des Bundeshaushalts aus. Zusammen mit der Zinslast aus den Billionenschulden, die im Haushalt trotz historisch niedriger Zinsen über zwölf Prozent des Etats verschlingen, sind knapp zwei Drittel der Gesamtausgaben weitgehend gebunden.[241]

Hinzu kommen die unverrückbaren Betriebskosten des Bundes. Einschnitte im Sozialetat oder eine Kürzung der Rentenzuschüsse scheinen sich in Zeiten, in denen viele Bundesbürger ohnehin den Glauben an eine gerechte Gesellschaft verloren haben, zu verbieten.[242] Der ehemalige Finanzminister Peer Steinbrück hat angesichts des mangelnden Handlungsspielraums oft über die »Verkarstung« des Haushalts geklagt.

Gibt es einen Ausweg aus dieser Situation? Staatsschulden sind schließlich keine Erfindung der jüngeren Vergangenheit. Ein weiter Blick zurück auf die ältere deutsche Verschuldungsgeschichte legt nahe, dass die deutsche Finanzpolitik in mehr oder weniger regelmäßigen Abständen einen Neustart benötigte – mit entsprechenden Kosten für die Bürger.

Wie Abbildung 15 zeigt, ist der öffentliche Kredit offenbar ein Instrument der Finanzpolitik und ganz sicher keine Ausnahmeerscheinung für schlechte Zeiten. Fraglos ist in Kriegszeiten die Verschuldung überall auf der Welt gewaltig gewachsen. Aber die Zeit nach 1950 hat auch gezeigt, dass es keiner Weltkriege bedarf, um die öffentlichen Haushalte an den Rand des Abgrunds zu bringen.

Regierungen sollten vielleicht häufiger einmal den Rat bei der »schwäbischen Hausfrau« suchen, die Angela Merkel auf dem Höhepunkt der Finanzkrise im Winter 2008 als Rollenmodell in die politische Debatte einbrachte. »Man hätte einfach nur die schwäbische Hausfrau fragen sollen«, riet Merkel damals in einer Rede auf dem CDU-Parteitag in Stuttgart. »Sie hätte uns eine Lebensweisheit gesagt: Man kann nicht auf Dauer über seine Verhältnisse leben.«[243]

Warum auch Maastricht nicht hilft

Nach der Verfassungsänderung von 1969 war der Abschluss des Vertrags über die Europäische Union in Maastricht 1992 (»Vertrag von Maastricht«) in Verbindung mit der späteren Verabschiedung des Europäischen Stabilitäts- und Wachstumspakts die nächste große Zäsur für die deutsche Finanzpolitik. Aus dieser Zeit stammt der heutige Artikel 126 AEUV, der bereits in Kapitel 3 beschrieben wurde. Er nennt zwei wichtige Referenzwerte für die Haushaltspolitik. Danach soll die angesammelte Staatsschuld einen Anteil von 60 Prozent des Bruttoinlandsprodukts nicht übersteigen, und wo sie es tut, soll sich die Schuldenquote über die Zeit in Richtung auf den Referenzwert von 60 Prozent zurückbewegen. Zweitens soll die Summe der Neuverschuldung eines Jahres als Anteil am Bruttoinlandsprodukt des Staats den Referenzwert von drei Prozent nicht überschreiten. Für die Wirksamkeit der Verschuldungsgrenzen ist diese zweite Kennziffer von größerer Bedeutung. Zeitweilige begründete Ausnahmen sind erlaubt. Als Begründung

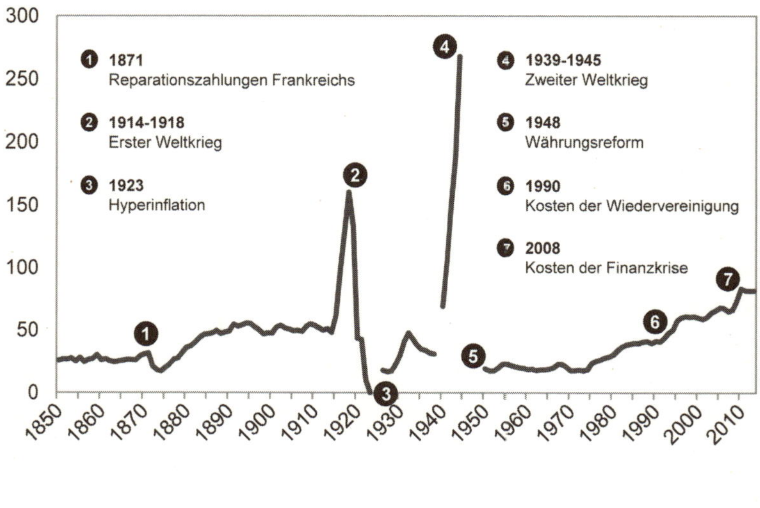

Abb. 15: Deutsche Staatsschulden (in Prozent des Bruttoinlandsprodukts)
Quelle: Richard Syllas Datenbank

dienen »außergewöhnliche Ereignisse«, die sich der Kontrolle des betreffenden Staats entziehen. Gemeint sind beispielsweise Naturkatastrophen, die kurzfristig erheblichen öffentlichen Finanzbedarf auslösen, aber auch schwere wirtschaftliche Krisen.

Dieses Regelwerk stand unabhängig neben den diskutierten Regelungen des Grundgesetzes (Artikel 109 und 115).[244] Formal zielen die Verschuldungsbeschränkungen aus dem Vertrag von Maastricht nicht auf den Bundeshaushalt im engeren Sinne ab, sondern vielmehr auf die Schulden des ganzen öffentlichen Sektors. Die Europäischen Verschuldungsregeln beziehen dadurch nicht nur Schulden der Sozialversicherung mit ein, sondern auch die Verschuldung von Ländern und Kommunen. Auch die Größen, die als Vergleichsmaßstäbe zur Beurteilung herangezogen werden, im Grundgesetz die Bruttoinvestitionen und im EU-Vertrag das Bruttoinlandsprodukt, sind voneinander unabhängig.

Ein Konflikt kann trotzdem auftreten. Zum einen könnte eine Bundesregierung einmal zu der Überzeugung gelangen, dass die den Anforderungen der allgemeinen Konjunktur- und Wachstumspolitik entsprechende Neuverschuldung so hoch sein muss, dass sie im Widerspruch steht mit dem Referenzwert von drei Prozent aus dem Maastricht-Vertrag. Dann müssten im Grunde zwei Rechtsvorschriften mit Verfassungsrang gegeneinander abgewogen werden.

Zum zweiten wurde mit dem EU-Vertrag eine Schuldengrenze für den Gesamtstaat festgelegt. Es blieb dabei offen, wie die Einhaltung dieser Vorschriften im politischen Prozess der nationalstaatlichen Ebene durchgesetzt wird, wie also zum Beispiel föderale Staaten wie Deutschland die Verschuldung der verschiedenen Gebietskörperschaften untereinander koordinieren. Die Aufteilung der möglichen Neuverschuldung von bis zu drei Prozent auf Bund, Länder und Gemeinden war nicht geregelt.

Ungeklärt war auch die Frage der Verantwortlichkeit gegenüber der EU, falls es dem Gesamtstaat nicht gelingt, das Schuldenziel einzuhalten. Damit drohte Deutschland im Falle fiskalischer Verstöße in letzter Konsequenz eine Milliardenstrafe. Wer müsste gegebenenfalls diese Milliarden zahlen? Der Bund oder einzelne Länder? Diese Frage war lange weitgehend ungeklärt. Gegenüber der EU für Verfehlungen geradestehen musste der Bund, obwohl er die Länderverschuldung nicht beeinflussen konnte. Erst im Zuge der Reformen der Föderalismuskommission, auf die wir unten genauer eingehen, wurde dieses Problem in Deutschland gemindert.

Föderalismusreform I

Im Rahmen einer Neufassung des Artikels 109 Grundgesetz im Jahr 2006 verpflichteten sich Bund und Länder gemeinsam auf die Einhaltung des EU-Vertrags und teilten sich fortan mögliche Strafzahlungen aus der Verletzung des Stabilitätspakts im Verhältnis 65 zu 35 (Bund/Länder). Für die weitere Zurechnung des Länderanteils auf einzelne Länder sollte ein Einwohnerschlüssel in Verbindung mit dem Verursachungsprinzip zur Anwendung kommen. Wenn Deutschland also den Referenzwert der zulässigen Neuverschuldung übertrifft, lässt sich wenigstens feststellen, ob das stärker durch die Neuschulden des Bundes oder der Gemeinschaft der Länder verursacht ist. Auch für die Zuweisung möglicher Strafzahlungen im Rahmen des Stabilitätspakts wird von dieser Verantwortlichkeit ausgegangen.

Die Fehlanreize werden durch dieses Verfahren gemindert, aber keinesfalls beseitigt. Verschuldet sich beispielsweise das Land Berlin in einem Jahr besonders hoch und deutlich stärker als die anderen Länder und der Bund, und kommt es in der Folge zu einem Defizitverfahren und Strafen, dann ist das Land Berlin von diesen Strafen nur mit einem Bruchteil betroffen, selbst wenn seine Kreditpolitik am Ende für die Verletzung des Stabilitätspakts ausschlaggebend ist.

Was bringt die Verfassungsreform von 2009?

Die Schieflage in den öffentlichen Haushalten ist in den vergangenen zehn Jahren stärker ins öffentliche Bewusstsein gerückt. Anzeichen für die Reformbedürftigkeit der deutschen Finanzverfassung gab es viele. Das Land Berlin wollte finanzielle Hilfen seitens des Bundes wegen seiner vermeintlich extremen Haushaltsnotlage beim Bundesverfassungsgericht erklagen – und hat verloren. Die Bundesländer Bremen und das Saarland hatten bereits viel früher beim Bundesverfassungsgericht mit ähnlicher Begründung geklagt und nach dem Urteil vom 27. Mai 1992 Bundeshilfen in Milliardenhöhe erhalten. Das sich daraus entwickelnde Saarland-Bremen-Syndrom wurde in Kapitel 7 beschrieben. Auch der blaue Brief aus Brüssel und das später gegen Deutschland eröffnete Defizitverfahren wegen der jahrelangen Überschreitung des Referenzwerts von drei Prozent war ein klares Symptom dafür, dass mit der deutschen Finanzverfassung etwas im Argen lag.

Dieses öffentliche Bewusstsein mag eine der entscheidenden Ursachen gewesen sein, warum nach der ersten Föderalismusreform eine weitere Kommission des Bundestags und des Bundesrats ins Leben gerufen wurde, die als Föderalismuskommission II am 8. März 2007 ihre Arbeit aufnahm. Sie sollte Wege finden, um Haushaltskrisen in Zukunft vorzubeugen. Dafür mussten die fiskalischen Zuständigkeiten zwischen Bund und Ländern klarer definiert werden. Dazu gehört auch eine größere steuerpolitische Autonomie der Länder. Herausgekommen ist eine Verfassungsreform, deren wahrscheinlich wichtigster Bestandteil die Veränderung der Verschuldungsregeln von Bund und Ländern ist. In der Präambel des Gesetzentwurfs heißt es:

> »Ziel der Grundgesetzänderungen im Bereich der Finanzverfassung ist es, im Einklang mit den Vorgaben des reformierten europäischen Stabilitäts- und Wachstumspaktes die institutionellen Voraussetzungen für die Sicherung einer langfristigen Tragfähigkeit der Haushalte von Bund und Ländern zu verbessern.«

Umgesetzt wurde dieses Ziel durch Veränderungen der Artikel 109 und 115 des Grundgesetzes sowie die Hinzufügung von Artikel 109a. Artikel 109 hatte seit der Änderung 1969 das Haushaltsrecht im Kern den gesamtwirtschaftlichen Erfordernissen untergeordnet. In der neuen Fassung bleiben die Erfordernisse des gesamtwirtschaftlichen Gleichgewichts weiterhin relevant. Hinzu tritt eine gemeinschaftliche Verpflichtung von Bund und Ländern, die Defizitvorschriften des EU-Vertrags einzuhalten.

Wichtiger noch ist die ausdrückliche Verpflichtung von Bund und Ländern, die Haushalte »grundsätzlich« ohne Einnahmen aus Krediten auszugleichen. Die Budgets dürfen dabei im Konjunkturzyklus atmen: Ein Ausgleichskonto soll über die Zeit Defizite und Überschüsse protokollieren. Dieses Konto soll dafür sorgen, dass sich das konjunkturelle Atmen nicht wie in den vergangenen Jahrzehnten nur auf das »Einatmen« von zusätzlichen Krediten in Abschwungphasen beschränkt. In den Aufschwungphasen sollen Bund und Länder nicht einfach die Luft anhalten, sondern Schulden abbauen.

Ausnahmeregelungen sind vorgesehen für »Naturkatastrophen oder außergewöhnliche Notsituationen, die sich der Kontrolle des Staates entziehen und die staatliche Finanzlage erheblich beeinträchtigen«. Um diese Vorschriften justiziabel zu machen, sieht der neue Artikel 109a einen Stabilitätsrat als gemeinsames Gremium vor. Der Stabilitätsrat soll drohende Haushaltsnotlagen frühzeitig aufdecken und gegebenenfalls Sanierungsprogramme vorschlagen. In Artikel 115 werden die haushaltswirtschaftlichen Grundsätze für den Bund weiter konkretisiert. Der Grundsatz des Haushaltsausgleichs ohne Kredite wird hier gleich ein wenig relativiert: Dieser Zustand gilt als erreicht, »wenn die Einnahmen aus Krediten 0,35 von Hundert im Verhältnis zum nominalen Bruttoinlandsprodukt nicht überschreiten.«

Diese neuen Verschuldungsregeln gelten für den Bund ab dem Haushaltsjahr 2016. Sie bedeuten bei einer angenommenen Wachstumsrate von nominal drei Prozent pro Jahr, dass die Neuverschuldung des Bundes im Jahr 2016 noch rund zehn Milliarden Euro betragen darf, wenn keine konjunkturelle Schieflage vorliegt. Für die Jahre bis 2016 spezifiziert Artikel 143d Übergangsregeln und macht Vorgaben für den ambitionierten Konsolidierungspfad, auf dem der Bund zu einem annähernd ausgeglichenen Haushalt 2016 gelangen soll. In den Jahren ab 2011 sollen die Defizite ausgehend von der im Jahr 2010 bestehenden Situation in praktisch gleichen Schritten bis hin zu einem annähernd ausgeglichenen Haushalt abgebaut werden. Je nach wirtschaftlicher Entwicklung und den Fährnissen der europäischen Schuldenkrise ist das eine Herkulesaufgabe.[245] Ähnliches gilt für die Haushalte der Länder. Für sie gilt das veränderte Haushaltsrecht ab dem Jahr 2020.

Man mag dem ehemaligen Finanzsenator von Berlin, Thilo Sarrazin, folgen und der Tatsache, dass das Prinzip des defizitfreien Staatshaushalts nun Verfassungsrang hat, Einfluss zumessen. Vom Text der Verfassung geht mitunter eine normbildende Kraft aus. Ist die Ächtung von immer stärker schuldenbasierten Staatsfinanzen in den Köpfen der Politik und der Wähler erst einmal verankert, besteht die Chance, dass sich die Haushaltspolitik in Deutschland wirklich verändert. Und auch Bundesfinanzminister Wolfgang Schäuble hat die Verfassungsrang genießende Schuldenbremse einmal als seine beste Verbündete bei der Konsolidierung des Bundeshaushaltes bezeichnet. Schäuble hält sie beim Schuldenabbau für ähnlich wirkmächtig wie es die Arbeit der politisch unabhängigen Notenbank für die Gewährleistung der Preisstabilität ist. Sowohl Schuldenbremse als auch die politisch unabhängige Notenbank fußen auf einer ähnlichen Prämisse: Demokratisch legitimierte Mehrheiten könnten nicht nachhaltig wirtschaften. Um ein Übermaß an Schulden und Inflation zu vermeiden, müssen Geld- und Fiskalpolitik in gewisser Weise dem demokratischen Prozess entzogen werden. Angeblich, so sagt man Schäuble nach, hätte er ohne die Verfassungsänderung das Amt des Finanzministers im Oktober 2009 gar nicht angetreten.[246]

Andere Experten sind da weit weniger optimistisch. Sie versprechen sich von den konkreten Verfahrensregeln der neuen Verfassungsartikel verhältnismäßig wenig. Stefan Korioth, Professor für öffentliches Recht in München, kritisiert die im Verfassungsrecht unübliche Regelungstiefe in den neuen Artikeln ebenso wie die zeitliche Distanz zwischen Verfassungsänderung und dem Zeitpunkt, zu dem die neuen Regelungen gelten sollen:

> »Noch unverständlicher wird das Ganze, wenn berücksichtigt wird, dass gerade diejenigen Politiker, die nicht die Kraft aufbringen, die bislang geltenden Kreditlimitierungen einzuhalten, neue Regeln für zukünftige (Politiker) Generationen erlassen. Die zeitliche Suspendierung ist so weitgehend, dass sogar eine Änderung der Normen vor ihrem Inkrafttreten nicht ausgeschlossen erscheint.«[247]

Der neue Artikel 115 mag im Vergleich zur alten Version restriktiver gefasst sein. Richtig justiziabel erscheint er nicht. Wer wird bei einer Regelverletzung klagen? Und wer kann am Ende wirksame Sanktionen aussprechen und durchsetzen? Regierung und Parlament dürften sie nicht wirklich einengen. In der Vergangenheit wurden schon häufiger Haushalte als verfassungswidrig eingestuft; ohne größere Konsequenzen. Der Stabilitätsrat wiederum scheint die Fehler des ursprünglichen europäischen Stabilitäts- und Wachstumspaktes zu wiederholen. Das Gremium besteht überwiegend aus den Finanzministern der Länder und des Bundes, und seine Beschlüsse sind für die betroffenen Länder oder den Bund nicht verbindlich. Wenn aber weder Stabilitätsrat noch Verfassungsgericht im Zweifelsfall eine übermäßige Verschuldung bremsen können, verwundert es nicht weiter, wenn politische Beobachter die deutsche Schuldenbremse mal als »Bremse ohne Bremser« charakterisiert haben.[248]

Angesichts der Staatsschuldenkrise Griechenlands, die sich zu einer Schuldenkrise des gesamten Euroraums ausgeweitet hat, und der problemträchtigen demographischen Entwicklung Deutschlands sind Abweichungen vom in der Verfassung formulierten Konsolidierungsziel programmiert. Es wird spannend zu sehen, wie Politik und Justiz mit Zielabweichungen umgehen werden und das nicht nur hierzulande. Auf Drängen Deutschlands sollen auch andere Mitgliedsstaaten vergleichbare »Schuldenbremsen« umsetzen.

13. Dem Staat Geld leihen – warum?

Das Bundesministerium der Finanzen unterhält eine Internetseite, die als Unterrichtsmaterial für die 10. Klasse gedacht ist.[249] Darin heißt es:

> »**Dem Staat Geld leihen – warum?** Deutschland ist hoch verschuldet. Besteht da nicht die Gefahr, dass das Geld der Privatanleger verloren geht? Diese Frage kann mit »Nein« beantwortet werden, denn die Bundesrepublik Deutschland ist einer der sichersten Schuldner der Welt. Ihr wird von internationalen Rating-Agenturen (Unternehmen, welche die Kreditwürdigkeit von Firmen und Staaten bewerten) regelmäßig die höchstmögliche Kreditwürdigkeit zuerkannt. Auch in Zeiten der Wirtschaftskrise können die Anleger darauf vertrauen, dass ihr eingesetztes Kapital erhalten bleibt. Bei Wertpapieren, die von Unternehmen ausgegeben werden, trägt der Anleger hingegen ein höheres Risiko. Muss ein solches Unternehmen z. B. wegen einer schlechten Entwicklung des Marktes Insolvenz anmelden, erhält der Gläubiger sein Geld aller Wahrscheinlichkeit nach nicht mehr zurück. Aus diesem Grund sind die Zinsen, die auf solche riskanteren Wertpapiere gezahlt werden, auch höher als diejenigen auf Bundesanleihen. Anleger sollten deshalb immer die Verzinsung ebenso wie das Risiko im Auge haben.«

Unseren heranwachsenden Staatsbürgern werden hier zum Thema Staatsschulden also von Expertenseite wichtige Erkenntnisse vermittelt, und etwas Anlageberatung bekommen sie gleich gratis dazu: Es stimme schon, dass der deutsche Staat eine Menge Schulden hat. Aber eine Gefahr, dass das Geld verloren gehen könnte, nein, die gebe es nicht. Denn Deutschland ist ja einer der sichersten Schuldner, nicht wahr? Und das gilt auch und gerade in Zeiten der Wirtschaftskrise. Unternehmen könnten pleitegehen. Natürlich. Und wenn das passiert, dann ist das Geld weg. Das solle man wohl bedenken, wenn man sein Geld verleiht. Wer es wegen ein paar Prozentpunkten höherer Zinsen trotzdem den Unternehmen gibt, der ist eben selbst schuld.

Aber können wir dem Bundesministerium in dieser Angelegenheit vertrauen? Sind Staatsschuldpapiere wirklich sicher? Können Sparer und Investoren darauf vertrauen, dass Deutschland seine Schulden bedient? Wie gut ist die Bonität Deutschlands und wovon hängt sie ab? Ist das nur eine Frage der Zahlungsfähigkeit oder auch eine Frage des Willens, die Schulden zu tilgen?

Die Antworten auf diese Fragen sind viel weniger klar und eindeutig als man glauben mag, und Staaten schneiden dabei als Schuldner nicht besonders gut ab.

Unternehmen und Privatpersonen können pleitegehen. Wenn das passiert, ziehen die Kreditgeber vor Gericht und versuchen, ihre Ansprüche gegenüber dem Schuldner möglichst weit durchzusetzen. Soweit das bankrotte Unternehmen Vermögen hat, wird dieses wohl in die Hände der Kreditgeber übergehen. Noch klarer ist der Fall, wenn der Schuldner für den Kredit Sicherheiten bereitgestellt hat. Typische Beispiele solcher Kredite sind Hypothekenkredite. Dabei überträgt der Schuldner dem Kreditgeber Rechte an einem Haus oder ein Grundstück als Sicherheit. Wenn der Schuldner nicht zahlt, kann der Kreditgeber die Sicherheiten verwerten. Die Immobilie kommt dann unter den Hammer. Aus dem Erlös wird zunächst der Kreditgeber ausgezahlt. Was übrig bleibt, erhält der Schuldner. In Kreditbeziehungen zwischen Privatpersonen kann ein Schuldner, der im Grunde noch über substantielles Vermögen verfügt, in der Regel nicht einfach ungestraft die Rückzahlung seiner Schulden verweigern. Die Gerichte sorgen dafür, dass die Kreditgeber zu ihrem Recht kommen – es sei denn, der Schuldner ist wirklich mittellos.

Staaten sind in einer anderen Situation. Staaten sind souverän. Ein Staat kann beschließen, dass er den Schuldendienst einstellt. Es ist schwierig für die Kreditgeber, vor Gericht zu ziehen und den Staat zur Zahlung zu zwingen, selbst wenn der Staat eigentlich zahlen kann. Welches Gericht wäre wohl zuständig? Und welchen Gerichtsvollzieher könnte man mit der Pfändung beauftragen, wenn man ein Eigentumsrecht gegenüber einem Staat durchsetzen will?

Dabei ist es nicht ganz gleichgültig, ob der Kreditgeber ein Bürger des betreffenden Staats ist oder ein Ausländer. Ein Bürger des zahlungsunwilligen Staats wird sich mit der Zahlungsverweigerung wohl abfinden müssen. Eigentlich ist die Zahlungsverweigerung dann nichts anderes als eine Sondersteuer oder eine Enteignung. Dafür kann ein Staat sogar eine gesetzliche Grundlage schaffen.

Ein Ausländer kann immerhin seine eigene Regierung um Hilfe bitten. Verweigert also ein Staat seinen ausländischen Kreditgebern die Rückzahlung von Krediten, könnten diese Gläubiger ihre Regierung ins Boot holen. Vielleicht schickt die Regierung sogar einige Kanonenboote los oder versucht, auf andere Weise auf den Schuldnerstaat Druck auszuüben. Möglicherweise werden ausländische Besitztümer des zahlungsunwilligen Schuldners beschlagnahmt, etwa ein Flugzeug der entsprechenden staatlichen Fluglinie, das sich auf einem Auslandsflug befindet. Vielleicht ist der Schuldnerstaat dann hinreichend eingeschüchtert und zahlt. Vielleicht aber auch nicht. Im Vergleich mit einer Bank, deren Kunde seinen Hypothekenkredit nicht mehr zahlen kann, stehen die Chancen der ausländischen Kreditgeber jedenfalls weniger gut. So gesehen sind Unternehmen und Privatpersonen eigentlich die besseren Schuldner als Staaten.

Jonathan Eaton und Mark Gersovitz haben im Anschluss an die Weltschuldenkrise der achtziger Jahre des 20. Jahrhunderts die Frage gestellt, weshalb souveräne Staaten überhaupt Kredite erhalten bzw. warum man denn überhaupt darauf hoffen kann, dass ein Staat seine Schulden jemals wieder zurückzahlt. Mit dieser Frage haben sich seitdem viele Wirtschaftswissenschaftler sehr ernsthaft beschäftigt.[250] Und zwar deshalb, weil es zu dieser Frage nur wenige überzeugende Antworten gibt.

Dass ein Staat auf Dauer vom internationalen Kreditmarkt abgeschnitten wird, weil er einmal seine Schulden nicht bezahlt, ist weder eine glaubhafte Bedrohung noch hilft diese Drohung als mögliche Erklärung. Könnte Herr K. sich zehn Millionen leihen und frei entscheiden, ob er den Kredit zurückzahlt, und wäre die einzige negative Konsequenz seiner Zahlungsverweigerung für Herrn K., dass man ihm danach nie wieder zehn Millionen (und ebenso wenig einen niedrigeren Betrag) leihen wird, was würde Herr K. tun? Ist es nicht besser, einmal zehn Millionen einfach so zu bekommen, als im Zeitverlauf immer mal wieder Kredite aufzunehmen und mit Zins und Tilgung zurückzuzahlen? Man mag einwenden, dass Herr K. irgendwann einmal im Regen stehen könnte und dass ihm der Erhalt seiner Kreditwürdigkeit einfach für diesen Fall sehr viel wert sein sollte. Aber erstens lässt sich mit zehn Millionen eine ganz vernünftige Liquiditätsplanung machen, so dass dieser Ernstfall noch unwahrscheinlicher wird. Und zweitens: Würde der Kreditberater von Herrn K. seinem Kunden im Ernstfall wirklich einen Kredit geben, wenn Herr K. ganz tief in finanziellen Schwierigkeiten steckt, nur weil er in der Vergangenheit immer seine Schulden bezahlt hat?

Schulden zahlt man zurück (und das gilt auch für Staaten), wenn man die Konsequenzen fürchtet, die es hat, wenn man nicht bezahlt. Die Ökonomen Ugo Panizza, Federico Sturzenegger und Jeromin Zettelmeyer fassen die wichtigsten Gründe für Staaten zusammen: Staaten haben Anreize ihre Schulden zu bezahlen, wenn sie Reputationsverluste gegenüber dem Ausland fürchten oder bei Zahlungsverweigerung Handelssanktionen drohen. Auch mögliche drohende Gerichtsverfahren gegen den Schuldnerstaat in anderen Ländern können die Zahlungsbereitschaft erhöhen. Ein vielleicht unerwartetes Argument, das sie nennen, hat mit der Bildung von Erwartungen zu tun. Wenn die private Wirtschaft eines Staats die Zahlungsverweigerung als Anzeichen dafür wertet, dass es schlecht um die heimische Wirtschaft steht, gehen von der Zahlungsverweigerung möglicherweise negative Konjunktur- und Wachstumsimpulse im Inland aus.[251]

Je höher die fällige Staatsschuld ist, desto überzeugendere Gründe sind dafür erforderlich, dass ein Staat seine Schulden zurückzahlt.

14. Eine Geschichte der Staatspleiten

Drohende Staatsbankrotte, auch etablierter Nationen, beherrschen seit den Rettungsaktionen um Island, Dubai und Griechenland die Titelseiten in den Medien. Im Internet kletterte das Thema nach oben auf der Agenda. Das lässt sich unter anderem anhand der Auswertung der Suchanfragen bei Google ablesen. Wie aus den Statistiken des Internetgiganten hervorgeht, sucht die breite Öffentlichkeit seit 2008 gezielt nach Informationen zu Staatsbankrotten, nachdem der Begriff zuvor bei den Google-Abfragen keine Rolle gespielt hatte.[252] Dabei gibt es Pleiten von Staaten, Königreichen und Imperien schon so lange, wie sich Machthaber und Regierungen Geld leihen. Kaum eine Nation kann auf eine makellose Schuldenhistorie zurückblicken. Mehr noch: Die Geschichte des Staatsschuldenwesens lässt sich getrost als eine Geschichte von Staatsbankrotten erzählen.[253]

Geldentwertung und Zahlungsausfälle seit der Antike

Bereits in der Antike gerieten Herrscher in Zahlungsverzug oder entledigten sich auf einfallsreiche bis dreiste Weise ihrer Schulden. Der erste aktenkundige Bankrott wird Dionysius von Syrakus zugeschrieben. Der griechische Herrscher, der im fünften Jahrhundert vor Christus (430–367) lebte und den Hellenen das heutige Sizilien vor Karthago rettete, hatte sich von seinen Untertanen große Summen geliehen und dafür Schuldscheine ausgegeben. Als die Wechsel fällig wurden, gab er kurzerhand einen Erlass heraus: Alles im Umlauf befindliche Geld war bei ihm abzuliefern. Wer nicht gehorchte, dem drohte die Todesstrafe. Jede abgelieferte Ein-Drachmen-Münze wurde flugs eingeschmolzen und zu einem Zwei-Drachmen-Geldstück geprägt. Auf diese Weise konnte er dem Volk das abgelieferte Geld zurückzahlen – und gleichzeitig seine Schulden. Der Tyrann von Syrakus darf damit als einer der Väter der Geldentwertung gelten. Seinem Beispiel folgten im Laufe der Jahrhunderte mehr oder weniger offensichtlich viele Staatenlenker.

Ein anderer Weg des Staatsbankrotts ist aus dem vierten Jahrhundert vor Christus überliefert. Zwischen 377 und 373 vor Christus konnten zehn von 13 griechischen Gemeinden des attischen Seebundes ihre Schulden nicht mehr zurückzahlen, die sie beim Delos-Tempel aufgenommen hatten. Zwei Staaten prellten ihren Gläubiger um die komplette Summe, acht beglichen wenigstens noch einen Teil ihrer Verbindlichkeiten.[254]

In der Antike entschuldeten sich die meisten Imperien statt durch Zahlungsverweigerung lieber bequem über die Währungsabwertung.[255] Von den Vorzügen des Papiergelds, das sich einfach nachdrucken lässt, konnte man damals zwar noch nicht profitie-

Abb. 16: Silbergehalt des römischen Denar/Antoninian (in Prozent)
Quelle: Kenneth W. Harl

ren. Doch auch Münzgeld ist billig vermehrbar. Nach dem Ersten Punischen Krieg 241 vor Christus etwa reduzierte Rom den Kupfergehalt seiner Münzen von zwölf Unzen auf zwei. Auf diese Weise konnten die Schulden auf ein Sechstel des Originalwertes gedrückt werden. Da die Gläubiger die Abwertung scheinbar klaglos hinnahmen, wurde nach dem Zweiten und Dritten Punischen Krieg die Währung um noch einmal jeweils 50 Prozent abgewertet, so dass um 146 vor Christus der Kupferanteil einer Geldeinheit gerade noch eine halbe Unze betrug, ein Vierundzwanzigstel des ursprünglichen Wertes.[256]

Unter den römischen Kaisern der Antike verfiel das Münzwesen Roms ein weiteres Mal, wie sich am Silbergehalt des Denar und später des Antoninian in Abbildung 16 ablesen lässt. Die erste Münzverschlechterung setzte Nero im Jahr 64 nach Christus durch. Nachfolgende Kaiser wie Commodus (180) reduzierten den Silberanteil weiter. Besonders die severischen Herrscher hielten wenig von Geldwertstabilität. Unter Septimus Severus, Caracalla, Elagabal und Severus Alexander schrumpfte der Silberanteil pro Denar in den Jahren 193 bis 235 n. Chr. von über 80 auf gut 50 Prozent. Selbst der wiederbelebte Antoninian, der im Jahr 238 den Denar als offizielles Zahlungsmittel ablöste, konnte die römischen Kaiser nicht in ihrem Drang stoppen, ihre Schulden durch das Prägen wertloserer Münzen zu finanzieren, so dass im Jahr 270 der Silberanteil gerade noch 2,5 Prozent ausmachte. Die Periode ging in die Geschichte als Ära der römischen Inflation ein.[257]

In der Zeit zwischen 1258 und 1799 gab es noch mindestens 24 weitere Episoden, in denen Länder entweder den Edelmetallgehalt ihrer Münzen reduzierten oder aber kleinere Geldstücke mit dem gleichen nominalen Wert als Zahlungsmittel herausbrachten.[258] Besonders taten sich hier Frankreich und Spanien hervor, die zusammen fünf Mal abwerteten – um bis zu 56 Prozent innerhalb eines Jahres. Das Vereinigte Königreich inflationierte auf diese Weise zwischen 1260 und 1799 zwei Mal den Pence und in Deutschland werteten die Staaten Bayern-Augsburg und Frankfurt je zwei Mal beim Pfennig ab.

Dem frühen Vorbild des Römischen Reiches folgte auch rund 2000 Jahre später die Weimarer Republik. Der Wert der Reichsmark wurde mit Hilfe der Gelddruckmaschine auf ein Billionstel geschrumpft. Mit einer Mark von 1913 ließen sich zehn Jahre später 1 000 Milliarden Mark kaufen.

Erst mit dem Aufbau eines professionellen Bankwesens und richtiger Anleihemärkte im späten 13. Jahrhundert kam es vermehrt zu »klassischen« Zahlungsausfällen und Umschuldungen der modernen Art. Der in zahlreichen kostspieligen Kriegen ausgetragene Kampf zwischen den großen Monarchien England, Frankreich und Spanien zog etliche Konkurse nach sich. Die Franzosen zum Beispiel wurden zu regelrechten fiskalischen Serientätern. Zwar praktizierten die französischen Monarchen des Öfteren eine »Umschuldung« auf ihre ganz eigene Art und Weise, indem sie die größten Gläubiger einfach exekutierten, doch ein solcher Aderlass, wie diese Form der Entschuldung im Volksmund genannt wurde, reichte nicht immer. Deswegen entledigten sie sich innerhalb von 230 Jahren ganze acht Mal ihrer Schulden mittels Konkurs. Ende des 18. Jahrhunderts vertrat der französische Finanzminister Abbé Terray die Ansicht, dass ein Staat mindestens ein Mal im Jahrhundert pleitegehen müsse, schon allein um in regelmäßigen Abständen ein neues Gleichgewicht herzustellen.[259] Allerdings waren die Ausfälle nicht immer auf eigenes Verschulden zurückzuführen. Als Spaniens König Philipp II. im Jahr 1557 seinen Kapitaldienst einstellte – nicht das letzte Mal in seiner Amtszeit –, zogen die Investoren auch aus anderen Staaten ihre Gelder zurück. Damit konnte der französische König Heinrich II. seine kurzfristigen Schulden nicht mehr refinanzieren und wurde einige Monate später ebenfalls insolvent.

Den Rang als Pleitenrekordhalter konnte Frankreich jedoch im Laufe der Zeit an Spanien abgeben. Allein im 19. Jahrhundert kam es dort zu insgesamt sieben Ausfällen, nachdem die spanische Krone in den davorliegenden drei Jahrhunderten bereits neun Mal die Zahlungen an ihre Gläubiger ganz oder teilweise eingestellt hatte.[260] Es verwundert, warum immer die gleichen vermögenden Anleger, wie beispielsweise die deutschen Fugger, dem Pleitekönig Philipp II. und seinen Nachfolgern erneut Darlehen gegeben haben, trotz der verheerenden Schuldenbiographien. Ein Blick in die Zinsgeschichte liefert hierfür eine Erklärung. Die spanische Krone musste den Anlegern zum Ausgleich für die horrenden Risiken üppige Zinsaufschläge zahlen. Philipp II. hatte jährliche Zinsen von zwölf Prozent zu berappen, das war mehr als das Doppelte, was die Stadt Nürnberg für ihre Ausleihungen bieten musste. Die Aufschläge wären noch höher gewesen, hätte Philipp II. nicht auf Rohstoffeinnahmen aus seinen Kolonien zurückgreifen können. Zudem endeten seine Bankrotte für die Kreditgeber selten mit dem Totalverlust. Unter seinen Nachfolgern nahmen die Ausfälle im 17. Jahrhundert allerdings dramatischere Ausmaße an, und die spanische Krone musste zeitweise einen Zins von 40 Prozent akzeptieren, wohingegen der allgemeine Zinssatz am Markt sieben bis zehn Prozent betrug.[261] Durch die hohen Aufschläge waren Staatsanleihen trotz der zahlreichen Konkurse also für die Geldgeber ein lohnendes Investment.

Mit der Pleitenserie ist Spanien – nicht Griechenland oder Lateinamerika –, bis heute unangefochtener Spitzenreiter in der Geschichte der Staatsbankrotte.[262] Die Vorläuferstaaten Deutschlands schienen dagegen lange Zeit solider zu wirtschaften. Für Preußen ist bis ins 18. Jahrhundert hinein nur ein Staatsbankrott verzeichnet, nämlich im Jahr 1683. Der vermeintlich disziplinierte Eindruck, den diese Region in der Frühen Neuzeit macht, mag seinen Grund auch darin haben, dass die Münzpolitik bis zum Ende des Heiligen Römischen Reichs regional verteilt und dadurch äußerst unübersichtlich war. Nicht nur Könige, sondern unter anderem auch Herzöge und Bischöfe hatten das Recht, Münzen zu prägen, wovon sie gerne Gebrauch machten. Dass sie durch schleichende Münzverschlechterung ihre Schulden leicht loswerden konnten, bemerkten auch diese Mächtigen bald.[263]

Weltkriege, Wirtschaftskrisen und die Staatsbankrotte der Moderne

Staatsinsolvenzen erfolgten oft in Wellen entlang historischer Ereignisse wie Kriegen, Revolutionen, ziviler Aufstände oder globaler Wirtschaftskrisen (siehe auch Abbildung 17). Jahren ohne größere Ausfälle folgten in der Regel Jahre mit hohen staatlichen

Zahlungsausfällen. Gleich zu Beginn des 19. Jahrhunderts ruinierten die Napoleonischen Kriege die Staatsfinanzen von Preußen, Frankreich und England und trieben einige Staaten in die Zahlungsunfähigkeit. Preußen ging dabei kurz hintereinander gleich zwei Mal in den finanziellen Ruin (in den Jahren 1807 und 1813) und die Staaten Westfalen, Hessen und Schleswig Holstein je ein Mal (1812, 1814 und 1850). Etwas mehr als ein Jahrhundert später verschuldeten sich im Ersten Weltkrieg viele der beteiligten Nationen hoch in der Hoffnung, als Gewinner die finanziellen Lasten von den Feinden begleichen zu lassen.

Wie häufig Staatsbankrotte sind, offenbaren daher auch die jüngeren Statistiken seit 1800. Über 250 Mal bedienten Länder ihre Auslandsschulden nicht mehr, in mindestens 68 Fällen kam es auch bei inländischen Verbindlichkeiten zu Ausfällen, in der Regel durch hohe Inflationsraten oder einen Währungsschnitt. Zur Kategorie Bankrott bei Inlandsschulden zählt beispielsweise auch die deutsche Währungsreform vom 20. Juni 1948.[264]

Fast immer gingen Bankenkrisen mit Krisen der öffentlichen Finanzen einher.[265] Zwischen Finanzinstituten und Staat gibt es dabei ein interessantes Verhältnis. Bis zum 20. Jahrhundert wurden kreditgebende Banken, zum Beispiel viele italienische Institute aus Florenz, von ihren Pleitestaaten in den Ruin getrieben.[266] In der Großen Depression dagegen – wie auch in der jüngsten Finanzkrise – traten zunächst die Staaten als letzte Retter notleidender Kreditinstitute auf, um anschließend teilweise selbst zum Problemfall zu werden.

Zu Beginn der dreißiger Jahre erlebte die Pleitewelle enen Höhepunkt. Der weltweite Wirtschaftseinbruch zog einen Kollaps der Rohstoffpreise Ende der zwanziger Jahre nach sich, der vielen rohstoffreichen Ländern bald wirtschaftlich das Genick brach.[267] Aber auch die Aufhebung des Goldstandards befeuerte Länderinsolvenzen. Viele Staatsanleihen beinhalteten damals sogenannte Goldklauseln, mit denen die rückzahlbaren Beträge neben den Währungsbeträgen auch in Goldeinheiten festgeschrieben wurden. Diese Klauseln wurden hinfällig, als die Länder ihre Währungen von einem festen Umtauschkurs zum Edelmetall lösten. In den USA beispielsweise verfügte der frisch ins Amt gekommene

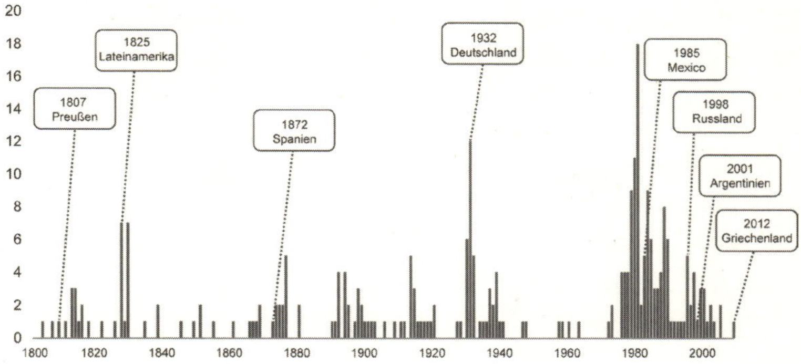

Abb. 17: Anzahl der Staatspleiten pro Jahr seit 1800
Quellen: Panizza/Sturzenegger/Zettelmeyer, Reinhart/Rogoff, Standard & Poor's

Präsident Franklin D. Roosevelt im Rahmen des Gold Reserve Act die Aussetzung von Goldklauseln in privaten und öffentlichen Schuldverträgen. Die Schuldensumme der Vereinigten Staaten betrug im Jahr 1934 rund 27 Milliarden Dollar, ein Betrag, der rund 436 Milliarden Dollar in heutiger Kaufkraft entspricht. Wie hoch der Anteil jener Papiere war, deren Rückzahlungsmodalitäten ursprünglich an das Edelmetall gekoppelt waren, ist nicht genau dokumentiert. Ugo Panizza hält das Volumen aber für derart substantiell, dass der durch die Aussetzung der Goldbindung implizit herbeigeführte US-Ausfall eigentlich als eine der größten Staatspleiten in der Geschichte gelten kann.

Im Jahr 1932 bedienten zwölf Länder ihre Auslandsschulden nicht mehr gemäß der vereinbarten Anleihebedingungen – darunter auch Deutschland.[268] In die erste Hälfte des 20. Jahrhunderts fällt auch der vorerst letzte Staatsbankrott eines westlichen Industrielandes. Die beiden Verlierernationen des Zweiten Weltkrieges, Deutschland und Japan, entledigten sich ihrer Inlandsschulden durch Währungsreformen.

In der zweiten Hälfte des 20. Jahrhunderts füllen ausschließlich Schwellenländer die Statistik der öffentlichen Kreditausfälle. Allein seit 1980 gab es insgesamt 90 Bankrotte von 73 Staaten. Einige Länder, wie Venezuela oder Ecuador, prellten ihre Gläubiger in dieser Zeit also gleich mehrfach. Wenigstens gingen die Kreditgeber nicht ganz leer aus, sondern erlitten im Durchschnitt Verluste von ca. 40 Prozent. Dieser im Jargon »haircut« genannte Ausfall war das Ergebnis schwieriger Verhandlungen zwischen Schuldner und den Kreditgebern, die im Schnitt acht Jahre dauerten. Je mehr Zeit die Umschuldungsverhandlungen in Anspruch nahmen, desto schlechter kamen die Kreditgeber in der Regel davon. Zogen sich die Einigungsgespräche länger als 20 Jahre hin, mussten die Investoren auf mindestens zwei Drittel ihrer Ansprüche verzichten.[269]

Beispiel Honduras: 23 Jahre nach dem Bankrott nahm das Land die Zahlungen wieder auf, der effektive »haircut« betrug letztendlich 72 Prozent. Im Fall von Nicaragua waren nach 24 Jahren 75 Prozent abzuschreiben, bei Tansania blieben nach 21 Jahren nur mehr 27 Prozent für die Gläubiger übrig. Im Fall von Argentinien, das seinen Gläubigern im Jahr 2005 einen Forderungsverzicht von 66 Prozent zumutete, haben sich nicht alle Anleger mit dem Umschuldungsangebot abgefunden. Auch deutsche Sparer haben bereits während der Umschuldungsverhandlungen gegen Argentinien vor hiesigen Gerichten geklagt. Rund 17 Prozent der unbezahlten Anleihen waren nämlich nach deutschem Recht begeben, deutsche Investoren hielten gut fünf Prozent der gesamten argentinischen Schuldtitel im nominalen Wert von rund 4,4 Milliarden Dollar.[270] Geprellte deutsche Anleger drohten Argentiniens Präsident Nestor Kirchner kurz vor seinem Deutschlandbesuch im Herbst 2003 damit, seine Präsidentenmaschine »Tango 01« pfänden zu lassen. Kirchners Maschine blieb im Hangar stehen. Stattdessen schickte er seinen Vize per Linienflug in die Bundesrepublik.[271]

Vor dem Zweiten Weltkrieg hatte es freilich auch etliche Fälle gegeben, in denen Kreditgeber nicht nur die Gerichte angerufen, sondern Gläubigerstaaten gar zu Gewalt gegriffen haben, um säumige Nationen zum Zahlen zu bringen.[272] Als Venezuela Schuldendienstzahlungen für bürgerkriegsbedingte Schäden und ältere Anleihen einstellte, blockierten die Gläubigerländer Deutschland, Großbritannien und Italien im Dezember 1902 die Häfen La Guiara und Puerto Cabello. Die Deutschen bombardierten zusätzlich

Fort San Carlos, um ihren Forderungen Nachdruck zu verleihen – mit Erfolg. Schon im Jahr 1903 lenkte der venezolanische Präsident Castro ein. Vor dem Internationalen Gerichtshof in Den Haag wurden die Gläubiger aus den an der Seeblockade beteiligten Staaten sodann bevorzugt behandelt, wohingegen sich Gläubiger aus anderen Ländern mit ihren Forderungen hinten anstellen mussten.[273]

Zu diesen benachteiligten Ländern gehörten auch die USA. Präsident Theodore Roosevelt ergänzte daraufhin im Jahr 1904 die bestehende Monroe-Doktrin, die ebenso eine Intervention der Europäer auf dem amerikanischen Kontinent ablehnte, wie sie das Prinzip der Nicht-Einmischung in europäische Konflikte betonte, durch eine eigene Schiedsrichterfunktion der USA für säumige Staatsschuldner in Lateinamerika und in der Karibik. Fortan sollte es den USA möglich sein, ausstehende Zahlungen von Staaten in der Region, wenn nötig, auch mithilfe »internationaler Polizeigewalt« einzutreiben.[274] Dieses »Corollary to the Monroe Doctrine« zeigte Wirkung. An den Finanzmärkten stiegen die Preise der Staatsanleihen aus der neuen amerikanischen Interventionssphäre im Jahr nach der diplomatischen Interventionsankündigung um 74 Prozent, ein Jahr später hatten sie sogar 91 Prozent an Wert gewonnen.[275] Es wurde anscheinend positiv bewertet, dass durch die Interventionsandrohung der neuen Großmacht USA effektivere Umschuldungsverhandlungen für die Kreditgeber möglich wurden.

Der Einfluss von Sanktionsandrohungen auf die Zahlungsdisziplin der Schuldner lässt sich anhand von weiteren Fällen illustrieren. So fanden die Ökonomen Kris James Mitchener und Marc D. Weidenmier für die Zeit zwischen 1870 und 1913 heraus, dass angesichts des politischen und militärischen Drucks auf einzelne Staaten die Ausfallwahrscheinlichkeit der betreffenden Anleihen im Schnitt um 60 Prozent niedriger war.[276] In diesen Beispielen wird deutlich, dass die Finanzmärkte und besonders die Erwartungen der Kreditgeber eine zentrale Rolle dabei spielen können, ob ein Staat in eine extreme finanzielle Schieflage gerät, und vor allem, wann es zu einer Schieflage kommt.

15. Gnadenlose Finanzmärkte?

In der Kreditbeziehung zwischen einer Bank und ihrem Kreditkunden kann sich die Bank bei einer fälligen Kreditverlängerung die wirtschaftliche Situation des Kunden anschauen. Sie kann dann über eine Verlängerung des Kredits entscheiden. Je nach Wahrscheinlichkeit, mit der ein Kunde seinen Kredit zurückzahlen kann, entscheidet die Bank, ob und zu welchem Zins sich eine Kreditvergabe für sie noch lohnt. Ist die Wahrscheinlichkeit niedriger, verlangt sie einen höheren Zins. Ist die Wahrscheinlichkeit zu klein, kündigt sie den Kredit ganz. Das passiert, wenn die Zinsen, die sie verlangen müsste, um kein Geld zu verlieren, so hoch sind, dass sie der Kunde niemals aufbringen könnte.

Am Anleihemarkt herrscht eine ähnliche Logik. Hält der Käufer einer Staatsanleihe die Rückzahlung für sicher, kauft er auch bei einem niedrigen Zins. Hält er die Rückzahlung für unwahrscheinlich, fordert er einen höheren Zins oder kauft gar nicht. Der Markt betrachtet dabei anscheinend die Höhe der Verschuldung und die Höhe der Nettokreditaufnahme als Indikatoren für diese Wahrscheinlichkeit. So entsteht zwischen Schuldenstand, Neuverschuldung und Zinshöhe ein empirischer Zusammenhang. Im Schnitt muss ein Staat, wenn er die Nettokreditaufnahme um ein Prozent des Bruttoinlandsprodukts erhöht, nach Schätzungen von Thomas Lauterbach, einen um 0,25 Prozentpunkte höheren Zinssatz dafür bezahlen.[277] Anders gesagt: Im Vergleich zu einem Land mit ausgeglichenem Budget muss ein Land, das auf den Referenzwert des EU-Vertrags von drei Prozent Neuverschuldung zustrebt, einen um 0,75 Prozentpunkte höheren Zinssatz zahlen. Ein Anstieg der gesamten Schulden im Vergleich zum Bruttoinlandsprodukt um einen Prozentpunkt kostet im Schnitt 0,03 bis 0,04 Prozentpunkte zusätzliche Zinsen. Ein Land, dessen Schuldenquote nicht bei 40 Prozent des Bruttosozialprodukts liegt, sondern bei 90 Prozent, muss also um 1,5 bis 2 Prozentpunkte höhere Zinsen zahlen.

Problematischer wird die Situation am Anleihemarkt durch einen Rückkopplungseffekt. Höhere Zinsen machen es für einen Staat schwieriger und weniger wahrscheinlich, dass er seine Kredite nebst Zinsen zurückzahlen kann. Ein einzelner Käufer, der beobachtet, dass ein Staat hohe Zinsen für seine Anleihen zahlen muss, revidiert deshalb seine Erwartungen darüber, ob der Staat seine Schulden begleichen kann: Er hält es für unwahrscheinlicher und verlangt darum einen höheren Zins.

Dieser Zusammenhang zwischen höheren Zinslasten auf die bestehenden Schulden und den Zinsforderungen von Käufern neu ausgegebener Staatsanleihen führt dazu, dass ein und derselbe Staat sich mitunter in einer von zwei sehr unterschiedlichen Situationen wiederfinden kann. In der einen Situation hat der Staat keine Schwierigkeiten, seine Anleihen für einen niedrigen Zins zu verkaufen. Gerade wegen des niedrigen Zinses vertrauen die Anleger auf eine sichere Rückzahlung und sind deshalb mit einem niedrigen Zins zufrieden. In der anderen Situation kann der Staat seine Anleihen auch zu einem hohen Zins nicht verkaufen. Die Anleger wissen in dieser Situation, dass der Staat seine Anleihen, wenn überhaupt, nur zu sehr hohen Zinsen verkaufen kann; so hoch, dass es ihm praktisch nicht möglich ist, diese hohe Zinslast zu schultern. Sie rechnen also damit, dass der Staat wegen der hohen Zinsen mit der Bedienung seiner Schulden überfordert ist. Und so gerät der Staat ganz unverhofft in eine Situation, in der ihm die Gläubiger eine Anschlussfinanzierung verweigern. Er ist, wie es heißt, am Kreditmarkt rationiert. Welche der beiden Situationen eintritt, hängt mitunter nur davon ab, welche Erwartungen die Anleger haben. Und diese Erwartungen verändern sich nicht langsam und stetig. Sie können durch Zinsentwicklungen oder durch einen kleinen wirtschaftlichen Schock umschlagen. »Mr. Bond« – wie der Historiker Niall Ferguson die gnadenlosen Anleger am Anleihemarkt nennt – hat, wie der gleichnamige Agent 007 im Film, die »Lizenz zum Töten«.[278]

»Wenn ich wiedergeboren werde, möchte ich als Bondmarkt zur Welt kommen", hat bereits im Jahr 1992 der frühere Berater von

US-Präsident Bill Clinton, James Carville, die Macht der Märkte beklagt – und damals war ihr Einfluss bei weitem nicht zu vergleichen mit der Situation von heute. Allein das Volumen des globalen Marktes für Staatsanleihen hat sich seit den 1990er-Jahren von damals 18 auf heute über 50 Billionen Dollar nahezu verdreifacht.[279]

Die Märkte sind zu einer Art fünften Macht im Staate geworden. Es ist eine Macht, die immer stärker in den politischen und gesellschaftlichen Alltag dringt, Regierungen wegfegt oder Politiken beeinflusst. Italiens Staatschef Berlusconi musste Ende 2011 unter dem Druck der Finanzmärkte zurücktreten, Ungarns Machthaber Victor Orbán musste umstrittene Gesetzesvorhaben zurücknehmen, weil die Anleiheinvestoren sein Land abstraften.[280] Als das alles verschlingende »Monster« werden die Finanzmärkte gern von der Politik tituliert. Andererseits erfüllt das »Schreckgespenst« vieler Politiker eine wichtige Funktion: Es diszipliniert Regierungen. Ohne die Märkte wären schuldenwütige Regierungen kaum zu bremsen. Hätten die Investoren nicht Alarm geschlagen und die Anleihen der europäischen Schuldensünder mit einer steigenden Verzinsung bestraft, würden wohl viele Länder der Eurozone noch heute weiter Schulden anhäufen.

Die Märkte als eigenständige Handlungsträger gibt es natürlich gar nicht. Es gibt unterschiedliche Akteure mit ganz unterschiedlichen Interessen: Notenbanken, Manager von Banken, Versicherer, Hedgefonds, Investmentfonds und Pensionskassen sind alle Teil der Märkte. Zur größten Gruppe zählen klassische Investoren wie der weltgrößte Bondverwalter Pimco, die Fondsgesellschaft Blackrock oder der Lebensversicherer Allianz Leben, die etwa Altersvorsorgegelder ihrer Kunden verwalten. Diese Gesellschaften haben vor allem ein Interesse: Sie wollen stets pünktlich ihre Zinsen und am Ende der Laufzeit das Geld zurückbekommen. Anders als bei Aktien sind bei Anleihen die Renditechancen nach oben begrenzt. Mehr als die vertraglich versprochene Verzinsung wird der Anleger nicht erhalten. Ein zu fünf Prozent Zins begebener Bond wird nicht mehr als fünf Prozent abwerfen. Allerdings beträgt das Verlustrisiko 100 Prozent. Wird der Emittent zahlungsunfähig, gehen die Investoren im schlimmsten Fall leer aus.[281]

Weil Chancen und Risiken so ungleich verteilt sind, schauen

Pimco & Co. genau hin, wem sie das Geld ihrer Kunden leihen. Ist das Vertrauen verspielt, müssen die Schuldner als Risikoausgleich höhere Zinsen bieten oder finden gar nicht mehr genügend Abnehmer für ihre Schuldtitel. Es müssen also gar nicht die von der Politik gern beschworenen Spekulanten sein, die ein Land in Turbulenzen bringen. Es reicht schlicht aus, wenn die großen Markt-Adressen das Vertrauen in ein Land verlieren.

Ab welcher Höhe von Schuldenquote, Neuverschuldung und Zinslast es zur Kreditrationierung durch die Gläubiger kommt, lässt sich nicht eindeutig vorhersagen. Letztlich wird dem Staat von den Gläubigern die Finanzierung verweigert, wenn hinreichend viele Gläubiger damit rechnen, dass genau das passiert. Die Finanzierungsverweigerung und der sich anschließende Staatsbankrott wird so zu einer sich selbst erfüllenden Prophezeiung. Der Historiker Ferguson referiert eine Reihe von recht unterschiedlichen Fällen.[282] Florenz gelang es demnach eine Zeit lang fast 70 Prozent seines Staatshaushalts durch Neuverschuldung zu finanzieren und einen riesigen Schuldenberg anzuhäufen. Japan hat inzwischen einen Schuldenberg angehäuft, der einer geschätzten Schuldenquote von weit über 200 Prozent des Bruttoinlandsprodukts 2012 entspricht, und zahlt im Frühjahr 2012 für neu ausgegebene Staatsanleihen einen Marktzinssatz von deutlich unter einem Prozent.[283] Im Fall Griechenlands hat die Nervosität der Investoren schon bei einer geringeren, im Vergleich dazu moderaten Schuldenquote eingesetzt. 1976 sah sich die britische Labour-Regierung sogar bei einem Wert von unter 50 Prozent gezwungen, beim IWF um einen milliardenschweren Hilfskredit nachzusuchen. Staaten wie Argentinien (2001) oder Russland (1998) stürzten mit Schuldenquoten von rund 50 Prozent. Die Türkei geriet im Jahr 1978 sogar bei einem Wert von 21 Prozent in Zahlungsverzug.[284]

Die Möglichkeit einer erwartungsgetriebenen Kreditmarktrationierung ist eine ernsthafte Bedrohung für Staaten. Jeder Staat, der in erheblicher Höhe Staatsschulden aufnimmt, setzt sich dieser Bedrohung aus. Das gilt auch für Staaten, die ihre Schulden unter »normalen« Bedingungen einfach verkraften können. Die Erwartungen von Marktteilnehmern haben ein Element von Unberechenbarkeit. Staaten hätten nur eine Möglichkeit, sich diesem Problem wirklich zuverlässig zu entziehen: Sie müssten auf Staatsschulden praktisch verzichten. Wer keine Staatsanleihen an den Märkten platziert hat, begibt sich auch nicht in die Abhängigkeit von Hedgefonds. Diese Akteure kaufen festverzinsliche Titel nämlich nicht, weil sie Pensionsverpflichtungen ihrer Kunden bedienen müssen. Sie versuchen, durch den Kauf und Verkauf von Bonds schnelles Geld zu machen. Und dabei setzen sie auch auf Kreditausfallversicherungen, die sogenannten Credit Default Swaps (CDS), die wir im nächsten Kapitel beschreiben.

Credit Default Swaps – legitime Versicherungen oder Wetten gegen den Staat?

Im Januar 2010 wurde von der Financial Times Deutschland der Globus neu vermessen. Auf einer Doppelseite erschien eine frisch kartographierte Welt, auf der die alte Ordnung auf dem Kopf zu stehen schien.[285] Länder wie die Ukraine, Argentinien, Pakistan oder Lettland wurden plötzlich als Riesenreiche dargestellt, wohingegen die großen Wirtschaftsmächte USA, China, Japan und Deutschland zu Zwergstaaten geschrumpft waren. Die Regierungschefs der neuen Großmächte dürften sich über die neue Weltordnung kaum gefreut haben. Denn die Rangliste war nach dem Pleiterisiko der einzelnen Staaten sortiert, in absteigender Reihenfolge. Gemessen wurde die Gefahr des Staatsbankrotts an den Prämien für Kreditausfallversicherungen, auch Credit Default Swaps (CDS) genannt: neuartige Finanzprodukte, die wie eine Vollkaskoversicherung für Staatsanleihen funktionieren.

Und spätestens seit Anfang 2010 sind Kreditausfallversicherungen ein wichtiger Faktor in der Welt der Staatsfinanzen. Sie sind ein wichtiges Instrument, mit dem die Marktteilnehmer mit ihren Investitionsentscheidungen auf ihre Einschätzung der fiskalischen Stärke eines Landes reagieren und damit zugleich eine Bewertung ihres Vertrauens in die Staatsfinanzen abgeben. Im Minutentakt erscheint das Votum dank der globalen Datenanbieter auf den Bildschirmen, bis in die kleinsten Winkel der Welt. Steigende Kurse für die Ausfallprämien kommen dabei einem wachsenden Misstrauen gleich, fallende signalisieren dagegen wachsendes Vertrauen.

Da kann es sich eigentlich kein Finanzminister mehr leisten, über die Höhe der Ausfallprämie und damit der Wertigkeit des Landes im weltweiten Finanzsystem nicht Bescheid zu wissen. Entsprechend verzeichnet der Datenanbieter Reuters mittlerweile auch aus den Schatzämtern dieser Welt eine große Nachfrage für seine Informationsdienste, mit denen er aktuelle Kurse in Echtzeit liefert.

Eingeführt wurden die Credit Default Swaps von der Wall-Street-Bank JP Morgan.[286] Nach der Asienkrise hatte sie extreme Abschreibungen auf ihr Kreditportfolio vornehmen müssen, weil viele der Tigerstaaten nach dem Absturz der eigenen Währungen ihre Dollarschulden einfach nicht mehr bedienen konnten. Und so entwickelte der JP-Morgan-Mathematiker Bill Demchak ein Versicherungsprodukt gegen den Kreditausfall. Im englischen Namen offenbart sich bereits das Prinzip. Es handelt sich um einen Tausch (Swap) von Ausfallrisiko (Credit Default) gegen eine Versicherungsprämie.

Die Erfindung der Credit Default Swaps stieß auf reges Interesse an den Finanzmärkten. Fortan konnten sich Anleiheinvestoren nämlich gegen den Zahlungsausfall eines Darlehens schützen. Vor dem Aufkommen der Kreditderivate war dies nur begrenzt möglich und dann auch nur mit viel komplizierteren Konstruktionen. Wenn sie ihrem Schuldner nicht mehr vertrauten, blieb Investoren bis dahin eigentlich nur der Verkauf ihrer Anleihen.

Da bestechen die neuen Produkte geradezu durch ihre einfache Handhabung. Der Besitzer einer Staatsanleihe, der auf Nummer sicher gehen will, kauft sich eine Kreditausfallversicherung und damit die Garantie, dass er im Schadensfall – also bei einem wie auch immer gearteten Ausfall der Anleihe – eine Auszahlung bekommt, die die Differenz zum Nominalwert der Anleihe ausgleicht. Der Versicherungsverkäufer, das kann eine Bank sein, aber auch ein Versicherer, verlangt für das übernommene Risiko eine Prämie, die im Normalfall in Form einer Zinszahlung fällig wird. Am weitesten verbreitet sind fünfjährige Kontrakte mit vierteljährlichen Zahlungen. Die CDS-Kontrakte haben ein für jedermann nachvollziehbares klares Auszahlungsprofil, die Risiken von

Käufer und Verkäufer sind mit Ausnahme des Gegenparteirisikos jederzeit berechenbar.[287]

Ein Beispiel illustriert die einfache Funktionsweise: Herr K. ist wegen der hohen Verzinsung unter die Griechenlandinvestoren gegangen. Für Anleihen mit fünf Jahren Laufzeit bekommt er eine jährliche Rendite von immerhin sieben Prozent. Wegen der vielen Negativschlagzeilen aus Athen wird Herrn K. aber mulmig zumute. Also kauft er entsprechend seinem Anlagevolumen CDS-Kontrakte vom Versicherer A und ist damit seine Kreditsorgen los. Im Gegenzug zahlt er dem Versicherer eine Prämie, die vier Prozent seiner Anleihe entspricht. Zahlt Griechenland während der fünfjährigen Laufzeit immer pünktlich seinen Kupon und am Ende auch den Nominalwert zurück, hat Herr K. immerhin noch eine Rendite von drei Prozent erwirtschaftet: sieben Prozent Rendite abzüglich vier Prozent Versicherungsprämie. Sollte die Mittelmeerrepublik einmal nicht zahlen, springt die Versicherung ein und zahlt Herrn K. vorzeitig die Anleihe zu 100 Prozent aus.

So weit, so gut. Allerdings sollte Herr K., wie auch bei der Glasbruch- oder der Haftpflichtversicherung, genau auf die Vertragsdetails achten. Die Versicherung zahlt erst, wenn der Schadensfall zweifelsfrei festgestellt ist. Bei den meisten griechischen Anleihen gilt für Zinszahlungen eine Gnadenfrist von 30 Tagen, bei Rückzahlungen von sieben Tagen.[288] Während dieser Zeit bekommt Herr K. kein Geld. Läuft gar die Versicherungsfrist just in der Gnadenfrist ab, geht Herr K. leer aus. Darüber hinaus ist für Herrn K. von Interesse, wie eine Umschuldung gehandhabt wird, bei der die Zahlungsfristen der Anleihe verlängert oder ein »haircut« vereinbart wird. Erkennt eine Versicherung dies als Schadensfall an, ist also im Jargon von einem »Credit Event« die Rede, gibt es die Entschädigung. Andernfalls muss Herr K. abwarten.

Was genau einen Schadensfall bezeichnet, bei dem der Versicherer zahlen muss, ist nicht immer klar. Verzichtet Herr K. bei einer Umschuldung freiwillig auf einen Teil des Geldes, bekommt Herr K. gegebenenfalls nichts von der Versicherung. Erklärt ein Schuldner dagegen einseitig, die Zahlungen einzustellen, entsteht der Versicherungsanspruch. Zwischen diesen beiden Polen gibt es eine große Grauzone und erhebliche Rechtsunsicherheit.

Zudem sollte Herr K. kritisch bei der Auswahl seines Versicherers sein. Es nützt ihm nichts, sich gegen den Untergang der Titanic bei einem Anbieter abzusichern, der seinen Sitz auf dem Luxusliner hat und dann gemeinsam mit dem Schiff in den Fluten versinkt. Gegen den Ausfall Griechenlands ist es also ratsam, sich als Versicherungspartner einen Anbieter außerhalb des Ägäisstaates zu suchen. Die Pleite eines größeren Landes oder Unternehmens kann sich schnell zu einem Systemrisiko ausweiten.

Kreditausfallversicherungen funktionieren im Prinzip wie jede andere Versicherung. Je höher das Schadensrisiko, hier die mögliche Zahlungsunfähigkeit, desto höher die Prämie. Die Kreditausfallversicherung für Frankreich ist beispielsweise deutlich günstiger als jene für Spanien und die wiederum ist billiger als für die Ukraine. Allerdings wird die Prämie nicht von Versicherungsmathematikern festgelegt, sondern die Marktteilnehmer bestimmen das Ausfallrisiko durch Angebot und Nachfrage jeden Tag neu. Das Brisante: Da eine Versicherungsprämie auch immer Auskunft über das Schadensrisiko gibt, lässt sich aus dem Marktpreis ablesen, welches finanzielle Schicksal die Akteure für einen Staat erwarten. Danach sehen die Akteure auch für Deutschland gestiegene Risiken. Zwischen Frühjahr 2010 und 2012 stieg der CDS-Wert für Deutschland von rund 30 auf über 100 Basispunkte. Damit beziffern die Investoren die Wahrscheinlichkeit für eine Unregelmäßigkeit bei der Zahlung von Zins und Tilgung für die Bundesrepublik innerhalb der kommenden fünf Jahre im Frühjahr 2012 auf knapp sieben Prozent, zwei Jahre zuvor lag die »Pleitewahrscheinlichkeit« noch nicht mal bei drei Prozent. Dabei fällt auf: Unmittelbar nach Verabschiedung des Hilfspakets für Griechenland und wenig später dem großen Rettungsschirm im Mai 2010 begannen die CDS-Notierungen deutlich anzuziehen. Auch die Übernahme weiterer deutscher Bürgschaften registrierten die Akteure kritisch und stuften Deutschland am CDS-Markt zurück. Gemessen an den Prämien der Kreditausfallversicherungen wurde Deutschland 2010 noch als weltweit drittsolidester Schuldner eingestuft.[289] Zwei Jahre später rangiert die Bundesrepublik nur noch auf dem zehnten Rang.

Der wirtschaftlichen Logik folgend bildet die CDS-Prämie

in etwa den Risikoaufschlag (»Spread«) des zugrundeliegenden Schuldtitels gegenüber dem zu 100 Prozent risikofreien Zinssatz ab. Wenn also fünfjährige Griechenlandanleihen gegenüber Bundesanleihen gleicher Laufzeit mit einem Risikoaufschlag von vier Prozentpunkten gehandelt werden, sollte auch die CDS-Prämie rund vier zusätzliche Prozentpunkte kosten. Andernfalls könnten die Anleger lukrative Arbitragegeschäfte betreiben. Läge der Risikoaufschlag der Anleihe z. B. höher als der Preis für die Kreditausfallversicherung, ließe sich risikolos Geld machen, indem man die Anleihe in Kombination mit der Kreditausfallversicherung kauft.

Doch Versicherungen können unbeabsichtigte Anreize schaffen. So ist im Alltag zu beobachten, dass versicherte Personen oft sorgloser agieren. Beispielsweise vergessen Autofahrer mit einer Vollkaskopolice häufiger ihren Wagen abzuschließen oder sie lassen sich zu einer rasanteren Fahrweise verleiten. Sie rechnen damit, dass sie im Schadensfall entschädigt werden, also bei Diebstahl oder Unfall einen Ausgleich bekommen.

Was heißt das nun wiederum für die Halter der Kreditausfallversicherungen? Gibt es für sie auch einen schädlichen Verhaltensanreiz? Könnten die Käufer von Kreditausfallversicherungen am Ende gar ein Interesse daran haben, einen Schuldner in die Pleite zu treiben, um so eine Zahlung von ihrer Versicherung zu bekommen? Könnten diese Finanzprodukte so den Bankrott von Staaten befördern?[290] Die Politik fordert häufig eine schärfere Regulierung bis zum Verbot der Credit Default Swaps, wird diesen doch inzwischen ein wesentlicher Einfluss auf die Zinsentwicklung und damit die Finanzierungskosten eines Landes zugeschrieben.

Die Grundüberlegung entspricht jener der Autopolice. Wer sein Auto versichert hat, geht mit ihm weniger sorgsam um. Eine Kreditausfallversicherung kann auch für Anleihebesitzer die Anreizstrukturen verschieben. In der Regel haben die Gläubiger ein Interesse daran, dass es dem Unternehmen oder dem Staat gut geht, dessen Schuldentitel sie halten. Nur dann werden die Anleihen bedient. Im Zweifelsfall stunden die Kreditgeber dem Staat oder Unternehmen lieber einmal eine Zinszahlung oder stimmen einer Umschuldung zu. Eine gelungene langfristige Sanierung kann manchmal mehr Geld retten als eine überhastete Insolvenz.

Doch als Halter einer Ausfallversicherung verändert sich diese fürsorgende Einstellung gegenüber dem Schuldner. Nun liegt das Überleben eines Emittenten nicht mehr unbedingt im eigenen Interesse. Der Wissenschaftler Henry Hu spricht vom Phänomen des »Empty Creditor«.[291] Der »leere Gläubiger« hat seine Anleihen vollständig über CDS abgesichert. Damit hält er keine offene Risikoposition in seinem Portfolio und steht dem Schicksal des Schuldners gleichgültig gegenüber. Der leere Kreditgeber kann unter Umständen sogar ein Interesse daran haben, ein Unternehmen oder einen Staat Bankrott gehen zu lassen, selbst wenn die Aussicht auf eine erfolgreiche Sanierung besteht. Schließlich wird im Pleitefall sofort ein »Credit Event« ausgelöst und er bekommt sein Geld umgehend von der Versicherung. Eine Umschuldung hingegen wird in vielen CDS-Kontrakten nicht als Ausfall bzw. Schaden gewertet. Für den durch CDS abgesicherten Kreditgeber kann es auf der Gläubigerversammlung also durchaus rational sein, gegen ein Sanierungsprogramm zu stimmen.

Zahlreiche Insolvenzfälle in den USA aus dem Jahr 2009 scheinen das Empty-Creditor-Phänomen zu bestätigen. Ob beim Kreditunternehmen CIT, bei General Growth Properties, dem zweitgrößten Betreiber amerikanischer Einkaufszentren, Six Flags, einem Betreiber von Vergnügungsparks, oder dem Papierverarbeiter AbitiBowater: Bei all diesen Pleiten sollen ausgerechnet zahlreiche Anleihebesitzer, die auch in CDS investiert waren, auf eine Insolvenz gedrängt haben.[292]

Gänzlich einseitig gestaltet sich die Anreizstruktur bei Anlegern, die Kreditausfallversicherungen nicht zur Absicherung einer Gläubigerposition nutzen, sondern aus reinem Selbstzweck handeln. Sie kaufen CDS-Kontrakte, ohne überhaupt Anleihen eines Landes oder Unternehmens zu besitzen. Diese Akteure haben also kein Ausfallrisiko zu fürchten, profitieren dagegen zu 100 Prozent von einem Anstieg der CDS-Kurse. Der Kauf »nackter« CDS ist dann in etwa vergleichbar mit einer Vollkaskoversicherung auf das Auto des Nachbarn. Die Police lohnt sich nur, wenn der Wagen zu Schaden kommt. Der eine oder andere wird versucht sein, dabei selbst ein wenig nachzuhelfen. Bezogen auf Länderausfallversicherungen haben Investoren einen Anreiz, die finanzielle Lage möglichst in düsteren Farben zu malen und gegebenenfalls böse Gerüchte an den Märkten zu streuen, damit die Wette aufgeht und die Kurse steigen.

Der Großinvestor George Soros hat eine Anleitung zum Spekulieren mit Kreditausfallversicherungen geschrieben und dabei deren Vorzüge für Spekulanten herausgestrichen. Für den gebürtigen Ungarn stellt der CDS-Markt eine praktische Möglichkeit dar, »auf den Kursrückgang von Anleihen zu setzen, die man nicht hat«, und damit direkt gegen Anleihen von Staaten wetten zu können. »Leerverkäufe von Anleihen sind durch den Kauf eines CDS-Kontrakts mit einem begrenzten Risiko verbunden und bieten potenziell hohen Gewinn. Diese Asymmetrie ermutigt zu Spekulationen mit Leerverkäufen, was wiederum einen Abwärtsdruck auf die zugrunde liegenden Anleihen ausübt«, schreibt Soros weiter.[293] Für wie gefährlich Soros die Papiere hält, offenbarte er in einen Aufsatz für die Financial Times: »CDS beinhalten neben der Absicherungsfunktion die Lizenz zum Töten.«[294]

Inwieweit Spekulationen mit Kreditausfallversicherungen tatsächlich die Märkte verzerren können, lässt sich schwer sagen. Insbesondere der Vergleich mit Währungsspekulationen hinkt. Die Spekulationen des George Soros gegen das britische Pfund Anfang der neunziger Jahre hätten wahrscheinlich wenig Erfolg gehabt, wäre das Pfund nicht in der Tat stark überbewertet gewesen und hätte sich für jedes von ihm verkaufte Pfund ein privater Käufer finden müssen. Anders als bei Spekulationen auf das Zusammenbrechen künstlich fixierter Währungskurse und eine Währungsabwertung gibt es für jeden Käufer einer Kreditausfallversicherung auch einen privatwirtschaftlichen Verkäufer; und der spekuliert immerhin auf das Gegenereignis. Die deutsche Finanzaufsicht BaFin untersuchte im Frühjahr 2010 das Ausmaß der Spekulation bei Griechenlandanleihen ohne klare Hinweise auf Manipulationen.[295] Zweifel an der Schuldentragfähigkeit Griechenlands, ein Glaubwürdigkeitsproblem und die Unsicherheit über zukünftige Politikmaßnahmen auf europäischer und nationaler Ebene waren laut Finanzaufsicht für die Entwicklung der Risikoaufschläge für griechische Staatsschulden verantwortlich, nicht spekulative CDS-Transaktionen.

Bei vielen Politikern gelten Kreditausfallversicherungen trotzdem als »Zockerpapiere«, mit denen man sich nicht vor einem Zahlungsausfall schützt, sondern diesen geradezu herbeiwettet. Die frühere französische Wirtschafts- und Finanzministerin und spätere IWF-Chefin Christine Lagarde sprach sich für ein Verbot von Ausfallversicherungen auf Staatsschulden aus. Der Vorsitzende der Eurogruppe, Jean-Claude Juncker, drohte den möglichen Drahtziehern von Spekulationen gegen griechische Staatspapiere mit »Folterwerkzeugen im Keller«.[296] Deutschland hat im Mai 2010 den Handel ungedeckter CDS verboten. Seither ist der Kauf von CDS nur noch jenen Banken und Investmentfonds gestattet, die ein tatsächliches Absicherungsinteresse nachweisen können. Das Ziel dieser Maßnahme ist eine Vermeidung der Entkoppelung von Anleihe und Risikohandel.[297]

Solche Forderungen nach Regulierung lenken davon ab, dass sich mit Kreditausfallversicherungen nur dann erfolgreich spekulieren lässt, wenn es in den betroffenen Ländern tatsächlich gravierende Probleme gibt.

16. Die Ratingagenturen und das Rating-Paradox

Es war nur ein Buchstabe. Doch der kam die Welt teuer zu stehen. Einen Wert von mehr als drei Billionen Dollar büßten die Finanzmärkte ein, als die Ratingagentur Standard & Poor's (S&P) im August 2011 den Vereinigten Staaten ein A strich und damit die Bestnote AAA aberkannte. Innerhalb von nur einer Woche wurde durch die anschließenden Turbulenzen so viel Geld vernichtet wie Deutschland in einem Jahr an Wirtschaftsleistung erbringt. Die Bonitätsprüfer hatten in den Augen vieler ihren Ruf als Wohlstandsvernichter der Nationen gefestigt, als unbeaufsichtigter Akteur mit übergroßer Macht.

Entsprechend groß war auch die Furcht, als abermals S&P Ende 2011 der gesamten Eurozone mit Herabstufung drohte. Mitte Januar machte die führende amerikanische Ratingagentur ihre Drohung tatsächlich wahr. Doch obwohl S&P gleich neun der siebzehn Euro-Mitglieder in ihrer Bonität herabstufte – einige davon um mehrere Noten –, blieb eine Panik wie im August 2011 aus. In einigen der abgestraften Länder verbesserten sich sogar die Finanzierungsbedingungen. Dabei steht ein schlechteres Rating eigentlich für eine niedrigere Bonität, was sich Investoren wiederum mit höheren Risikoaufschlägen bezahlen lassen. Welche Macht und Bedeutung haben die Ratingagenturen also tatsächlich?

Ins Leben gerufen wurden Ratingagenturen als reine Dienstleister für Anleger, eine Art Informationsbeschaffer. Sie bewerteten die Kreditwürdigkeit von Unternehmen – später auch von Staaten. Als in den USA zum Ende des 19. Jahrhunderts das Eisenbahnnetz ausgebaut wurde, brauchten die neuen Gesellschaften Geld. Die potenziellen Geldgeber hatten wenig Ahnung vom Eisenbahnwesen und wenig Lust oder Zeit, sich mit den Eigenheiten des Schienenbaus zu beschäftigen. Und so halfen private Agenturen aus. Gegen Gebühr prognostizierten sie die zukünftige Zahlungsfähigkeit der Eisenbahngesellschaften und damit das potenzielle Risiko, das Investoren mit einem bestimmten Schuldtitel eingehen. Zu den ersten seiner Zunft zählte Henry Varnum Poor, die ersten regulären Ratings vergab John Moody im Jahr 1909. In seinem Handbuch Analyses of Railroad Instruments führte er ein einfaches Notensystem ein, das bis heute weitgehend verwendet wird.[298]

Die Höchstnote ist das »AAA«, bei der Agentur Moody's Aaa (gesprochen »Dreifach-A« oder »Triple-A«). Sie steht für absolut zuverlässige Schuldner. Es folgen mit den Noten »AA«, »A« und »BBB« immer noch solide Schuldner, allerdings mit einer schon erhöhten Ausfallwahrscheinlichkeit. Unterhalb von »BBB-« (Moody's: »Baa3«) sind von den Bonitätswächtern jene Schuldner eingruppiert, deren Anleihen als spekulative Anlage betrachtet werden. Dieser spekulative Status, »Schrott« oder »Junk« im Jargon, reicht von BB (Ba1) bis B- (B3). Ab der Note »CCC« ist dann allergrößte Vorsicht geboten. D bedeutet Zahlungsausfall.

Um ein häufig vorkommendes Missverständnis auszuräumen: Die Ratings sind keineswegs mit Kaufen- oder Verkaufen-Empfehlungen für die Anleihen einzelner Staaten zu verwechseln, wie sie Bankanalysten für Aktien aussprechen. Vielmehr versuchen die Kreditwächter schlicht die Wahrscheinlichkeit zu beziffern, dass bei einem bestimmten Schuldtitel alles glatt läuft, also der Schuldner stets pünktlich Zinsen zahlt und am Ende der Laufzeit den ausstehenden Betrag tilgt. Bei der Bewertung von Staaten gibt es einen Unterschied. Da für souveräne Nationen keine festen Insolvenzregeln existieren, müssen die Agenturen nicht allein beurteilen, ob ein Staat wirtschaftlich in der Lage ist, die finanziellen Verpflichtungen zu erfüllen, sondern auch, ob er willens ist zu zahlen. Insgesamt gilt: Je geringer das Ausfallrisiko ist, desto besser fällt die Bonitätsnote aus.

Vom Rating hängt es maßgeblich ab, ob sich ein Staat überhaupt verschulden kann und zu welchen Konditionen. Eine gute Bonitätsnote signalisiert eine hohe Kreditwürdigkeit und erlaubt es, zu günstigen Zinsen Fremdkapital aufzunehmen. Ein weniger gutes Rating kann die Finanzierungskosten verteuern.

Eine Abstufung kann daher in einem nervösen Markt eine Abwärtsspirale auslösen. Griechenland bekam das im Dezember

2009 schmerzhaft zu spüren. Nachdem die Agentur Fitch das Rating von A- auf BBB+ gesenkt hatte, bot ein Teil der Investoren umgehend ihre griechischen Staatspapiere am Markt an. Die Kurse fielen. Da sich Kurse und Zinsen in entgegengesetzter Richtung entwickeln, schossen die Zinsen in die Höhe. Neue Titel konnten nur mit einem massiven Zinsaufschlag im Vergleich zu Bundesanleihen verkauft werden, was wiederum den griechischen Staatshaushalt zusätzlich belastete. Ähnliches wiederholte sich im Februar 2010. Die Herabstufung platzte mitten in die Verhandlungen Griechenlands mit dem Internationalen Währungsfonds und der Eurogruppe und verschärfte die Euro-Krise damit möglicherweise unmittelbar.[299]

Die Ratingagenturen in der Krise

Die Ratingagenturen gehören zu den einflussreichsten Akteuren an den Finanzmärkten.[300] Niemand kann recht sagen, ab welchem Schuldenstand ein Staat wirklich finanziell in der Klemme steckt. Das Urteil der Ratingagenturen ist oft heikel – und einflussreich. Ihr Einfluss ist in doppelter Hinsicht bemerkenswert. Zum einen hatten die Bonitätswächter die Finanzkrise nicht vorausgesehen und erst mit Verspätung reagiert. Einmal mehr waren sie ihrer Frühwarnfunktion nicht gerecht geworden. Wie andere Marktteilnehmer auch, haben sie viele Krisensymptome nicht gesehen und hissten erst im Herbst 2007 die rote Flagge, als die Panik groß und das Ansehen eines Teils der als solide beurteilten Papiere kollabiert war. Beispielsweise wurde die Mittelstandsbank IKB noch wenige Monate vor dem Kollaps im Jahr 2007 für ihre »umsichtigen Kreditvergabepraktiken, das effiziente Risikomanagement und die damit einhergehende relative Immunität gegen Marktrisiken« gelobt und die Schuldtitel des Instituts mit dem vierthöchsten Rating in einem System von 19 Bonitätsnoten versehen.[301] Erst einen Tag nach der vernichtenden Gewinnwarnung der IKB im Sommer 2007 kam auch das Rating ins Rutschen. Dass es noch schlechter geht, bewies wenig später der Fall Lehman Brothers. Die US-Investmentbank ging am 15. September 2008 in die Insolvenz. Fünf

Tage vorher hatten S&P und Moody's das Finanzhaus noch mit guten A-Noten eingestuft. Ähnlich unglücklich agierten die Konzerne auch in der anschließenden Staatsschuldenkrise. Noch im Dezember 2009 beispielsweise hielt die Agentur Moody's die Sorgen der Investoren vor einem Liquiditätsengpass für völlig übertrieben.[302] Zu diesem Zeitpunkt war bereits der Haushaltsschwindel aufgeflogen. Kein halbes Jahr später musste Griechenland dann gerettet werden.

Ratingagenturen nehmen veränderte Kreditrisiken oft erst mit Verspätung wahr. Ein Beispiel war auch die Asienkrise. Erst als an den Märkten bereits Panik eingetreten war, setzten die Kreditanalysten Hals über Kopf die Ratings der betroffenen Tiger-Staaten herab. Quasi über Nacht wurde aus dem Musterschuldner Südkorea mit der guten Note AA- ein Land, dessen Staatsanleihen nur noch Schrott-Status aufwiesen. S&P senkte das Rating um nicht weniger als zehn Stufen.[303] Und auch im Fall von Russland warnten die Analysten nicht gerade frühzeitig vor Ausfällen bei den Staatstiteln. Der renommierte Ökonom Barry Eichengreen beurteilt die Ratings daher auch als »einen hinterherlaufenden Indikator«.[304]

Die folgende Tabelle führt für die Staatspleiten der neueren Geschichte die Ratings auf, die S&P dem jeweiligen Staat ein Jahr vor dem Kollaps vergeben hat. Viele der Staaten weisen selbst ein Jahr vor dem finanziellen Zusammenbruch noch passable Ratings auf, so etwa Argentinien und Russland mit der Note BB beziehungsweise BB-, immerhin noch der zwölft- und dreizehntbesten von insgesamt 20 Noten. Eine systematische Untersuchung kam dann auch zu dem Ergebnis, dass die Agenturen das Risiko souveräner Schuldner gewöhnlich unterschätzen und in ihrem Urteil zu optimistisch sind.[305]

Ein Grund für eine systematisch zu positive Beurteilung der Agenturen könnte darin liegen, dass ihre Ratings just von jenen bezahlt werden, die sie kritisch bewerten sollen. Nicht die Nutzer der Ratings, die Anleiheinvestoren, bezahlen für die Analyseleistung, sondern die Unternehmen, Staaten oder Banken, welche die Anleihen an den Markt bringen. Bis zu 2,5 Millionen Dollar müssen Emittenten abhängig von ihrer Größe für das Rating zahlen.[307] Damit ergibt sich ein möglicher Interessenkonflikt. Die zahlenden

Pleite-Land	Datum des Ausfalls	Länge des Ausfalls in Monaten	Rating ein Jahr vor Beginn des Ausfalls
Russland	27. Jan. 99	22	BB-
Pakistan	29. Jan. 99	11	B+
Indonesien	17. Apr. 00	6	CCC+
Argentinien	6. Nov. 01	54	BB
Indonesien	23. Apr. 02	4	B-
Paraguay	13. Feb. 03	18	B
Uruguay	16. Mai 03	1	BB-
Grenada	30. Dez. 04	11	BB-
Venezuela	18. Jan. 05	1	B-
Dominikanische Republik	1. Feb. 05	5	CCC
Belize	7. Dez. 06	3	CCC-
Seychellen	7. Aug. 08		B
Griechenland	27. Feb. 12		BB+

Quelle: S&P Sovereign Rating[306]

Auftraggeber haben zudem häufig auch einen Einfluss darauf, ob ihre Note veröffentlicht wird.[308]

Die Branche entgegnet diesem Verdacht mit dem Verweis auf Reputationsschäden, die ihr drohen, sollte sie ihren Kunden Gefälligkeitsnoten ausstellen. Schließlich lebt sie davon, dass ihre Noten als informativ angesehen werden. Wer allen Auftraggebern Traumnoten gibt, läuft Gefahr, nicht mehr ernst genommen zu werden.

Die Ratings eines solchen Anbieters wären dann wertlos – für die Anleger ebenso wie für die Kreditnehmer. Die amerikanische Börsenaufsicht SEC folgte im Jahr 2003 nach einer Untersuchung der Branche der Lesart der Agenturen. In ihrem Bericht schreibt sie zum Thema Interessenkonflikt sinngemäß: »Grundsätzlich waren die Teilnehmer der Anhörung überzeugt, dass die Abhängigkeit der Agenturen von den Gebühren der Emittenten weder zu einem signifikanten Interessenkonflikt führt noch die Objektivität der Kreditratings insgesamt in Frage stellt.«[309]

Allerdings wird dieser Befund von wissenschaftlichen Beobachtern nicht gerade durchgehend geteilt und stammt wohl noch aus einer anderen Zeitrechnung.[310] Die Finanzkrise hat einige scheinbar unverrückbare Gewissheiten verschoben und auch die SEC hat inzwischen eine härtere Gangart gegenüber den Ratingagenturen eingeschlagen.[311] Die Ratingagenturen gehörten zu den großen Profiteuren des amerikanischen Hypothekenbooms zu Beginn des neuen Jahrtausends. Sie ließen sich ihre Benotung von zu Paketen geschnürten Hypotheken-Krediten zweifelhafter Qualität von den Banken gut honorieren. Die Finanzinstitute wiederum konnten die später teilweise als »toxisch« eingestuften Pakete mit dem Siegel der Ratingagenturen glänzend weiterkaufen. Viele Hypothekenpapiere, die sich bald als minderwertig erwiesen, wurden mit der Bestnote AAA ausgezeichnet. Moody's beispielsweise versah zwischen 2000 und 2007 ganze 42 625 solcher Hypothekenpapiere mit der Spitzennote AAA.[312]

Erst als die Immobilienmärkte kollabierten und damit die den Hypothekenkrediten zugrunde liegenden Sicherheiten zerbröselten, wollte den Ratingagenturen plötzlich das gesamte Risiko aufgefallen sein. Es drängte sich der Verdacht auf, dass die Agenturen die hypothekenbesicherten Papiere für die zahlenden Kunden zu optimistisch bewertet hatten.[313] Wie stark sich die Richtlinien, nach denen eine Ratingagentur Kredite beurteilt, auf ihren Erlös auswirken, zeigte sich noch vor dem Ausbruch der US-Immobilienkrise im April 2007. Damals verschärfte die Agentur Moody's ihre Kriterien für Hypothekenanleihen mit der Begründung, für diese Klasse von Wertpapieren seien keine ausreichenden Sicherheiten vorhanden. Über Nacht wurde Moody's vom Rating für 70 Prozent aller neuen Anleihen ausgeschlossen. Die zahlenden Emittenten entschieden sich lieber für die Anbieter mit der weniger strengen, besseren Benotung.[314]

Die Ratingagenturen werden also wegen ihrer vermeintlich zu unkritischen Urteile für das Entstehen der Hypothekenkrise mit verantwortlich gemacht.[315] Schließlich waren es die faulen Hypothekenpapiere, die viele Banken in den Ruin zu treiben drohten.

Erst großzügige staatliche Rettungsaktionen wie der teilweise öffentliche Ankauf toxischer Papiere konnten eine Pleitewelle der Finanzindustrie verhindern. Ob Ratingagenturen im Allgemeinen krisenverschärfend wirkten, ist wissenschaftlich zumindest umstritten.[316]

Das Rating-Paradox

Der weitreichende Einfluss der Ratingagenturen wurde gelegentlich sogar als »nukleare Option« bezeichnet – ein Begriff, den die Agentur Moody's selbst geprägt hat und die damit in ihrer Selbsteinschätzung in den Rang einer Atommacht aufgestiegen ist.[317] Wenn die Ratingexperten in ihren Bewertungen nur das festhalten, was die Investoren im Markt ohnehin schon wissen, also keinen wirklichen Mehrwert mit ihrer Arbeit erbringen, und sich obendrein möglicherweise noch in einem Interessenkonflikt befinden, weil sie von ihren Kunden für die Bewertung bezahlt werden, warum sind sie dann so einflussreich? Finanzwirtschaftler wie Frank Partnoy von der Universität San Diego haben versucht, diesem »Rating-Paradox« auf den Grund zu gehen.[318] Sein Ergebnis: Die Ratings der privat organisierten Agenturen haben quasi offiziellen Charakter, weil sie oftmals vom Gesetzgeber zu regulatorischen Zwecken genutzt werden. Zahlreiche Regeln und Finanzmarktregulierungen beziehen sich explizit auf die Bonitätsnoten von S&P, Moody's & Co. Wenn staatlich regulierte Pensionskassen, Lebensversicherer oder Investmentfonds in einigen Ländern von Gesetzes wegen ausschließlich in Anleihen mit einer bestimmten Mindestbonitätsnote investieren dürfen, müssen diese Anleger verkaufen, sobald eine Anleihe von den Agenturen heruntergestuft wird.

Auch die Eigenkapitalanforderungen für die Banken, wie sie im Abkommen Basel II festgelegt sind, stellen teilweise bei der Beurteilung von Bilanzrisiken auf Kreditratings ab.[319] Nicht zuletzt verleihen die Notenbanken bei ihren Geldgeschäften den Agenturen freiwillig Einfluss. Wer bei der Europäischen Zentralbank (EZB) Geld leihen will, muss nach Artikel 18 der EZB-Satzung Sicherheiten hinterlegen, die den eigenen »hohen Bonitätsanforderungen« gerecht werden.[320] Bei der Beurteilung stützte sich die Notenbank in der Vergangenheit maßgeblich auf die Expertise externer Ratingagenturen. Fiel eine Anleihe unter ein Mindestrating, war sie als Kreditsicherheit für die Notenbank nicht mehr akzeptabel.

Dass diese Abhängigkeit von der EZB »hausgemacht« war, hat sie bewiesen, als sie im Zuge der Griechenlandkrise von dieser Regel einfach abgewichen ist. Bis zur Finanzkrise konnten Banken lediglich Papiere mit einer Mindestnote A als Pfand bei der EZB hinterlegen. Diese Standards wurden dann Stück für Stück gelockert. In einem ersten Schritt ließen sich auch Anleihen mit einer Bonitätsnote bis BBB- (Moody's: Baa3) bei der EZB gegen Kredite verpfänden. Als Griechenland nach etlichen Rückstufungen mit seinen Anleihen Gefahr lief, selbst unter dieses gelockerte Mindestrating zu fallen, wurde das Ratingkriterium für Schuldtitel der Eurozone einfach aufgehoben und für andere Papiere weiter aufgeweicht. Seit Mai 2010 können griechische Anleihen unabhängig von jeglichem Rating bei der EZB für Kredite verpfändet werden.

Drei große Agenturen teilen sich den Markt weitgehend untereinander auf. Die beiden großen Anbieter S&P und Moody's halten 43 beziehungsweise 36 Prozent, Fitch als Nummer drei immerhin noch 16 Prozent Marktanteil.[321] Als sogenannte Nationally Recognized Statistical Rating Organizations (NRSRO's) bekommen ihre Analysen in den USA quasi offiziellen Charakter, weil die US-Börsenaufsicht SEC für regulatorische Zwecke allein NRSRO-Ratings heranzieht.[322] Finanzwirtschaftler Partnoy stuft die Zutrittsbarrieren zum Markt – also die Hürden für eine weitere Agentur, ebenfalls von der SEC NRSRO-Status zu erhalten – als »prohibitiv« ein. Auch ökonomische Größenvorteile und hohe Wechselkosten beeinträchtigen den Wettbewerb. »Unter dem Strich bekommen die Ratings dieser Agenturen für die Finanzmarktakteure einen Wert, selbst wenn ihr Informationsgehalt nicht größer ist als öffentlich zugängliche Informationen, die sich bereits in den Kursen reflektieren.«[323] Partnoy zufolge ist es weniger der Informationswert der Ratings, der die Agenturen so mächtig macht, als vielmehr der politisch begründete Lizenzwert der Bonitätsnoten.

Die Politik diskutiert darüber, den Einfluss der Ratings zu begrenzen. So will das Forum für Finanzstabilität die Bedeutung der Bonitätsnoten für die Berechnung der Eigenkapitalanforderungen der Banken reduzieren. Diskutiert wird auch die Schaffung einer europäischen Ratingagentur, die nach dem Vorbild der Stiftung Warentest aus Steuermitteln finanziert wird und etwa unter dem Dach der EZB angesiedelt sein könnte. Auch ein solches Geschäftsmodell birgt natürlich potenzielle Interessenkonflikte. Staaten als Finanziers einer öffentlich finanzierten Ratingagentur wären schließlich Emittenten, Investoren und Regulierer zugleich.[324]

Der Erfolg einer europäischen Ratingagentur ist daher fraglich. Ein solcher Neueinsteiger hätte zunächst ein Glaubwürdigkeitsproblem und müsste sich seine Reputation in einem langwierigen Prozess erst erarbeiten. Zudem stünde eine solche Agentur stets im Verdacht, europäische Emittenten zu bevorzugen und liefe damit Gefahr, international kaum Gehör zu finden. Auch eine europäische Agentur, die die Zahlungsfähigkeit eines Staates bewerten wollte, müsste dessen Politik akribisch analysieren. Das gilt umso mehr, als in der Eurozone die Staaten untereinander milliardenschwere Bürgschaften eingehen, die bei einer Bonitätsbeurteilung berücksichtigt werden müssen. Die Kritik, dass S&P, Moody's und Fitch sich zu sehr in die Politik einmischen, greift daher zu kurz. Eine europäische Agentur müsste es genauso machen, wenn sie glaubwürdig sein wollte.

Die Ratingmethode

Man mag den Einfluss der Ratingagenturen, Schwächen in der Treffsicherheit ihrer Prognosen oder die Interessenkonflikte beklagen: Ihnen kommt jedoch eine Schlüsselrolle bei der Entwicklung der Staatsfinanzen zu. Ratingagenturen beeinflussen das Geschehen. Daher ist es wichtig, die Arbeitsweise der Agenturen zu kennen.

Doch wie kommen die Urteile über einzelne Staaten eigentlich zustande? In der Regel ist das Rating nicht die Entscheidung eines einzelnen Analysten, sondern eines Komitees. Den Agenturen zufolge gibt es keinen Automatismus zwischen Schuldenstand und Rating. Für ein AAA darf der Schuldenstand zwar nicht über

100 Prozent liegen, doch darunter gibt es keine festgelegten Regeln.[325] Der Schuldenstand ist nicht allein entscheidend für die Tragfähigkeit der Schulden. Unter den Staaten, die in der Vergangenheit in den Bankrott gingen, waren nicht nur solche mit hoher Verschuldungsquote. Entsprechend schauen die Ratingagenturen bei ihren Analysen auch darauf, wie erschwinglich die Schulden für ein Land sind. Sämtliche Agenturen setzen auf die »debt affordability«, eine Kennzahl, die die Höhe der Schulden mit den Kosten verbindet. Heraus kommt die sogenannte Zinslastquote. Hier werden die Ausgaben für den Schuldendienst eines Landes ins Verhältnis gesetzt zu sämtlichen Einnahmen, inklusive den Einnahmen der Sozialkassen. Eine Quote von weniger als zehn Prozent gilt als unbedenklich für die Spitzennote AAA.[326] Ein Land mit einer wachsenden Wirtschaft hat es einfacher, die Quote niedrig zu halten, weil mit der zunehmenden ökonomischen Aktivität in der Regel die Einnahmen des Fiskus steigen.

Zum Ratingverfahren gehören auch qualitative Aspekte wie die Widerstandsfähigkeit eines Landes.[327] Wie steht es um die ökonomische Stärke, die vor allem in einer hohen Wirtschaftskraft pro Kopf gemessen wird? Wie steht es um die Institutionen eines Landes, seine Regierungsführung? Hohe Transparenzstandards, wenig Korruption sowie effiziente und möglichst vorhersagbare politische Entscheidungen gehören genauso zu den Kriterien wie die Frage, inwieweit private Eigentumsrechte respektiert werden. Auch die Handelsbilanz findet Eingang in die Ratings. Wer dauerhaft mehr importiert als er ausführt, lebt über seine Verhältnisse und muss die Lücke mit ausländischem Kapital schließen. Fitch und S&P betrachten in dieser Hinsicht noch die Volatilität des Wirtschaftswachstums und der Staatseinnahmen sowie die Höhe der Inflation als negative Faktoren. Das Kalkül: Hohe Schwankungen und Teuerungsraten behindern die langfristige Planungssicherheit und damit die Wirtschaftsaktivitäten. Spätestens seit der Finanzkrise ist auch der Bankensektor bei der Beurteilung von Länderrisiken in den Blickpunkt geraten. Überengagierte Geldhäuser hatten Island an den Rand des Abgrunds gebracht. Nur mit Hilfe des Internationalen Währungsfonds ließ sich ein Bankrott Islands abwenden.[328]

Doch makroökonomische Daten wie Wirtschaftswachstum oder Schuldenquote erzählen nicht die ganze Geschichte einer Nation. Die Ratingagenturen müssen in ihre Bewertung immer stärker auch einbeziehen, ob die jeweilige Regierung eines Landes stark genug ist, um gegebenenfalls ein effektives Sparprogramm aufzulegen und inwieweit der Bevölkerung schmerzhafte Reformen zugemutet werden können, ohne gleich Straßenschlachten oder gar eine Revolution auszulösen. Hier gibt es große Unterschiede. Die Iren beispielsweise nahmen im Frühjahr 2010 harte Einschnitte relativ klaglos hin. Sie akzeptierten, dass nach der jahrelangen Party am Immobilienmarkt mit zweistelligen Zuwächsen ein »Kater« folgt. Anders die Griechen: Hier bestimmten im Frühjahr 2010 und 2012 Straßenschlachten mit der Polizei die Schlagzeilen, sogar Tote waren zu beklagen.

Der soziale Zusammenhalt geht daher immer häufiger in die Ratings mit ein. Denn es nützt nichts, wenn eine sparsame Regierung von einer in ihrer Leidensfähigkeit überforderten Bevölkerung spätestens nach fünf Jahren abgewählt werden kann.

17. Wir haben die Schulden nur bei uns selbst – wirklich?

Einem beliebten Argument für den sorglosen Umgang mit Staatsschulden zufolge haben wir diese Schulden nur bei uns selbst. Leiht sich der Staat eine Billion von seinen Bürgern, haben die Bürger eine Forderung von einer Billion an den Staat. Für die Rückzahlung müssen sie dem Staat dann den Gegenwert von einer Billion als Steuern zahlen.

Ist Staatsverschuldung also so eine Art »kollektives In-sich-Geschäft«, bei dem sich die Nettoansprüche der Bürger an den Staat mit ihren künftigen Steuern für die Finanzierung dieser Forderungen gerade aufrechnen lassen? Und ist es dann nicht praktisch egal, wie groß die Staatsschuld ist, weil ihr immer Forderungen der Bürger an den Staat in gleicher Höhe gegenüberstehen?

Der Nationalökonom Abba P. Lerner (1903–1982) beispielsweise argumentierte in dieser Weise in einer 1943 veröffentlichten Arbeit.[329] Nach seiner Überzeugung sollte die Frage der Höhe des staatlichen Schuldenstands für die Regierung überhaupt keine Rolle spielen. Selbst hohe Zinszahlungen des Staats würden der Gesellschaft insgesamt überhaupt keine Last aufbürden, weil ihnen in gleicher Höhe zusätzliche Zinseinnahmen im privaten Sektor gegenüberstünden. Lerner illustriert das an der folgenden Überlegung:

> »Angenommen, der nationale Schuldenstand erreicht die unvorstellbare Höhe von zehntausend Milliarden Dollar (also zehn Billionen, $ 10,000,000,000,000), so dass die jährlichen Zinszahlungen 300 Milliarden im Jahr betragen. Angenommen, das reale Volkseinkommen der Volkswirtschaft bei Vollbeschäftigung sei 150 Milliarden pro Jahr. Die Zinsen allein sind dann doppelt so hoch wie das gesamte reale Volkseinkommen. Es besteht kein Zweifel, dass Schulden in dieser Höhe »unvernünftig« wären. Aber selbst in diesem phantastischen Fall stellt die Zinszah-

lung für die Gesellschaft keine Last dar. Obwohl das reale Einkommen nur 150 Milliarden beträgt, beträgt das Einkommen in Geld gemessen 450 Milliarden – 150 Milliarden in Einkommen aus der Produktion von Gütern und Dienstleistungen und 300 Milliarden in Zinseinkommen aus Staatsanleihen, die die Staatsverschuldung ausmachen. Von diesem Geldeinkommen von 450 Milliarden muss der Staat 300 Milliarden als Steuern für Zinseinkommen einsammeln (sofern 10 Billionen Dollar das gesetzliche Schuldenlimit sind), aber nach Zahlung dieser Steuern bleiben 150 Milliarden Dollar in den Händen der Steuerzahler, und das ist ausreichend, um für alle Güter und Dienstleistungen zu bezahlen, die die Volkswirtschaft produzieren kann. Tatsächlich würde man dem privaten Sektor nichts Gutes tun, würde man ihm mehr Nettoeinkommen nach Steuern überlassen, denn wenn die Kaufkraft mehr als 150 Milliarden betragen würde, würde das nur die Preise der gekauften Güter erhöhen. Der private Sektor wäre nicht im Stande, mehr an Gütern zu erwerben als das Land zu produzieren im Stande ist.«[330]

Der Kern des Arguments von Lerner wird verständlich, wenn man sich die von ihm unterstellte Theorie für die Funktionsweise von Wirtschaft verdeutlicht. In der Wirtschaftswelt Lerners – der Welt der Keynes'schen »Globalsteuerung« – ist die Höhe der Nachfrage die zentrale Größe der Wirtschaftspolitik. Ziel der Wirtschaftspolitik ist es, die Höhe der Nachfrage auf die Größe des Produktionspotentials der Wirtschaft bei Vollbeschäftigung zu trimmen. Andere Aspekte sind dem Ziel einer optimalen Nachfrage nachgelagert. Und kreditfinanzierte staatliche Ausgaben spielen bei der Steuerung der gesamtwirtschaftlichen Nachfrage eine wichtige Rolle.

Die Kernidee der Globalsteuerung ist, dass Staatsausgaben unmittelbar die Nachfrage in genau gleichem Umfang erhöhen, während die staatlichen Kredite, die der Staat hierfür aufnehmen muss, im privaten Bereich die Nachfrage um weniger als diesen Betrag reduzieren. So kommt es zunächst zu einer Erhöhung der Gesamtnachfrage. Dieser Primärimpuls führt zu einem höheren Gesamtangebot, was wiederum privates Einkommen schafft, von dem wiederum ein Teil in Konsum umgesetzt wird und so fort, so dass fast eine Art Perpetuum mobile entsteht, bei dem sich die Staatsverschuldung im günstigsten Fall über Wachstumseffekte sogar selbst finanziert. Fragen der Finanzierung der Zinsen für die Staatsschuld sind dabei zweitrangig. Und sollte die Selbstfinanzierung nicht klappen, dann muss der Staat die Zinseinnahmen soweit durch Steuern abschöpfen, dass das verbleibende Volkseinkommen nach Steuern genauso groß ist, dass es eine Nachfrage in gewünschter Höhe entfaltet: So groß soll die Nachfrage sein, dass das Produktionspotential bei Vollbeschäftigung genau ausreicht, diese Nachfrage zu befriedigen. Diese Nachfrage soll sich dann das Angebot an Gütern und Dienstleistungen schaffen. Das wiederum führt zu Vollbeschäftigung. So schafft der Staat durch einen geeigneten Mix aus Steuern und Staatsverschuldung gerade die gewünschte Nachfrage, die dann das gewünschte Angebot bzw. Vollbeschäftigung nach sich zieht. Wenn die Staatsverschuldung im Laufe dieses Prozesses auf astronomische Höhen steigt, dann ist das eben so und gar kein Problem.

Die Überlegungen, die hier etwas holzschnittartig wiedergegeben werden, waren von großem wirtschaftspolitischen Einfluss. In seiner Bedeutung hat dieses wirtschaftspolitische Weltbild mittlerweile an Einfluss verloren. Dafür sind verschiedene Kritikpunkte verantwortlich.

Jedem Euro, den der Staat an Zinsen zahlt, steht irgendwo in der Welt ein Euro an Zinseinnahmen gegenüber. Das stimmt und beschreibt den simplen buchhalterischen Zusammenhang, wonach eine Buchung irgendwo im System eine Gegenbuchung verlangt, sozusagen das buchhalterische Äquivalent des Energieerhaltungssatzes der Thermodynamik. Trotzdem ist es für den Staat keine realistische Option, einfach immer mehr Schulden zu machen und diese Zinseinnahmen einfach als Steuern einzusammeln. Lerners »we owe it to ourselves« ist, denkt man rein in den Kategorien eines Buchhalters, zwar nicht falsch, aber wirtschaftspolitisch bedeutungslos. Es ist nicht gleichgültig, ob sich beim Staat Vermögen und Ansprüche oder Schulden anhäufen, weil der Staat nicht beliebig und vor allem nicht kostenfrei zwischen Staat und dem privaten Sektor umverteilen kann. Drei Aspekte sind besonders bedeutsam: Die ungleiche Verteilung der Ersparnisse in der Bevölkerung, die Problematik der Steuererhebung und Aspekte, die mit internationalen Kapitalmärkten zu tun haben.

Zum ersten Aspekt: Legt man die Staatsverschuldung in Deutschland um auf die Bevölkerung, entfallen auf jeden Deutschen über 20 000 Euro. Hätte jeder Deutsche Staatspapiere im Gegenwert von 20 000 Euro, könnte der Staat sich der Staatsschuld wirklich sehr elegant und mit einem Federstrich entledigen. Er könnte einfach jeden Bürger veranlassen, Staatsschuldpapiere im Gegenwert von 20 000 Euro bei einer Sammelstelle abzugeben. Das sollte die Bürger nicht einmal besonders ärgern, denn sie wüssten, dass ihnen damit zugleich die Bürde der Staatsverschuldung genommen wäre.

So ein Schritt ist offenbar nicht praktikabel, wenn das Vermögen in der Gesellschaft sehr unterschiedlich verteilt ist, einige Staatsbürger erhebliche Vermögen zusammengetragen haben und andere privat sogar noch zusätzliche Schulden haben. In dieser Situation wird die Rückzahlung der Staatsverschuldung zu einer Verteilungsfrage. Nehmen wir noch einmal an, Herr K. ist Alleineigentümer der betreffenden Bank, bei der er einen Kleinkredit hat. Außerdem soll die Bank noch 999 andere Kunden mit einem ähnlich großen Kredit haben. Herr K. ist also ein Superreicher in dieser kleinen Gesellschaft. Kollektiv verrechnen sich die Schulden aller 1 000 Kreditnehmer mit den Ansprüchen der Bank. Trotzdem würde Herr K. wohl einer allgemeinen Streichung aller Kredite nicht gern zustimmen. So ist es auch mit Staatskrediten, wenn man sich von der unrealistischen Vorstellung löst, dass alle Einwohner dieses Staats völlig gleich sind, was ihr Einkommen, Vermögen usw. angeht.

Zum zweiten Aspekt: Das Eintreiben von Steuern ist keine einfache, und vor allem keine kostenfreie Angelegenheit. Der Staat, der seinen Bürgern Steuern abnehmen will, muss damit rechnen, dass es bei den Bürgern zu Ausweichreaktionen kommt. Die Bezieher von Zins- und Dividendeneinkommen reagieren auf eine Besteuerung von solchen Einkommen beispielsweise durch eine Veränderung ihrer Ersparnis. Oder sie wandern ab in andere Länder. Oder sie verlagern ihr Kapital, oder begehen Steuerflucht und Steuerhinterziehung. Das Gleiche gilt auch für andere Formen von Steuern. Bezieher von Arbeitseinkommen beispielsweise reagieren auf höhere Lohnsteuern durch Veränderungen in ihrem Arbeitsangebot. Oder sie verzichten darauf, Zeit und Geld in eine gute Ausbildung zu stecken, weil ihnen die höheren Einkommen, die sie damit erzielen könnten, ohnehin wegbesteuert werden. Ähnliche Ausweichreaktionen lassen sich für praktisch alle relevanten Formen der Besteuerung beschreiben. Diese Ausweichreaktionen verringern in der Regel das Produktionspotential und führen die Ökonomie auf einen anderen, meist schwächeren Wachstumspfad. Beispielsweise unterbleiben Investitionen, wenn die besteuerten Erträge aus der Investition den Investor für seinen Aufwand, sein Risiko und seine Geduld nicht mehr ausreichend entschädigen.

Ausweichreaktionen machen die Steuereintreibung zu einem kostspieligen und verlustreichen Geschäft. Die Unterhaltung einer Finanzbehörde kostet eine Menge Geld. Auch die Steuerzahler haben Kosten bei der Erstellung von Steuererklärungen und der Erfüllung ihrer Rechenschaftspflichten, etwa der Aufzeichnung wirtschaftlicher Vorgänge. Außerdem verändern Steuern das Verhalten der Steuerzahler. Gelegentlich setzen Investoren mehr Millionen in den Sand von Steuersparmodellen, als sie damit an Steuern sparen. Wohlstand geht durch Steuern nicht zuletzt da verloren, wo Steuerzahler wirtschaftlich eigentlich sinnlose, aber kostspielige Aktivitäten betreiben, nur weil sie dadurch persönlich weniger Steuern zahlen. Bei solchen Steuersparaktivitäten, sei es die Beschäftigung von Steuerberatern oder die Erfindung und Administration komplizierter, aber steuerlich vorteilhafter Unternehmenskonstruktionen, entstehen echte volkswirtschaftliche Kosten. Finanzwissenschaftler nennen die wirtschaftlichen Einbußen, die durch Steuern entstehen und die reinen Vermögensentzugseffekte der Besteuerung übersteigen, gerne »Zusatzlasten der Besteuerung«. Sie beziffern diese Kosten je nach Steuer auf eine Höhe, die mitunter größer sein kann als die tatsächlich abgeführten Steuern.[331]

Denken wir noch einmal an das Beispiel von Abba P. Lerner, der die Privatwirtschaft einfach um den gesamten Betrag der Zinserträge von 300 Milliarden Dollar erleichtern möchte, um so die von ihm gewünschte gesamtwirtschaftliche Nachfrage zu erzeugen (genauso groß wie das Produktionspotential von 150 Milliarden Dollar in seinem Beispiel). Die Besitzer der Staatsschuldanleihen würden wohl vorhersehen, dass der Staat ihnen praktisch den gesamten Zinsertrag wegnehmen wird. Sie würden dem Staat das Geld unter diesen Bedingungen wohl gar nicht erst geben. Wie der Staat dann aber seine Staatsschuld weiter finanziert, wenn die privaten Kreditgeber in Streik treten, darüber schweigt Lerner in seinem Beispiel. Hier wird deutlich: Eine Staatsschuld, die über alle Grenzen wächst, stößt auf Finanzierbarkeitsgrenzen.

Ausweichreaktionen, mit denen die Steuerzahler auf Steuern reagieren, beschränken auch das maximale Ausmaß, in dem der Staat zu einem bestimmten Zeitpunkt Steuern von seinen Steuerbürgern einziehen kann. Das Ausmaß an Lohnsteuern, das ein Staat realistisch betrachtet maximal einsammeln kann, ist wahrscheinlich nur ein kleiner Bruchteil des Betrags, der als gesamtes Arbeitseinkommen entstünde, wenn der Staat gar keine Einkommensteuer erhebt. Spätestens bei Steuersätzen in der Größenordnung von 80 bis 90 Prozent werden sich viele Arbeitnehmer überlegen, ob sie überhaupt noch Arbeit suchen und Geld verdienen sollen, da der Nettolohn bei solchen Steuersätzen nicht mehr über den Mindesteinkommensgrenzen liegt, die das Grundgesetz den Bürgern als Existenzminimum zusichert. Ähnliches gilt für die Anreize, sich für besser bezahlte Berufe auszubilden, oder unangenehmere, aber besser bezahlte Jobs anzunehmen.

Zum dritten Aspekt: Staatspapiere werden nicht nur von einheimischen Staatsangehörigen gehalten, sondern auch von Ausländern. Solange die Welt aus vielen souveränen Staaten besteht, muss man sich also spätestens an diesem Punkt von der Vorstellung verabschieden, die Staatsverschuldung sei ein Posten, der im Aggregat der Volkswirtschaft verschwindet, weil sich wie in einer Großfamilie mit Kreditbeziehungen der Familienmitglieder untereinander die Schulden eines Familienmitglieds mit denen anderer Familienmitglieder verrechneten.

18. Ewiges Leben und die Münchhausen-Lösung, oder: Zins versus Wachstumsrate

Die deutschen Staatsschulden sind nicht die Schulden einer Regierung, deren Laufzeit mit dem Regierungswechsel endet. Es sind die Schulden »der Bundesrepublik Deutschland«, oder der jeweiligen Bundesländer. Die Bundesrepublik Deutschland und die Bundesländer sind Körperschaften des öffentlichen Rechts. Sie leben im Prinzip unendlich lange. Ein Staat wie Deutschland hat immerwährenden Bestand, sieht man einmal von gelegentlichen Revolutionen, dem Hunnensturm oder Meteoriteneinschlägen ab. Und selbst wenn es zu grundlegenden Veränderungen kommt, wie Deutschland sie mit dem Wandel vom Kaiserreich zur Weimarer Republik erlebt hat, oder mit dem Ende des Nationalsozialismus oder dem Ende der Deutschen Demokratischen Republik, dann gibt es einen Rechtsnachfolger der alten Regierung. Dieser Rechtsnachfolger erbt in aller Regel den Schuldenbestand der Vorgänger.

Die »Unsterblichkeit« des Staats macht wirklich einen substanziellen Unterschied aus zwischen einem Staat und Privatpersonen. Die Bundesrepublik Deutschland kann im Grunde einen Kredit aufnehmen und die Schuld Jahre und Jahrzehnte später durch einen neuen Kredit begleichen. Sie kann diese neuen Schulden durch einen erneuten Kredit Jahre später bedienen, und so fort.

Kann ein Staat so seine Schulden immer wieder umschulden und die Schulden letztendlich wirklich niemals zurückzahlen? Tatsächlich funktioniert die Staatsverschuldung zum Teil nach diesem Prinzip. Der Staat leiht sich das Geld in der jeweiligen Periode in der Regel, indem er Anlegern festverzinsliche Wertpapiere mit einer Laufzeit von einigen Monaten oder Jahren verkauft. Ganz konkret befasst sich mit dieser Anschlussfinanzierung die »Bundesrepublik Deutschland – Finanzagentur«. Das klingt modern und unschuldig. Früher hatte die Finanzagentur den ehrlicheren Namen »Bundesschuldenverwaltung«. Die Finanzagentur hat in ihrem Angebot sogenannte unverzinsliche Schatzanweisungen mit einer Laufzeit von sechs Monaten, unverzinsliche Schatzanweisungen mit einer Laufzeit von zwölf Monaten, Bundesschatzanweisungen mit einer Laufzeit von zwei Jahren, Bundesobligationen mit einer Laufzeit von fünf Jahren, Bundesanleihen mit einer Laufzeit von zehn Jahren und mit einer Laufzeit von dreißig Jahren, sowie sogenannte inflationsindexierte Bundeswertpapiere, Anleihen in Fremdwährungen, Finanzierungsschätze, Bundesschatzbriefe, Tagesanleihen und Schuldscheindarlehen.

Im September 2009 beispielsweise betrug der Anteil der Bundesanleihen 57 Prozent und der Anteil der Bundesobligationen 16,9 Prozent.[332] Das zeigt, dass die Bundesschulden überwiegend durch Wertpapiere mit verhältnismäßig langer Laufzeit finanziert sind. Die Zinsen fallen während der Laufzeit an, und nach deren Ende zahlt der Staat dem Kreditgeber den geliehenen Betrag zurück. Gleichzeitig verkauft der Staat ungefähr in gleichem Umfang neue Staatsschuldpapiere an neue Gläubiger. Er benutzt das Geld aus dem Verkauf der neuen Papiere zur Begleichung seiner alten Schulden. Der Umfang dieser Transaktionen ist beträchtlich. Die Finanzagentur plante im Dezember 2009 für das Jahr 2010, Staatsschuldtitel im Umfang von 343 Milliarden Euro an Kreditgeber zu verkaufen.[333] Das ist ein Betrag, der viel größer ist als die geplante Nettokreditaufnahme des Bundes.

Wenn der Staat seine alten Schulden einfach durch die Aufnahme neuer Schulden bedienen kann, könnte er auf die Idee kommen, nicht nur den Betrag der Schuld selbst durch einen neuen Kredit zu finanzieren. Er könnte daran denken, auch die Zinsen auf den alten Kredit durch einen entsprechend größeren Kredit zu finanzieren, und bei der nächsten Zahlung von Zins und Tilgung einfach noch mehr Kredit aufzunehmen. Sollte das auf ewige Zeiten möglich sein, dann wäre das so eine Art Perpetuum mobile: Der Staat könnte sich einfach neue Finanzmittel besorgen, ohne dafür jemals belastet zu werden. Mit den zusätzlichen Finanzmitteln könnte der Staat seinen Bürgern Gutes tun. Genuss ohne Reue, sozusagen, oder Schulden ohne Sühne. Die Schulden nebst Zinsen und Zinseszinsen würden einfach unendlich weit in die Zukunft verlagert. Aber kann das funktionieren? Der Vorgang klingt faszinierend, aber auch ein wenig wie eine Geschichte aus »Alice im Wunderland« oder eine der Phantasiegeschichten des Barons von Münchhausen.

Aus der Privatwirtschaft kennen wir Schneeballsysteme wie das des Trickbetrügers Charles Ponzi (1882–1949).[334] Das englische Wort für Schneeballsystem ist nach ihm benannt: »Ponzi scheme«. Ponzi hat Anleger überredet, ihm angeblich unglaublich profitable Anteile an seinem Geschäft mit internationalen Postantwortcoupons abzukaufen. In Wahrheit war das Postantwortcoupongeschäft recht unbedeutend. Ponzi hat den Sparern aber hohe Gewinne als Dividenden zugewiesen, die er einfach aus neu angelegten Geldern finanziert hat. Das ging so lange gut, bis die Investoren begriffen haben, dass das Geschäftsmodell von Ponzi nicht nachhaltig ist. Der Zusammenbruch ist unausweichlich, sobald hinreichend viele Anleger ihr Geld ausbezahlt haben möchten.

Schneeballsysteme werden immer wieder erfolgreich ins Leben gerufen. Ein Beispiel ist das dem Vernehmen nach auf ähnlichen Prinzipien aufgebaute Kapitalanlagegeschäft des Investmentbankers und Bankrotteurs Bernard (Bernie) L. Madoff.[335] Das Wesen solcher Schneeballsysteme in der privaten Wirtschaft ist, dass sie irgendwann zusammenbrechen. Über kurz oder lang reichen die Zuflüsse an neuem Geld nicht aus, den alten Investoren ihre phantastischen Renditen zu zahlen, oder für die Geldabflüsse von Investoren aufzukommen, denen das Geschäftsmodell suspekt wird. Dann geht nichts mehr, das Spiel ist zu Ende und die Investoren, die ihr Geld nicht rechtzeitig abgezogen haben, teilen sich die leere Kasse.

Ob dagegen auf staatlicher Ebene ein Schneeballsystem des Schuldendiensts durch das Aufnehmen immer neuer Schulden funktionieren kann, ist keine ganz einfache Frage. Betrachten wir uns den Vorgang noch einmal etwas konkreter, um zu sehen, wo die Geschichte ihren Haken hat. Der deutsche Staat hatte zum Ende des Jahres 2009 einen Betrag von fast 1 700 Milliarden Schulden.[336] Die Schätzungen für die Staatsschuldenquote im Dezember 2009 betrugen 73,1 Prozent, 76,7 Prozent und 79,7 Prozent für die Jahre 2009 bis 2011.[337] Wenn der deutsche Staat ausgehend von diesem Schuldenstand des Jahres 2009 in den kommenden Jahren einen Zins von fünf Prozent pro Jahr zahlen muss und alle Zinsen und Zinseszinsen einfach durch die Aufnahme weiterer Kredite aufbringt, ansonsten aber auf die Aufnahme weiterer Kredite verzichtet, dann wächst diese Staatsschuld mit Zins und Zinseszins innerhalb der kommenden 100 Jahre von knapp 1700 Milliarden auf rund 253000 Milliarden Euro an. Das ist eine aus heutiger Sicht unglaublich große Summe. Allein die jährlichen Zinsen im Jahr 2110 aus dieser Summe würden 12970 Milliarden Euro betragen und wären damit rund 7,6 Mal so groß wie der gesamte Schuldenbestand zu Beginn des Jahres 2010 und rund fünf Mal so groß wie das deutsche Bruttoinlandsprodukt im Jahr 2010.

Müsste dieses System nicht spätestens zu diesem Zeitpunkt kollabieren? Oder könnte man den unglaublichen Betrag von 253000 Milliarden Euro nebst der anfallenden Zinsen im Jahr 2110 einfach durch neue Kredite finanzieren? Und so für immer weitermachen? Unter Wirtschaftstheoretikern und Wirtschaftspolitikern ist heute die Auffassung weit verbreitet, dass Staatsschulden doch eine ganz erhebliche reale Last darstellen, dass die Zinslast eine reale Last ist, dass es deshalb nicht gleichgültig ist, wie hoch die Staatsschuld aktuell ist.

Wie wir bereits diskutiert haben, ist für die Tragfähigkeit von Staatsverschuldung weniger ihre absolute Höhe entscheidend als ihr Verhältnis zur Wirtschaftskraft des Landes. Letztere wird meist in Form des Bruttoinlandsprodukts gemessen und das Verhältnis von Schulden zu Wirtschaftskraft als Schuldenquote bezeichnet.

In unserem Zahlenbeispiel hatten wir die Folgen für den Schuldenberg zu Beginn des Jahres 2010 betrachtet, wenn der deutsche Staat diese 1700 Milliarden Euro einfach durch immer neue Schulden finanziert. Wir hatten einen Zins von fünf Prozent pro Jahr unterstellt und festgestellt, dass so die Staatsschuld mit Zins und Zinseszins innerhalb der kommenden 100 Jahre von 1700 Milliarden auf rund 253000 Milliarden anwachsen würde. Unterstellt man beispielsweise, dass das Bruttoinlandsprodukt Deutschlands in den kommenden 100 Jahren jährlich ebenfalls um fünf Prozent wachsen wird, dann beträgt das Bruttoinlandsprodukt im Jahr 2110 etwa 356000 Milliarden Euro. Ausgedrückt als Anteil an der Wirtschaftskraft Deutschlands ergibt sich damit im Jahr 2110 eine Schuldenquote, die mit der Schuldenquote des Jahres 2010 haargenau identisch ist. In diesem Fall ist die gigantische Schuldensumme von 253 000 Milliarden Euro also gar nicht mehr so furchterregend. Im Verhältnis zur Wirtschaftskraft bleiben die Schulden gleich hoch.

Noch günstiger stellt sich die Lage dar, wenn das Wirtschaftswachstum noch höher ausfällt. Unterstellt man, dass die deutsche Wirtschaft in den kommenden 100 Jahren ausgehend von einem geschätzten Bruttoinlandsprodukt im Jahr 2010 von rund 2 400 Milliarden Euro durchschnittlich z. B. um sieben Prozent pro Jahr wächst, dann beträgt das Bruttoinlandsprodukt im Jahr 2110 ungefähr 2 630 000 Milliarden Euro. Die Schuldenquote wird dann von 2010 auf 2110 von gut 70 Prozent des Bruttoinlandsprodukts auf unter zehn Prozent sinken. Wächst die Wirtschaft des Landes also hinreichend schnell, d. h. mit einer Rate, die den Zinssatz auf die Staatsschulden übersteigt, dann kann ein Staat ganz einfach aus seinen Schulden herauswachsen. Die Schulden wachsen zwar immer weiter, und zwar um Zinsen und Zinseszinsen. Aber gemessen an der Wirtschaftskraft und der Größe des staatlichen Haushalts werden diese Schulden zu einem vernachlässigbar kleinen Prozentsatz.

Leider gibt es neben den zwei beschriebenen Fällen noch den dritten Fall. Dieser Fall ist in der realen Welt, in der wir leben, vielleicht besonders plausibel. In diesem Fall sind die Wachstumsraten der Wirtschaftskraft im Durchschnitt dauerhaft niedriger als der Zins, der für Staatsschulden gezahlt werden muss. Unterstellt man in dem Rechenbeispiel einmal, dass das Wachstum der Wirtschaftskraft Deutschlands ausgehend von dem Schätzwert für 2010 in den darauffolgenden 100 Jahren durchschnittlich nur drei Prozent pro Jahr beträgt, dann wächst das Bruttoinlandsprodukt bis zum Jahr 2110 auf »nur« rund 48 200 Milliarden Euro. Bei unveränderter Entwicklung der Staatsschulden ergibt sich in diesem Beispiel für das Jahr 2110 dann eine Schuldenquote von deutlich über 500 Prozent. Das ist eine höhere Schuldenquote, als sie die USA oder Großbritannien nach dem Zweiten Weltkrieg hatten, mehr als doppelt so hoch wie die gemeinhin als sensationell hoch betrachtete Staatsschuldenquote in Japan und ein Vielfaches der

Schuldenquote von Griechenland, die das Land an den Rand des Staatsbankrotts gebracht hat.

Zusammenfassend lässt sich sagen: Die unendliche Lebensdauer des Staats macht eine Münchhausen-Lösung der dauerhaften Finanzierung von Staatsverschuldung durch Staatsverschuldung zu einer denkbaren Möglichkeit. Der Staat finanziert dabei seine Schulden und die laufenden Zinsen einfach durch die Ausgabe immer neuer Schuldverschreibungen. Dabei wächst ihm die Schuldenquote nur dann über den Kopf, wenn der Zins, den er auf seine Schulden zahlen muss, dauerhaft höher ist als die durchschnittliche Rate, mit der das Bruttosozialprodukt wächst.

Ökonomen haben argumentiert, dass dieser Fall schon aus theoretischen Gründen leider weniger relevant ist. Ein solches Schneeballsystem kann zum Beispiel zu Fall gebracht werden, wenn die Wachstumsrate und der Zins teilweise unabhängigen Zufallseinflüssen unterliegen. Außerdem sind einem Schneeballsystem auf staatlicher Ebene aus theoretischer Sicht Grenzen gesetzt, wenn die Wirtschaft zum Teil mit Produktionskapital arbeitet, das sich nicht beliebig vermehren lässt – wie etwa Grund und Boden.[338]

In den vergangenen Jahren profitierten die öffentlichen Haushälter noch von stetig sinkenden Zinsen. Das verdeckte die Zusatzbelastungen der öffentlichen Haushalte durch den eigentlichen Schuldenanstieg.[339] Aus Angst vor einer Großen Depression flüchteten sich während der Finanzkrise viele Anleger in Regierungstitel und akzeptierten niedrigste Verzinsungen. Die Nullzinspolitik der Notenbanken tat das Übrige, um die Sätze niedrig zu halten.[340] Allerdings hat sich bereits seit Anfang 2010 die Stimmung gedreht. Ein Gefühl von besonderer Sicherheit geben Staatsanleihen nicht mehr, seit sich an den Märkten langsam die Meinung durchsetzt, dass die Regierungen das Schuldenrad überdrehen. Den Gesetzen von Angebot und Nachfrage können sich die Zinsen für Staatsschuldpapiere langfristig nicht entziehen. Je mehr Anleihen auf einmal auf den Markt kommen, desto höhere Zinsen müssen Staaten den Kreditgebern dafür bieten. Und tatsächlich kommt die Münchhausen-Lösung in der Praxis über längere Zeiträume selten vor, zumindest nicht im Deutschland der vergangenen Jahrzehnte. So zeigt der Sachverständigenrat in seiner Expertise

»Staatsverschuldung wirksam begrenzen«, dass die Umlaufrendite festverzinslicher Anleihen der öffentlichen Hand mit einer Laufzeit von neun bis zehn Jahren seit 1980 über der nominalen Wachstumsrate des Bruttoinlandsprodukts gelegen hat.[341] Weiter zurückgeblickt: Die damalige Bundesrepublik hatte im Jahr 1960 eine Schuldenquote von rund 20 Prozent (vgl. auch Abbildung 14). Hätte Deutschland diese Schuld und die Zinsen durch die Ausgabe immer neuer Staatsschuldtitel zu den dann herrschenden Marktbedingungen finanziert, dann wäre aus einem Euro Schulden im Jahr 1960 drei Jahrzehnte später ein Schuldenbetrag von 35,9 Euro geworden.[342] Gleichzeitig ist das Bruttoinlandsprodukt pro Einwohner von 2 792 auf geschätzt 30 145 im Jahr 2010 gestiegen (jeweils in laufenden Preisen).[343] Es ist also nominal um den Faktor 10,8 gewachsen. Damit hätte sich die Schuldenquote als Anteil des Pro-Kopf-Bruttoinlandsprodukts von 20 Prozent auf 66,5 Prozent erhöht. Das Beispiel illustriert, dass in den vergangenen 50 Jahren der Zins insgesamt deutlich höher war als die nominale Wachstumsrate der Wirtschaftskraft. Auf die Münchhausen-Lösung sollten wir also nicht hoffen.

19. Schulden in 50 Jahren – die Demographiebombe

Viele Staatsanleihen haben eine lange Laufzeit, oft bis zu dreißig Jahren. Die Käufer dieser Anleihen wollen also gern wissen, ob die Regierungen auch noch in einigen Jahrzehnten ihren Zahlungsverpflichtungen nachkommen können. Auch wer langfristig spart – etwa über eine Lebensversicherung, eine Riester-Rente oder ein Sparbuch – hat ein starkes Interesse daran, dass der Wert des Euro nicht langfristig durch Inflation unterminiert wird. Um das zu beurteilen, hilft es, die Haushaltspolitik und die erwartete wirtschaftliche Entwicklung eines Landes in die Zukunft fortzuschreiben. Dabei zeigt sich, ob das Land einen immer größeren, letztlich nicht mehr zu stemmenden Schuldenstand aufbauen wird oder nicht. Eine einfache, geradlinige Fortschreibung der aktuellen Trends reicht allerdings nicht aus, denn dies könnte den demographischen Wandel übersehen, der in den kommenden Jahrzehnten seine volle Wucht entfalten dürfte. Im Gegensatz zur Euroschuldenkrise lässt sich der zweite große Stressfaktor für die Staatsfinanzen, die Alterung der Gesellschaft, besser voraussagen.

Die Europäische Kommission untersucht diese langfristigen Fragen in regelmäßigen Abständen in sogenannten Nachhaltigkeitsberichten, zuletzt im Jahr 2009. Aber auch die Banken stellen immer häufiger die langfristige Tragfähigkeit öffentlicher Finanzen auf den Prüfstand. Nicht nur als potenzielle Kreditgeber haben sie ein Interesse an weitreichenden Analysen. Staatsanleihen dienen häufig auch als Pfand für Geschäfte der Kreditinstitute untereinander und auch da ist langfristige Sicherheit gefragt.[344]

Die Kernfrage der Untersuchungen lautet: Liegen bei der bestehenden Struktur der Haushaltspolitik öffentliche Einnahmen und Ausgaben eines Landes hinreichend nahe beieinander, oder führt die Schere zwischen Einnahmen und Ausgaben bei der bereits bestehenden Staatsverschuldung das Land auf eine immer abschüssigere Bahn? Und wie groß wäre gegebenenfalls der Anpassungsbedarf für staatliche Einnahmen und Ausgaben? Die Untersuchung der Europäischen Kommission verwendet zwei gängige Kriterien für Nachhaltigkeit. Zum einen gibt sie Entwarnung, wenn die Schuldenquote des Landes bei einer Fortsetzung der aktuellen Haushaltspolitik innerhalb der kommenden 50 Jahre auf das im EU-Vertrag von Maastricht vorgesehene Niveau von 60 Prozent oder darunter fällt. Das zweite Kriterium fragt: Würde das Verhältnis von Schulden zu Wirtschaftskraft in der ganz langen Frist explodieren oder nicht, wenn der Staat in seiner Haushaltspolitik einfach so weitermacht?

Zwischen den Nachhaltigkeitsberichten 2006 und 2009 hat sich die Situation der öffentlichen Haushalte der Staaten der Europäischen Union im Durchschnitt noch einmal deutlich verschlechtert. Die Hauptschuld für die Verschlechterung seit 2006 trägt die Finanzkrise. Sie beeinträchtigt die Nachhaltigkeit der Staatsfinanzen vor allem dadurch, dass die Wirtschaftskraft und die Steuer-

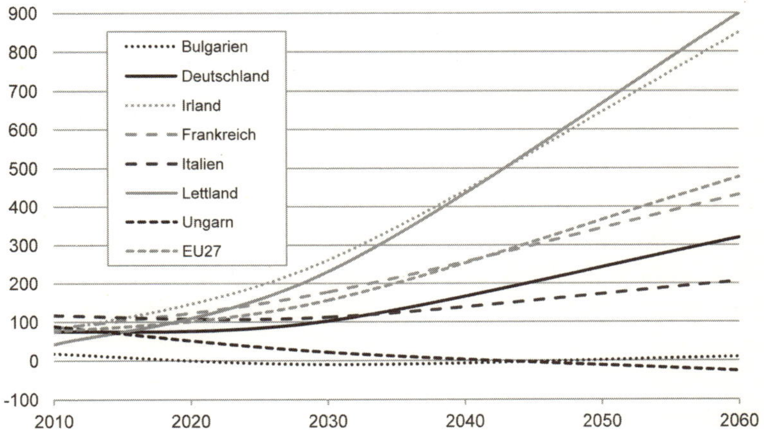

Abb. 18: Projektion der Entwicklung der Schuldenquoten in der EU (in Prozent des Bruttoinlandsprodukts) für 2058 auf der Basis unveränderter Struktur der öffentlichen Haushalte in der Europäischen Kommission Quelle: Europäische Kommission, Nachhaltigkeitsbericht 2009

einnahmen in den kommenden Jahren weniger hoch, die Ausgaben aber höher sein werden als vor der Krise. Wie dramatisch die Krise für die Nachhaltigkeit der öffentlichen Haushalte ist, wird davon abhängen, wie die weitere wirtschaftliche Entwicklung verläuft. Handelt es sich bei der Krise nur um einen kurzzeitigen Absturz der wirtschaftlichen Aktivität mit einer schnellen Rückkehr auf den alten Pfad der wirtschaftlichen Entwicklung? War die Krise also nur ein einmaliger kurzzeitiger Produktions- und Steuereinnahmenausfall? Oder ist der Verlust von fünf Prozentpunkten Wirtschaftskraft zumindest teilweise dauerhaft und beeinträchtigt die Staatsfinanzen damit nachhaltig?

Die Finanz- und Wirtschaftskrise ist nach Ansicht der Kommission jedoch nur für einen Teil der Nachhaltigkeitsprobleme der Länder Europas verantwortlich. Ein Großteil der erforderlichen Sparanstrengungen ergibt sich aus Veränderungen in der Größe und Altersstruktur der Bevölkerung: Die niedrige Geburtenrate von etwa 1,5 Kindern pro Frau und eine bereits erheblich gestiegene und vermutlich weiter wachsende Lebenserwartung – 82,1 Jahre für Frauen und 76 Jahre für Männer, alle Zahlen sind Durchschnitte der 27 EU-Staaten im Jahr 2008 – sind die Hauptursachen dafür, dass sich die Altersstruktur der Bevölkerung dramatisch verändert.[345]

Diese Entwicklungen haben Auswirkungen auf Sozialausgaben, besonders auf die Renten und Pensionen, Gesundheitsausgaben und Pflegeleistungen. Für die Altersversorgung, das Gesundheitswesen, die Langzeitpflege und die Arbeitslosenunterstützung haben die Staaten des Euro-Währungsgebiets 2007 durchschnittlich 20,1 Prozent des Bruttoinlandsprodukts aufgewendet. Die Europäische Zentralbank rechnet bis 2060 mit einem Anstieg der alterungsbedingten Haushaltslasten um 15 bis 35 Prozent.[346]

Auch in Deutschland dürften die Folgen der Alterung die Staatsfinanzen langfristig unter Druck setzen. Das Durchschnittsalter steigt und damit die Zahl der Bundesbürger, die Renten und gemeinschaftlich finanzierte Gesundheitsleistungen in Anspruch nehmen. Gleichzeitig gibt es immer weniger Bundesbürger im arbeitsfähigen Alter, die den Sozialstaat finanzieren. Nach Prognosen der UN wird die Zahl der 14- bis 64-Jährigen von heute gut

54 Millionen in den kommenden Jahren auf rund 39 Millionen zurückgehen. Damit müssen immer mehr Menschen von immer weniger alimentiert werden (siehe Abbildung 19). Die beiden Ökonomen Nicholas Eberstadt und Hans Groth haben einen Zusammenhang zwischen dem »Grad des Vergrauens« eines Staates und seiner Verschuldung berechnet. Ihrer Faustformel zufolge führt jeder Prozentpunkt, den der Anteil der über 65-Jährigen innerhalb einer Gesellschaft zunimmt, zu einem Anstieg der Schuldenquote um sieben Prozentpunkte.[347]

Sollten die öffentlichen Haushalte nicht den demographischen Gegebenheiten angepasst werden, droht eine exponentiell steigende Schuldenquote (siehe Abbildung 18). Den Berechnungen der Kommission zufolge läge andernfalls der Schuldenstand innerhalb Europas im Jahr 2050 bereits bei weit über 300 Prozent.[348] Dieses Problem gab es bereits vor der Finanzkrise. Der Anpassungsbedarf hat sich durch die zusätzlichen Belastungen aus der Krise nur erhöht.

Die EU-Kommission geht für diese Berechnungen zunächst einmal implizit davon aus, dass der Kapitalmarkt bei solchen Schuldenständen das Vertrauen in die Kreditfähigkeit der Staaten Europas noch nicht verliert und die Staaten weiterhin zu günstigen Zinskonditionen mit neuen Krediten versorgt. So viel Vertrauen wird der Kapitalmarkt bei Schuldenquoten jenseits von 400 Prozent kaum aufbringen. Wahrscheinlicher ist, dass die Anleger mit zunehmender Schuldenquote eine wachsende Risikoprämie für Kredite an den Staat verlangen und ab einem bestimmten Punkt dem Staat lieber gar keine neuen Kredite mehr geben werden.

Die Kommission weist auch darauf hin – völlig zu Recht –, dass die offiziellen Schuldenquoten, auf die wir in den vergangenen Kapiteln ausgiebig eingegangen sind, die Schuldenproblematik in den entwickelten Volkswirtschaften Europas und andernorts deutlich unterschätzen. Neben den verbrieften »expliziten« Schulden stehen die Staaten einer Vielzahl von Forderungen gegenüber, die sich aus der Sozialgesetzgebung und der Finanzierungsstruktur von Rentensystemen und Gesundheitssystemen ergeben. Diese

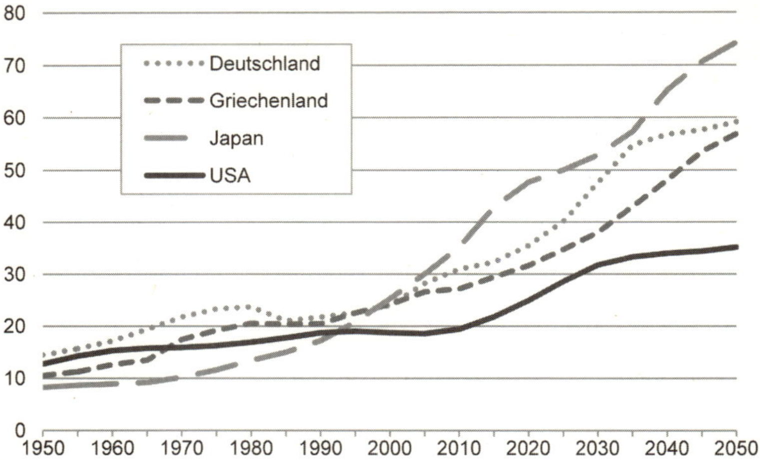

Abb. 19: Anteil der über 65-Jährigen in Prozent der 15- bis 64-Jährigen
Quelle: UNO

Ansprüche werden gelegentlich auch als »implizite« Staatsschuld bezeichnet.

Die genaue Berechnung der impliziten Staatsschuld ist schwieriger als das schlichte Zusammenzählen der verbrieften Kreditsummen. Bei der impliziten Staatsschuld, wie beispielsweise den Lasten für die zukünftigen Pensionen der Staatsdiener, stehen die genauen zukünftigen Ansprüche noch gar nicht fest. Sie hängen von der Wirtschaftsentwicklung ab, aber auch von der Arbeits- und Sozialgesetzgebung. Experten sind sich aber darüber einig, dass diese impliziten Ansprüche in ihrer Summe in der Regel in praktisch allen Ländern der EU meist deutlich höher sind als die explizite, verbriefte Staatsschuld.[349]

Die Finanzwissenschaftler Stefan Moog und Bernd Raffelhüschen haben beispielsweise für die Euro-12-Staaten die explizite und die implizite Staatsschuld einmal nebeneinander gestellt. Für alle Staaten außer Italien übersteigt die dabei berechnete implizite Staatsschuld die explizit ausgewiesene Schuldenquote, teilweise beträchtlich. Für Deutschland ist die verdeckte Staatsschuld demnach 109,4 Prozent, in Spanien und Griechenland sind es 487,5 und 872,0 Prozent. Spitzenreiter ist Irland mit 1 404,7 Prozent.[350] Global betrachtet ist die Situation vor allem für Japan gefährlich. Hier könnte als Folge der rapiden Alterung die Staatsverschuldung bis 2040 auf 600 Prozent hochschnellen.[351]

20. Entschuldungsstrategien

Für die hohen Staatsschulden muss jemand einstehen – keine Schulden ohne Sühne. Wer dieser jemand ist, hängt davon ab, welche Sanierungswege die Politik wählt. Welche Optionen gibt es, und wen treffen sie in welcher Form?

Wir beginnen mit einer Reise in die Vergangenheit, in eine Zeit mit einer der größten Weltschuldenkrisen der Geschichte: die Zeit nach dem Ersten Weltkrieg. Vieles mutet dabei im Zusammenhang mit der europäischen Schuldenkrise sehr modern an. Wir begegnen gleich einer Reihe von Optionen, die wir anschließend genauer betrachten: Wirtschaftswachstum, eisernes Sparen, Schuldenentwertung durch Geldentwertung, Zwangsanleihen des Staats zu Minizinsen, und andere mehr oder weniger radikale Formen der Enteignung.

Schuldenmanagement nach dem Ersten Weltkrieg

Deutschland hatte am Ende des Ersten Weltkriegs eine gewaltige Staatsschuld in Form von Kriegsanleihen. Man hatte wohl damit gerechnet, dass man sich als Sieger diese Kriegskosten von den Besiegten bezahlen lassen könne. So war das nach dem Deutsch-Französischen Krieg von 1870/71. Verlierer Frankreich musste Deutschland fünf Milliarden Franc vor allem in Gold und Goldmünzen an Reparationen leisten.[352] Dieser Plan war nun nicht aufgegangen. Der Bankier, Finanzexperte und spätere Zentralbankpräsident und Minister Hjalmar Schacht bezeichnete die Finanzpolitik während des Ersten Weltkriegs als einen der folgenschwersten Fehler Deutschlands. Der Verwaltungsexperte Richard van der Borght berichtete von Schätzungen, wonach sich die Kriegsschulden 1918 auf 115 Milliarden Mark beliefen.[353] Nach jüngeren Darstellungen betrug der Anstieg der Staatsschuld über die Kriegsjahre hinweg 137 Milliarden Mark.[354] Im letzten Kriegsjahr wurde in Deutschland ein beachtlicher Katalog von neuen Steuern und Erhöhungen bestehender Steuern beschlossen. Zu den Maßnahmen gehörten eine »außerordentliche Kriegsabgabe«, mit der höhere Unternehmensgewinne in Kriegszeiten abgeschöpft werden sollten, und das »Gesetz gegen die Steuerflucht«.[355] Personen, die ins Ausland ziehen wollten, mussten erhebliche Vermögensteile als Sicherheiten verpfänden (ursprünglich war an 20 Prozent des Vermögens gedacht, später wurde der Satz auf 50 Prozent erhöht). Der Staat behielt sich die Besteuerung der Auswanderer bis zu fünf Jahre nach Kriegsende vor.

Der Gesetzesentwurf wird als ein »Gesetz gegen die Auswanderung der Kriegsgewinner« bezeichnet. Die Diskussion im Parlament, die van der Borght ausführlich darstellt, hat Anklänge an die moderne Diskussion über Steuerflüchtlinge oder über Griechen, die in den Tagen der Währungsunion gut verdient haben und die im Frühjahr 2012 ihr Vermögen in Sicherheit bringen möchten.[356] Es sei ein ungeheuerlicher Gedanke, »dass Leute, die in diesem Kriege geholfen haben, das deutsche Volk zu scheren, sich wiederum dem Steuerdruck entziehen sollen, an dem sie zum Teil mit Schuld sind, und dass sie an irgendeinem paradiesischen Ort die Kriegsgewinne, die ihnen zugewachsen sind, in reinem Genussleben verzehren werden.«[357] Demgegenüber erörterte man auch, dass die Freizügigkeit und die Möglichkeit, seinen Wohn- und Arbeitsort im Ausland zu wählen, zu den verfassungsmäßig garantierten Rechten gehöre. Auch Praktikabilitätsaspekte wurden diskutiert. Das Gesetz gegen die Steuerflucht sei mitunter gut gemeint, treffe aber nur allzu leicht die Falschen. Kontrovers diskutiert wurde in den Sitzungen auch eine »teilweise Vermögenswegnahme« von 20 Prozent.

Wichtiger für den Umgang mit den Schulden aus Kriegsanleihen war die Hyperinflation.[358] Hauptverlierer waren wohl die Sparer. Dazu zählten auch die Besitzer von privaten Lebensversicherungen, weil die betreffenden Versicherungsunternehmen gezwungen waren, die Kapitalmengen, die sie verwalteten, überwiegend in »mündelsicheren« deutschen Staatsschuldpapieren anzulegen, die ihren Wert im Verlauf der Hyperinflation weitgehend einbüßten. Auch verschiedene Aufwertungsverordnungen, mit denen massive Wertverluste unterschiedlicher Formen des Kredits partiell ausgeglichen wurden, machten tatsächlich nur einen Bruchteil dieser Verluste wett.[359]

Verlierer waren aber auch Rechtsanwälte und andere Berufsgruppen, deren Einkommen durch staatlich festgelegte Gebührenordnungen fixiert waren. Auf den rasanten Anstieg der Güterpreise konnten Anpassungen der Gebührenordnungen nicht schnell genug reagieren. Die Angehörigen vieler Berufsgruppen waren in dieser Zeit gezwungen, das Inventar ihrer Wohnung oder andere Vermögensgegenstände zu versilbern, um zu überleben. Es war eine tolle Zeit für Schnäppchenjäger, und auch die professionelle Variante dieses Volkssports, das sogenannte »Schiebertum«, erlebte eine Boomzeit.

Gewinner waren all jene, die sich von anderen Geld geliehen hatten – soweit die Kreditgeber nicht schlau genug waren, die Kreditverträge in ausländischer Währung oder in »Goldmark« auszufertigen, also letztlich den Kreditbetrag an ein wertbeständigeres Gut wie z. B. Gold festzumachen. Ähnlich wie der Staat seine Schulden aus Anleihen durch die Hyperinflation entwertete, so verloren auch die privaten Schulden in »Mark« weitgehend ihren Wert.

Über die Schulden aus Anleihen hinaus war Deutschland nach dem Ersten Weltkrieg mit Reparations-Forderungen konfrontiert.[360] Im Vertrag von Versailles erkennt Deutschland in Artikel 231 an, dass »Deutschland und seine Verbündeten als Urheber aller Verluste und aller Schäden verantwortlich sind, welche die alliierten und assoziierten Regierungen und ihre Angehörigen infolge des ihnen durch den Angriff Deutschlands und seiner Verbündeten aufgezwungenen Krieges erlitten haben.«[361] In Artikel 232 wird zugleich klargestellt, dass eine vollständige Zahlung für die aus dieser Urheberschaft resultierende Verpflichtung wohl schwierig werden könnte. Eine Wiedergutmachungskommission der Alliierten sollte die Höhe der erwähnten Schäden, deren Wiedergutmachung von Deutschland geschuldet wird, schließlich feststellen.

Auch die Gewinner des Ersten Weltkriegs hatten sich also verrechnet. Die an die Verlierer gerichteten Schadenersatzforderungen ließen sich einfach nicht erfüllen. Dabei waren Frankreich, Italien und Großbritannien zum Kriegsende ebenfalls hoch verschuldet. Die Siegermächte hatten sich auch untereinander erhebliche Summen geliehen. Bis zu ihrem Eintritt in den Weltkrieg 1917 hatten die Vereinigten Staaten an dem Krieg sogar ganz gut verdient, wie ein Zeitzeuge berichtet:

> »[W]ährend der ersten Jahre, da die Vereinigten Staaten sich vom Kriege fernhielten und eine gegen die Entente sehr freundliche Neutralität beobachteten, floss infolge der riesenhaften Lieferungen von Mordgerät und Kriegsbedarfsartikeln aller Art, die von Nordamerika an die Entente-Länder gingen, eine Milliarde Dollars nach der anderen in das Land.«[362]

Diese Lieferungen der Amerikaner wurden großenteils durch Kredite finanziert. Beim Formulieren der präzisen Anleihe-Bedingungen war man mit Blick auf Anschlussfinanzierung, Verzinsung und Rückzahlung nicht sonderlich sorgfältig, so dass nach dem Krieg die Höhe der Verbindlichkeiten und die Modalitäten der Rückzahlung mühsam verhandelt werden mussten. Die USA einigten sich beispielsweise mit Großbritannien auf einen Schuldenbestand einschließlich aufgelaufener Zinsen von gut 22 Milliarden US-Dollar, die über 62 Jahre getilgt werden sollten, und mit Frankreich und Italien auf Tilgungspläne, die bis in das Jahr 1987 reichten.[363] Nach dem Kriegseintritt 1917 versuchten die USA, die hohen eigenen Kriegsausgaben durch eine deutliche Erhöhung der Steuern zu finanzieren, mussten aber auch zu einem großen Teil auf die Finanzierung durch Kriegsanleihen zurückgreifen.[364]

Im Londoner Zahlungsplan hatte man sich im April 1921 für Deutschland auf Reparationsleistungen in Höhe von 132 Milliarden Goldmark geeinigt, zahlbar auf fünfzig Jahre und verzinst mit fünf Prozent pro Jahr.[365] Das war ein gigantischer Betrag, den man durch Anleihen finanzieren wollte. Die Finanzmärkte haben der finanziellen Leistungsfähigkeit Deutschlands wohl nicht ganz zu Unrecht misstraut.[366] Am Ende mussten auch die Siegermächte in verschiedenen Verhandlungsrunden zunächst zum Dawes-Plan und schließlich zum Young-Plan die Hoffnung aufgeben, ihre

Kriegsschulden und die weiteren Kosten des Kriegs von Deutschland vollständig bezahlt zu bekommen.

So hatten die Sieger ihre hohen Staatsschulden zum großen Teil selbst zu bewältigen. Großbritannien setzte hierzu auf eine klassische Konsolidierung der Staatsfinanzen durch höhere Steuern und Ausgabenkürzungen. In Italien setzte das faschistische Regime unter Mussolini ebenso eine Konsolidierung über eine Erhöhung der regulären Steuern und Ausgabenkürzungen durch. Es verzichtete auf Sondersteuern auf reale Vermögensgüter. Ein wichtiges weiteres Element der Konsolidierung in Italien war allerdings eine zwangsweise und drastische Verlängerung der Laufzeiten für Staatsschuldtitel 1926 und 1934. In zwei Stufen wurden dabei Staatsschulden mit einer Restlaufzeit von weniger als sieben Jahren in Schuldtitel mit einer Laufzeit von 25 Jahren mit geänderten Zinssätzen umgewandelt. Im Zuge dieser zwangsweisen Umstellungen verloren diese Staatsschulden zunächst 20 Prozent ihres Marktwerts bei der ersten Umstellung 1926, und weitere 30 Prozent bei der Umstellung im Februar 1934.[367]

Aus den Schulden herauswachsen

Schuldenabbau im Schlaf. Das ist wahrscheinlich der Lieblingstraum manch eines Finanzministers. Ist die nominale Wachstumsrate der Wirtschaft, also die Summe aus realem Wachstum und Inflationsrate, höher als der Zins für Staatsschulden, und zahlt man Zins und Zinseszins einfach durch immer neue Schulden, dann werden die Schulden selbst zwar immer größer, als Anteil an der Wirtschaftskraft werden sie aber immer kleiner. Die Beispielrechnungen zum Stichwort »Münchhausen-Lösung« in Kapitel 18 zeigen, wie eine Schuldenquote schmilzt oder explodiert, je nachdem, ob die Wachstumsrate dauerhaft über oder unter dem Zins liegt. Einige europäische Länder hatten in den vergangenen zehn bis 20 Jahren Phasen eines solchen goldenen Zeitalters mit hoher ökonomischer Dynamik bei gleichzeitig niedrigen Zinsen. Die Entwicklungen der europäischen Staatsschuldenkrise haben jedoch diese Erfolge mehr als zunichte gemacht.

Darauf zu setzen, aus den Schulden herauszuwachsen, ist eine gefährliche Strategie. In Nachkriegszeiten mag der Finanzpolitiker noch auf besonders hohe Wachstumsraten hoffen, weil Konsumwünsche in den Kriegstagen unerfüllt bleiben mussten, und weil der Krieg auch Nachholbedarf bei allen Formen von Investitionen verursacht haben mag. Vergleichbare Wachstumsimpulse inmitten einer langen Friedenszeit ohne eine grundlegende technologische Revolution sind weniger wahrscheinlich. Der Präsident des Kieler Instituts für Weltwirtschaft Dennis Snower warnt: »Die Hoffnung, dass das Wachstum die öffentlichen Haushalte wieder ins Gleichgewicht bringt, ist trügerisch.«[368] Ein Wirtschaftswunder wie in Deutschland nach dem Zweiten Weltkrieg erscheint für Europa derzeit wenig wahrscheinlich, auch wegen der zunehmenden Alterung und des Bevölkerungsrückgangs. Ohnehin sind die Episoden des schlafenden Schuldenabbaus auch in der Wirtschaftsgeschichte rar gesät.[369]

Ist Konsolidierung möglich?

Konsolidierung der Staatsfinanzen ist eine schillernde Angelegenheit. Zugespitzt könnte man drei Arten der Konsolidierung unterscheiden: die erfolgreiche, die erfolglose und die »Scheinkonsolidierung«.[370] Zu den Aktivitäten der dritten Art gehören Maßnahmen, die die auf dem Papier ausgewiesene Staatsschuld zwar senken, aber gleichzeitig künftige staatliche Einnahmen verringern oder staatliche Verbindlichkeiten schaffen. Mehr oder weniger harmlose Beispiele sind Privatisierungserlöse aus dem Verkauf von Staatsunternehmen oder Geschäfte, in denen öffentliche Gebäude verkauft und gleichzeitig durch den Staat vom neuen Eigentümer angemietet werden. Problematisch ist es auch, wenn eine Regierung eine ökonomische Scheinblüte produziert oder zumindest zulässt, etwa einen künstlichen Bauboom oder einen spekulativen Überschwang im Finanzsektor. Dabei werden kurzfristig Steuergelder in den Staatshaushalt gespült. Doch die anschließenden politischen Aufräumarbeiten können teuer werden, wenn etwa hohe Kosten für Bankenrettungen anfallen.

Fälle von Scheinkonsolidierung können auch vorliegen, wenn für öffentliche Aufgaben – etwa beim Straßenbau, der Entsorgungswirtschaft oder den Kulturausgaben – private Investoren als Kofinanziers mit an Bord genommen werden. Privatisierungen und solche sogenannten Public Private Partnerships (PPP) können allerdings auch sinnvoll sein – wenn sie nachhaltige Einsparungen nach sich ziehen, indem eine bislang staatlich erbrachte Dienstleistung von privater Seite effizienter abgewickelt wird.[371] Scheinkonsolidierung stand am Anfang der Europäischen Währungsunion (vgl. Kapitel 2), und ist wohl bis heute nicht aus der Mode gekommen.

Der Scheinkonsolidierung gegenüber stehen die anderen beiden Formen der Konsolidierung, also wenn Staaten etwa die Steuern erhöhen, und damit ihre Einnahmen hochfahren, oder Ausgaben senken. Der Staat kann auch einmalige Sondersteuern erheben. Er kann etwa eine einmalige Abgabe auf bestimmte oder alle Arten von Privatvermögen beschließen. Solche Steuern spielten auch in den Konsolidierungskonzepten einzelner Eurostaaten im Rahmen der Euro-Schuldenkrise eine Rolle und wurden in diesem Zusammenhang nicht erfunden.[372] In Deutschland gab es nach dem Zweiten Weltkrieg zur Finanzierung eines Vermögensausgleichs im Zusammenhang mit den Enteignungen und Vertreibungen solche Sonderabgaben. Der Lastenausgleich für die von Vertreibungen und Zerstörungen besonders Betroffenen sollte durch eine einmalige Vermögensabgabe finanziert werden, deren Zahlungspflicht jedoch auf 30 Jahre gestreckt wurde, eine Sonderabgabe auf Gewinne aus Schulden (Hypothekengewinnabgabe) und eine Sonderabgabe auf Schuldnergewinne gewerblicher Betriebe.[373] Der Name Hypothekenabgabe suggeriert bereits, dass Hausbesitzer Ziel staatlicher Sonderabgaben sein können. Gegebenenfalls sind sie leicht zu finden, und sie können sich nicht entziehen. Der Finanzberater Erwin Grandinger erinnert an die Währungsreform von 1948. Dort wurden die Hypotheken keineswegs wie der Rest der Schulden gezehntelt, vielmehr wurden diese zwangsweise eins zu eins umgestellt, wobei zehn Prozent dem Alt-Gläubiger zu zahlen waren, aber 90 Prozent dem Finanzamt. »Jeder, der also versuchte, durch Immobilieneigentum sich aus dem absehbaren Finanzkollaps des Zweiten Weltkrieges zu entziehen, wurde ab 1948 die wahre Rechnung präsentiert.«[374]

Aber was unterscheidet nun erfolgreiche von erfolglosen Schuldenrückführungen? Sollte der Fokus darauf gerichtet sein, die Einnahmen zu erhöhen oder die Ausgaben zu senken? Und wenn ja, welche? Zur Wirksamkeit von Konsolidierung durch höhere Steuern oder durch Senkung der Staatsausgaben gibt es eine Zahl empirischer Untersuchungen und Fallstudien. Zu den prominenten Thesen gehört, dass Konsolidierungen, die überwiegend auf Einnahmeerhöhungen setzten, langfristig nicht erfolgreich waren und die Sanierungserfolge bei radikalen Ausgabenkürzungen von größerer Dauer sind.[375] Dabei spielt auch eine Rolle, an welchen Stellen die Haushaltsdisziplin ansetzt. Als besonders erfolgversprechend gelten Ausgabenkürzungen, mit denen die Struktur öffentlicher Ausgaben so verändert wird, dass sie dauerhaft niedriger werden. Kontrovers diskutiert wird, ob Ausgabenkürzungen oder Steuererhöhungen das Wirtschaftswachstum des betroffenen Landes mehr in Mitleidenschaft ziehen. Ein klassisches Argument basiert dabei auf Überlegungen des Ökonomen Robert Barro, wonach Bürger und Unternehmen spüren, dass sie für unsolide Staatsfinanzen über kurz oder lang zur Kasse gebeten werden. Deshalb halten sie ihr Pulver trocken für spätere schlechtere Zeiten. Saniert ein Finanzminister allerdings mit glaubwürdigen Einschnitten seinen Haushalt, dann schwindet diese Unsicherheit und es werden Vitalkräfte freigesetzt.[376] Der Ökonom Olivier Blanchard argumentiert, dass dieser Effekt umso stärker ausfällt, je höher die Schuldenquote ist. Denn dann wird die fiskalische Situation von privaten Haushalten und Unternehmen als besonders bedrohlich wahrgenommen und sie rechnen bereits in Kürze mit Maßnahmen des Finanzministers. Bei niedrigen Schuldenquoten ergeben sich dann entsprechend schwächere Effekte.[377]

Naturgemäß stehen Krisenbewusstsein und Reformbereitschaft in einem gewissen Zusammenhang zueinander. Die Ökonomen von Goldman Sachs verweisen auf weitere Transmissionsmechanismen. Nach deren Auffassung könnten sich Ausgabenkürzungen in niedrigeren Risikoaufschlägen und damit günstigeren Finanzierungsbedingungen für die jeweiligen Staaten und mittelbar auch für Unternehmen niederschlagen.[378]

Die Ergebnisse dieser Studien sind allerdings mit Vorsicht zu genießen, handelt es sich doch mit 40 bis 50 Konsolidierungsepisoden um relativ geringe Fallzahlen, bei denen jeweils spezifische Sondereffekte eine Rolle gespielt haben können. Die jeweiligen Eigenheiten werden bei Fallstudien deutlich. Belgien und Irland reduzierten in den achtziger Jahren ihre Verbindlichkeiten. Kanada, Neuseeland, Schweden und Finnland konsolidierten im folgenden Jahrzehnt erfolgreich.[379] So finden sich für die vergangenen 30 Jahre immer wieder die gleichen Industrieländer, die erfolgreich umfangreiche Anpassungsprozesse durchlaufen haben. Finnland konnte den Staatshaushalt von einem Minus von 3,8 Prozent im Jahr 1993 innerhalb von sieben Jahren zu einem Plus von fast zehn Prozent umkrempeln. Schweden gelang Ähnliches zwischen 1992 und 2000. Irland brauchte ebenfalls sieben Jahre, mit fast gleichem Ergebnis. In vielen Fällen mögen neben den Sparbemühungen auch günstige Sonderentwicklungen oder Einmaleffekte eine Rolle gespielt haben. Finnlands Wirtschaft zum Beispiel hatte nach der Öffnung des Eisernen Vorhangs einen Einbruch und die Wirtschaft musste sich teilweise neu erfinden – mit Erfolg.

Zu den eindrucksvollsten Fallstudien gehört aber das Vereinigte Königreich, dem im 19. Jahrhundert, nach dem Ende der Napoleonischen Kriege, eine Zehntelung der Schuldenlast von 270 auf 27 Prozent der Wirtschaftskraft gelang (siehe Abbildung 20). In den Jahren nach 1821 war dort ein Budgetüberschuss die Norm, nicht die Ausnahme.[380] Die politische Konstellation für diesen Prozess war günstig, denn ein Großteil der Staatsanleihen befand sich in den Portfolios derer, denen man die politische Gestaltungsmacht in dieser Zeit zuschreibt. Allerdings spielten auch andere Faktoren eine Rolle. Nach den zahlreichen kriegerischen Auseinandersetzungen im 18. und dem frühen 19. Jahrhundert war die Konsolidierungsepoche für Großbritannien eine friedliche Zeit, die Weltmacht genoss eine gewisse Friedensdividende. Militärausgaben ließen sich zurückfahren. Das wirtschaftliche Wachstum in diesen Jahrzehnten war ebenfalls ein Schlüsselfaktor.[381]

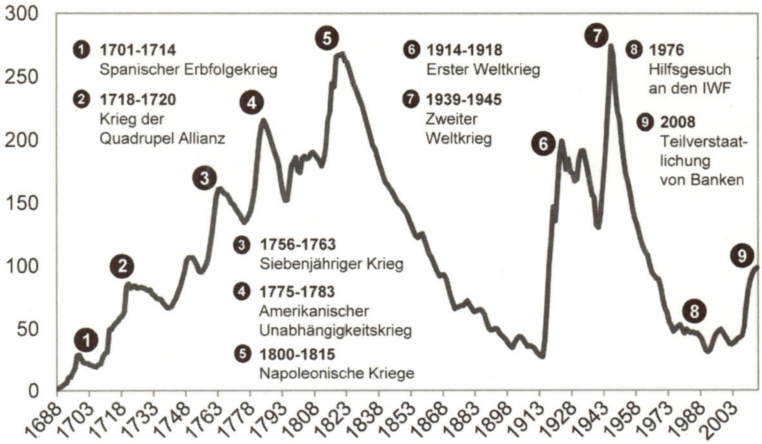

Abb. 20: Staatsschulden Großbritanniens
(in Prozent des Bruttoinlandsprodukts)
Quelle: Charles Goodhart

Die Voraussetzungen waren damals andere als heute. Die britische Konsolidierung in den neunziger Jahren wurde erleichtert durch die Vorteile der Globalisierung und einer expandierenden Weltwirtschaft. Die Finanzindustrie entwickelte sich – zumindest in dieser Phase – zu einem Wachstumsmotor. Heute ist die Lage weniger günstig. Schuldenbelastete Staaten könnten deshalb anstelle der mühevollen Konsolidierung auch andere Maßnahmen bevorzugen.

Schuldenabbau durch Inflation, Repression und »Kurspflege«?

Als die USA als Sieger aus dem Zweiten Weltkrieg hervorgingen, waren sie nicht nur die mächtigste Nation auf der Erde. Die USA hatten 1946 auch eine historisch beinahe einmalig hohe Staatsschuld mit einer Schuldenquote von über 100 Prozent. Ohne faktisch den Schuldenbestand in seiner absoluten Höhe je nennenswert zu reduzieren, haben die USA ihre Schulden im Verhältnis zu ihrer Wirtschaftskraft in den folgenden zehn Jahren deutlich reduziert. Teilweise half dabei ein reales Wachstum der Wirtschaft. Die Erhöhung des Preisniveaus, die Inflation, hat bei der Senkung der Schuldenquote aber entscheidend mitgeholfen.[382]

Wie eine moderate Inflation das Staatsschuldenproblem lindern kann, lässt sich an einem Rechenbeispiel illustrieren. Betrachten wir Herrn K., den stolzen Käufer einer Staatsschuldanleihe im Jahr 1945. Herr K. kauft die Anleihe zum Ausgabekurs von 100 Dollar. Vereinbart ist, dass die Anleihe zehn Jahre läuft und jeweils zum Jahresende dem Besitzer fünf Prozent Zinsen, also fünf Dollar ausgezahlt werden. Am Ende der Laufzeit soll Herr K. zudem seine 100 Dollar zurückerhalten. Nehmen wir außerdem an, dass diese fünf Prozent auch die Verzinsung ist, die Herr K. für andere Kapitalmarktprodukte als Rendite erhalten könnte. In der Ausgangssituation geht Herr K. davon aus, dass die jährliche Kaufkraftentwertung durch Inflation null Prozent beträgt. Würde Herr K. seine Staatsanleihen am Tag nach dem Kauf weiterverkaufen wollen, würde er dafür ungefähr 100 Dollar (zuzüglich eines minimalen Betrags für die Zinsen für den einen Tag) erhalten. Noch einen Tag später erfährt Herr K. (und mit ihm alle anderen Marktteilnehmer), dass die Inflation in den kommenden zehn Jahren nicht null Prozent pro Jahr, sondern vier Prozent pro Jahr betragen wird. Welche Wertänderungen ergeben sich für die von Herrn K. gekaufte Staatsanleihe? Ein möglicher Käufer zwei Tage nach Ausgabe der Anleihe wird folgendes Kalkül anstellen. Er kann sein Geld entweder am Kapitalmarkt anlegen. Dort werden mögliche Kreditnehmer nun einen Inflationsausgleich anbieten, so dass die Nominalverzinsung nicht weiter fünf Prozent, sondern $5+4=9$ Prozent betragen wird. Oder er kauft Herrn K. die betrachtete Staatsanleihe ab. Das tut er nur dann, wenn der Preis der Staatsanleihe so weit sinkt, dass die Rendite, die er beim Kauf hat, so hoch ist wie für andere Formen der Investition. Eine einfache Berechnung der Barwerte zeigt, dass die Staatsanleihe mit einer Verzinsung von fünf Prozent pro Jahr und einer Rückzahlung von 100 Dollar zum Ende der 10-jährigen Laufzeit, die gestern noch 100 Dollar wert war, diese Rendite erbringt, wenn man sie am Tag

Zwei nach der Emission für ca. 65,5 Dollar kaufen kann. Der Wert der Staatsschuld sinkt also durch die veränderte Inflationserwartung von einem Tag auf den anderen um rund 34,5 Prozent.

Inflation ist deswegen eines der Zaubermittel in den Händen der Staatenlenker, wenn es darum geht, der ausufernden Staatsschuld zu Leibe zu rücken. Um Staatsschulden durch Inflation zu verringern, sind drei Faktoren entscheidend. Erstens: Der Trick funktioniert nur, wenn der Staat die Inflation tatsächlich entsprechend beeinflussen kann. Ein Staat, der seine Währung über seine Zentralbank kontrollieren kann, hat dafür eigentlich ein gutes Mittel in den Händen. Er muss aber mitunter den Zentralbankern hierzu Gewalt antun, da es normalerweise deren erklärter Auftrag und Ehrgeiz ist, den Geldwert zu erhalten. Zweitens: Die Staatsschuld muss aus Schuldtiteln mit hoher Laufzeit bestehen. Hätte der Staatsschuldtitel von Herrn K. in dem Rechenbeispiel nicht eine Laufzeit von zehn Jahren gehabt, sondern von nur einem Jahr, wäre durch die Erhöhung der Inflation von null auf vier Prozent eine viel kleinere Abwertung der Staatsschuld statt um 34,5 Prozent um nur 3,7 Prozent auf 96,3 Dollar zu Stande gekommen. Die Inflation ist also umso wirkungsvoller, je länger die Zeitspanne ist, in der die Halter von Staatsschuldtiteln sich mit einer niedrigen nominalen Verzinsung begnügen müssen und je später das eingesetzte Kapital zurückgezahlt wird. Drittens: Die Marktteilnehmer müssen von der erhöhten Inflation überrascht werden. In unserem Beispiel hätte Herr K. das Staatspapier niemals für 100 Dollar gekauft, hätte er geahnt, dass bald darauf und für die kommenden zehn Jahre die Preissteigerungsrate nicht bei null, sondern bei vier Prozent sein würde. In diesem Fall hätte Herr K. dem Staat für das Papier nur 65,5 Dollar geboten.

In den USA waren diese drei Bedingungen nach dem Zweiten Weltkrieg erfüllt. Es gab in der Zeit zwischen 1946 und 1955 allgemeine Preissteigerungen von durchschnittlich 4,2 Prozent im Jahr, mit einem Maximum von 14,4 Prozent in 1947, gleich zu Beginn der Konsolidierungsphase. Die durchschnittliche Laufzeit der ausgegebenen Staatsanleihen war neun Jahre, also ähnlich groß wie in dem gerade betrachteten Zahlenbeispiel. Und die Inflation nach dem Krieg kam offenbar für viele Anleger überraschend. Das lässt sich aus der Tatsache erschließen, dass es ohne eine Überraschung gegenüber dem Ausgabezeitpunkt der Wertpapiere nicht zu einem Wertverfall hätte kommen können. Die Anleger hätten die Inflation dann »eingepreist«: Sie hätten entweder einen höheren Nominalzins oder einen Abschlag auf den Ausgabekurs der Staatsschuldtitel gefordert.[383]

Seit den Tagen nach dem Zweiten Weltkrieg hat sich in den USA die durchschnittliche Laufzeit der Staatsschuldtitel erheblich verringert. Der Anteil der Anleihen mit einer Restlaufzeit von maximal einem Jahr beträgt nunmehr 40 bis 45 Prozent. Ein Anteil von zwischen sieben und acht Prozent der Staatsschuld ist sogar inflationsindexiert, das heißt die Verzinsung der Anleihe steigt nach einer festen Regel, wenn die Inflationsrate ansteigt.[384] Insofern würde eine steigende Inflation auch schnell die staatlichen Refinanzierungskosten erhöhen. Was eine Inflationspolitik in den USA heute trotzdem vielleicht noch attraktiver macht als unmittelbar nach dem Zweiten Weltkrieg, ist der hohe Anteil an Bonds, die von Investoren außerhalb der USA gehalten werden. Regierungen sind in der Regel darauf verpflichtet, das Wohl ihrer eigenen Bevölkerung zu mehren, nicht das Wohl von ausländischen Kapitalgebern. Eine Entwertung der Schulden durch Inflation ist für eine Regierung deshalb als Politikoption attraktiver, wenn die Schulden von ausländischen Gläubigern gehalten werden.

In Europa dürfte Inflation als Entschuldungselixier bei den einzelnen Mitgliedsstaaten auf ein gemischtes Interesse stoßen. Obgleich über alle Länder betrachtet das Schuldenniveau extreme Werte erreicht hat, vergleichbar mit der Situation vieler Länder nach dem Zweiten Weltkrieg, sind die Mitglieder der Eurozone sehr verschieden aufgestellt. Unterschiede in den Staatsfinanzen zeigen sich bereits in den ausgewiesenen Schuldenquoten und den Bonitätsnoten der Ratingagenturen. Wie nützlich für die Länder eine höhere Inflation wäre, hängt zudem ganz zentral von der Struktur und den Laufzeiten ihrer Schulden ab. Wie das obige Rechenbeispiel zeigt, ist Inflation nur dann wirklich nützlich, wenn die durchschnittlichen Laufzeiten der Schuldtitel hoch sind und der Großteil der Schulden nicht inflationsindexiert ist. In Deutschland hatten von den Kreditmarktmitteln des Bundes

Ende 2011 beispielsweise gut 20 Prozent eine Restlaufzeit von unter einem Jahr, gut 30 Prozent eine Restlaufzeit zwischen einem und vier Jahren und fast 50 Prozent eine Restlaufzeit von über vier Jahren. Ein Anteil von etwas über vier Prozent dieser Anleihen ist inflationsindexiert.[385] Die Finanzagentur des Bundes gibt die durchschnittliche Laufzeit der gesamten Bundesschuldenpapiere mit sechs Jahren an. Damit befindet sich Deutschland in guter Gesellschaft. Am höchsten sind die durchschnittlichen Laufzeiten mit 14 Jahren in Großbritannien. Viele Beobachter halten wegen dieser Laufzeiten die Inflationsgefahr im Vereinigten Königreich für besonders groß.[386]

Das Kernproblem der Entschuldung durch Inflation besteht darin, dass man die Kreditgeber mit der Inflation überraschen muss. Sie müssen langfristig laufende Staatspapiere zu niedrigen Zinsen kaufen und dann muss die Inflation zuschlagen. Kreditgeber sind nicht dumm und sie verfügen heutzutage über umfassende Informationen angefangen von Notenbankprotokollen bis zu Preisindikatoren, die an der Börse gehandelt werden. Investoren mit Inflation zu überrumpeln, ist schwierig, oft auch unmöglich. Wird eine zunehmende Geldentwertung erst einmal erwartet, wird sie »eingepreist«, und die Länder müssen einen Zins für ihre Staatsanleihen bieten, der um den Sprung in der Inflationsrate höher ist. Außerdem wird es für Staaten schwieriger, Anleihen mit langer Laufzeit zu platzieren. Die Anleger könnten argwöhnen, dass diese Anleihen dazu dienen, im Anschluss noch einmal die Inflationsrate anzuheben und so doch noch eine teilweise Entwertung der Staatsschuld zu erreichen.

Die Entschuldung durch Inflation hat also ihre Schwächen. Regierungen versuchen deshalb mitunter ein anderes Mittel: die finanzielle Repression. Dabei geht es darum, das Geld der Anleger in den Kauf von Staatsschuldtiteln mit sehr unattraktiven Zinsen zu lenken. Weil Kreditgeber solche Staatsanleihen nicht unbedingt freiwillig kaufen, muss der Staat massiv intervenieren. Durch Kapitalverkehrskontrollen oder das Verbot von Auslandskonten oder Devisenbesitz soll das Kapital im Inland gehalten werden. Ist das geschafft, geht es nur noch darum, alternative Investitionen im Inland einzuschränken, zu besteuern oder auf andere Weise weniger attraktiv zu machen, oder den Kauf von wenig rentierlichen Staatsschuldtiteln einfach vorzuschreiben.

Solche Repression gelang in den national sehr abgeschotteten Kapitalmärkten der Jahre nach dem Zweiten Weltkrieg ganz gut, auch dank der weit verbreiteten internationalen Kapitalverkehrsbeschränkungen. Obergrenzen für Zinsen in privaten Kreditmärkten machten Privatkredite weniger attraktiv. Und ein Übriges taten Anlagevorschriften für Lebensversicherungen und Pensionsvereine, mit denen diese gezwungen waren, einen Großteil des von ihnen verwalteten Sparvermögens in Staatsschuldpapiere zu investieren. Auch Maßnahmen, die andere Formen der Kapitalanlage schwieriger oder weniger attraktiv machten und z.B. mit besonderen Steuern belegten, haben diese Politik unterstützt. »Liquidation der Staatsschuld durch finanzielle Repression« nennen die US-amerikanischen Ökonominnen Carmen Reinhart und Belen Sbrancia diese Nachkriegsvorgänge.[387]

Der von den USA und anderen Ländern nach dem Zweiten Weltkrieg beschrittene Weg könnte auch für hoch verschuldete Staaten am Anfang des 21. Jahrhunderts zu einer Versuchung werden. Regierungen manipulieren bereits heute die Märkte zu ihren Gunsten und zu Ungunsten der Sparer. Entsprechende Regulierungsvorschriften für Banken haben wir in Kapitel 8 schon behandelt. Dass Banken keinen Eigenkapitalpuffer für ihre Investitionen in nur vermeintlich sichere Staatsschuldtitel vorhalten müssen, wohl aber, wenn sie Kredite an Unternehmen oder Hypothekendarlehen vergeben, verzerrt den Kapitalmarkt zu Gunsten von Staatspapieren. Um die Billionen bei anderen Kapitalsammelstellen hat sich die Europäische Kommission »gekümmert«. Sie hat eine Direktive zur Reform der Regulierung des Versicherungsgeschäfts und damit auch der Solvabilitätsvorschriften von Versicherungsunternehmen vorbereitet (»Solvency II«). In diesem Zusammenhang weist sie Staatsschuldtiteln der Eurozone als Risikoklasse ein Marktrisiko von null zu. Sie treibt Versicherungen in ihrem Kapitalanlageverhalten damit in europäische Staatsschuldtitel, weil die Versicherungen für diese Anlageform geringere Mengen an Eigenkapital vorhalten müssen.[388] Vordergründig sollen durch diese Vorschriften die Finanzmärkte robuster und weniger krisenanfällig werden. Doch die Vorschriften nötigen oder veranlassen Kapitalsammelstellen und Banken, hohe Anteile ihrer Anlagen in Form von angeblich sicheren Staatsanleihen zu halten, trotz magerer Renditen.[389]

Seit Sommer 2011 rutschten die Renditen für Bundesanleihen so weit, dass die reale Verzinsung je nach Laufzeit deutlich unter der Inflationsrate lag. Dies war nicht allein ein Ergebnis finanzieller Repressionsmaßnahmen, es zeigt aber ihr Potential für die Haushaltssanierung. Unmittelbarer Gewinner ist der Bundesfinanzminister, der sich so elegant seiner Verbindlichkeiten entledigen kann. Die Leidtragenden sind die Sparer, deren Vermögen sukzessive an Wert verliert. Die finanzielle Repression wirkt im Grunde wie eine Steuer auf die Ersparnisse. Für die Politik ist dieses Instrument aber besonders attraktiv, weil die Steuer im Verborgenen wirkt – im Gegensatz zu offenen Steuererhöhungen, Ausgabenkürzungen oder gar einer Hyperinflation.

Ein Instrument zur Entschuldung, das nicht wie finanzielle Repression gegen die Marktkräfte angeht, sondern Marktwirkungen nutzt, ist der Aufkauf von Staatsschuldtiteln durch die staatliche Notenbank. Diese Aufkäufe verknappen das Angebot an Staatsschuldtiteln. Und wie auf jedem normalen Markt führt diese »Kurspflege« zu einer Preiserhöhung, was bei Staatsschuldtiteln niedrigere Staatsschuldzinsen bedeutet. Besonders aktiv greifen schon heute die USA und Großbritannien am Anleihemarkt ein. »Hier sind es die Herren des Geldes«[390], wie der Autor Liaquat Ahamed die Währungshüter nennt, die seit 2009 Staatsschuldtitel in nennenswertem Umfang aufkauften. Mit Erfolg: Verschiedene Studien kamen zu dem Ergebnis, dass durch die Notenbankkäufe das Zinsniveau zwischen 25 und 100 Basispunkten niedriger lag als dies ohne Interventionen der Fall gewesen wäre.[391] Diese Politik hatte auch zur Folge, dass die amerikanische Notenbank im Frühjahr 2011 zum größten Gläubiger der Vereinigten Staaten aufstieg.[392]

Alle drei Entschuldungsverfahren – Entschuldung durch Überraschungsinflation, die finanzielle Repression und die »Kurspflege« durch die Intervention an den Bondmärkten – sind Elixiere von einiger Wirkung. Gewarnt werden muss aber vor den Nebenwirkungen. Erwartungen auf hohe Inflation verstetigen sich gern und lassen sich nur schwer wieder beseitigen. Repression schafft Ausweichreaktionen. Die massiven Kapitalmarkteingriffe vermindern Ersparnis und Investitionen. Vom gefährlichen Spiel mit der Verschuldung des Staats bei der Zentralbank war bereits im Zusammenhang mit der Kriegsfinanzierung des Ersten Weltkriegs in diesem Kapitel die Rede.

Entschuldung durch Währungsreform

Was tun, wenn Wachstum ausbleibt, Konsolidierungsversuche fehlschlagen, sich die Kreditgeber nicht mit Inflation überraschen lassen und sich auch nicht zwingen lassen, dem Staat Kredit zu Dumpingzinsen zu überlassen? Die USA beispielsweise hatten Anfang 2012 nach Schätzungen der Ratingagentur Fitch Schulden in Höhe von 15 300 331 000 000 US-Dollar. Wenn sich keine Abnehmer für die US-Staatsschuldtitel mehr finden sollten, könnte die nationale Regierung letztendlich die Notenpressen in der Zentralbank anwerfen, Geld im Umfang von gut 15 Billionen US-Dollar zusätzlich drucken und mit diesem Geld alle Gläubiger ausbezahlen. Die gebündelten 100-Dollar-Noten in Container verpackt, könnte sich ein Schiff beispielsweise nach China in Bewegung setzen. Die USA könnte den Chinesen das Papiergeld einfach vor die Tür stellen und damit die hunderte von Milliarden an Krediten tilgen, die China den USA gegeben hat.

Tatsächlich greifen verschuldete Staaten selten zu so radikalen Maßnahmen, und auch die USA sind vor diesem Schritt bisher zurückgeschreckt. Vorgekommen ist das in der Geschichte natürlich schon. Beispielsweise in Frankreich, wo John Law, »möglicherweise der größte Financier aller Zeiten«,[393] die Staatsschulden in frisch gedrucktem Papiergeld ertränken wollte. Nach den zahlreichen Kriegen des Sonnenkönigs Ludwig XIV. lag der Staatshaushalt Frankreichs in Trümmern, ein Staatsbankrott schien unabwendbar. In dieser ausweglos scheinenden Situation überredete der Schotte John Law den Regenten des jungen Nachfolgers, den Herzog von Orleans, zu einer Papierwährung, die Gold als Zahlungsmittel ablösen sollte. Dazu durfte der Sohn eines reichen Goldschmieds im Jahre 1716 zunächst die Banque Génerale gründen, die mit dem Segen der Krone in Eigenregie Banknoten ausgeben konnte. Der besondere Clou: Aktien der Bank konnten Anleger auch gegen stark im Wert gefallene französische Staatsanleihen eintauschen. Auf diese Weise reduzierten sich die am Markt befindlichen Staatspapiere.[394] Mit dem Segen des Königs wandelte Law zudem 1718 seine Privatbank Banque Génerale in die Banque Royale um. Doch seine Bank war nur ein Bestandteil seines krakenhaften Finanzsystems. Im Jahr 1717 gründete Law die Compagnie d'Occident (die »Mississippi Company«); eine Kapitalgesellschaft, die für 25 Jahre das Handelsmonopol für Louisiana bekam. Auch für deren Aktien konnte das Publikum die Staatsobligationen als Wert einlegen. Auf diese Weise landete ein Großteil der Schulden des bankrotten Frankreich als Aktiva in den zwei Gesellschaften. Die Aktien seiner Mississippi-Gesellschaft stiegen im Wert, er sammelte über Kapitalerhöhungen durch die Ausgabe von Aktien immer mehr Geld und Staatsanleihen ein. Um die Nachfrage der Aktien musste er sich wenig Sorgen machen, er ließ einfach die Rotationspressen seiner Banque Royale rotieren. Der königliche Segen machte es Law einfacher, Papiergeld auszugeben, das nominell in einem festen Verhältnis gegen Silber oder gegen Edelmünzen mit Silber- und Goldanteil eingetauscht werden konnte.

Als erste Zweifel an seinem System auftraten, ließ sich Law zum Finanzminister ernennen und baute seine Compagnie aus. Er kaufte alle 26 staatlichen Münzstellen und übernahm den Betrieb der Zentralbank des französischen Staates. Später verbot er den Goldbesitz und setzte die Goldbindung außer Kraft.[395] Als der Aktienkurs strauchelte, weil immer mehr Anleger ihre Anteilsscheine verkauften, garantierte er den Rückkauf der Aktien zu einem astronomischen Kurs. Und als diese Spekulationsblase dann irgendwann platzte, zahlte er die Aktionäre mit dem Papiergeld der Staatsbank aus. Das Ende kam aber, wie es kommen musste. Law ist aus Frankreich geflohen. Hinter sich ließ er einen französischen Staat mit neu geschaffenem Papiergeld, das zum Ende der Ära Law praktisch wertlos geworden war.[396] Ab November 1720 galt wieder Gold als offizielles Zahlungsmittel.

Dass heutzutage ein Staat selten einfach so die Notenpresse bedient und seine Staatsschulden mit Papiergeld oder durch eine Hyperinflation begleicht, hat mehrere Gründe. Eine Hyperinflation hat verheerende Konsequenzen für das Funktionieren der gesamten Wirtschaft. Die teilweise chaotischen Zustände im Wirtschaftsleben in Deutschland zur Zeit der Hyperinflation belegen das gut. Nicht umsonst betitelt der Historiker Gerald D. Feldman sein Buch zu dieser Phase mit dem Titel ›The Great Disorder‹ (Die große Unordnung).[397] Für die Reichsregierung bedeutete die Hyperinflation der 1920er-Jahre zumindest in einer Hinsicht einen großen Befreiungsschlag. Als im November 1923 von Reichsmark auf Rentenmark umgestellt worden war, hatte die Staatsschuld des Deutschen Reiches statt 164 Milliarden Mark nur noch einen Wert von 16,4 Pfennig.[398] Für die Europäische Staatsschuldenkrise ist das Konzept der Währungsreform für einzelne Mitgliedsstaaten eine Alternative, wenn auch keine angenehme. Die Währungsreform – in Verbindung mit dem Austritt aus der Eurozone – hätte kurzfristig ähnliche Verwerfungen zur Folge, wie sie Feldman für Deutschland 1923 beschreibt: einen Kollaps des Bankensektors, gesunde Wirtschaftsunternehmen, die wegen ihrer Finanzverpflichtungen plötzlich ruiniert sind, und eine gewaltige Verunsicherung, die durch solche Sachverhalte ausgelöst wird und die das Wirtschaftsgeschehen zum Erliegen bringen kann.[399]

Staatsbankrott und Schuldenverhandlung

Ein anderer radikaler Weg der Entschuldung besteht darin, die Zahlung der Schulden einfach zu verweigern oder die Schulden per Dekret teilweise oder ganz zu entwerten. Nach Revolutionen war dies mitunter der Fall, wenn die neuen Machthaber die Schulden der Vorgänger nicht anerkannten. Zum Beispiel geschah das in Russland nach der Oktoberrevolution im Jahr 1918, in China im Jahr 1949 oder in Kuba 1960. Die Ratingagentur Moody's beziffert die Schulden Russlands im Jahr 1918 auf 3 385 Millionen Pfund, das wären in heutiger Kaufkraft rund 122,9 Milliarden Pfund Sterling.

Mitunter ist der Staatsbankrott aber auch die einzige Alternative, vor allem, wenn Staaten einen Großteil ihrer Schulden nicht in Form der eigenen Währung haben. Gerade ökonomisch schwächere Länder haben oft nicht die Möglichkeit, sich in großem Stil in der eigenen Währung zu verschulden, weil die meisten internationalen Anleger keine Staatsanleihen halten möchten, die etwa auf ukrainische Hryvnia lauten. Viele Ökonomen sehen in der Verschuldung in Fremdwährung eine wichtige Ursache dafür, dass gerade Schwellenländer überdurchschnittlich häufig in Konkurs gehen. Das Phänomen ist unter dem Stichwort »original sin« – Erbsünde – in die Fachliteratur eingegangen.[400]

In einer vergleichbaren Situation sind auch die hoch verschuldeten Mitglieder der Eurozone. Der am 7. Februar 1992 in Maastricht unterzeichnete Vertrag über die Europäische Union (EU-Vertrag) trat am 1. November 1993 in Kraft. Der damit begonnene Prozess führte über drei Stufen zur Wirtschafts- und Währungsunion. In der dritten Stufe wurden die nationalen Währungen der Teilnehmerländer in eine gemeinsame Währung umgestellt. Das war der Beginn einer einheitlichen Geldpolitik durch die Europäische Zentralbank.[401] Die Staaten des Euroraums leihen sich an den Kapitalmärkten überwiegend Kredite in Euro. Wenn sich die Regierung Griechenlands beispielsweise in Euro verschuldet, muss sie diese Kredite in Euro zurückzahlen. Ein Euro-Staat ist also nicht in der gleichen Situation wie die USA, Großbritannien oder Japan. Selbst wenn ein Euro-Staat das wollte, könnte er nicht einfach die Notenpresse anwerfen, Euronoten im Umfang der Schulden drucken und diese Geldpakete den Gläubigern bei Fälligkeit vor die Tür stellen. Denn das Geldschöpfungsmonopol besitzt im Prinzip die formal von politischen Weisungen unabhängige Europäische Zentralbank. Durch den Eintritt in die Währungsunion sind die Staatsschulden der Länder der Eurozone fast wie Schulden in einer fremden Währung geworden.

In der Geschichte des Umgangs mit Staatspleiten wurde viel über die Frage diskutiert, ob man für überschuldete Staaten ein geordnetes Vergleichsverfahren zur Umschuldung entwickeln sollte. Ideen und Vorschläge für ein solches Insolvenzverfahren gab es mehrfach.[402] Sie mündeten in einen konkreten Vorschlag des Internationalen Währungsfonds (IWF), der sich indes auch nicht durchsetzen konnte. Im Jahr 2001 wollte die damalige stellvertretende Generalsekretärin Anne Krueger einen »Sovereign Debt Restructuring Mechanism«, kurz SDRM, institutionalisieren, der die Verhandlungen zwischen den beteiligten Akteuren koordiniert. Zentrale Elemente ihres Vorschlags waren:

- Ein in finanziellen Schwierigkeiten befindliches Land kann beim IWF ein Schuldenmoratorium beantragen, um mit den Kreditgebern eine Restrukturierung zu verhandeln (typischerweise mit teilweisem Schuldenerlass). Der IWF muss über die Zulässigkeit des Antrags nach geeigneten Kriterien entscheiden.
- Während der Verhandlungen sollte der Schuldner »Gläubigerschutz« genießen. Der IWF muss gewährleisten können, dass nicht einzelne Gläubiger unabhängig gegen das Schuldnerland Klagen anstrengen.
- Der IWF muss ein angemessenes Verhalten des Schuldners in dieser Verhandlungsperiode gewährleisten.
- Neue Kreditvergabe an den Schuldner sollte dadurch befördert werden, dass diesen neuen Krediten Vorrang gegenüber den Altschulden eingeräumt wird.
- Der Verhandlungsprozess sollte zu einem Vergleich führen, der mit qualifizierter Mehrheit der Gläubiger und des Schuldners beschlossen werden kann und für alle Gläubiger verbindlich ist.[403]

Die Liste der Detailfragen, die für die konkrete Durchführung eines solchen Verfahrens zu beantworten sind, ist deutlich länger.[404]

- Wer kann und darf ein solches Verfahren einleiten oder beenden? Und wer leitet die Verhandlungen mit den Gläubigern – eine neue oder eine existierende Institution?
- Welche Formen des Schutzes des Schuldners vor den Gläubigern gibt es, wenn das Verfahren eröffnet wurde?
- Welche Rechte hat der Verhandlungsführer in diesem Prozess? Beispielsweise bei der zentralen Frage, wie hoch die Forderungsabschreibungen insgesamt sein müssen, um einen Neustart des Schuldnerstaats zu ermöglichen, und wie die-

se Verluste auf die verschiedenen Gläubigergruppen verteilt werden?
- Welche Arten von Schulden sollten einbezogen werden? Werden Schulden gegenüber Inländern und gegenüber Ausländern gleichartig behandelt?
- Wer trägt die Kosten des Verfahrens? Und setzt man die Kosten hoch an, um eine Umschuldung nicht allzu attraktiv zu machen, oder setzt man die Kosten eher niedrig an, damit die volkswirtschaftlichen Verluste durch das Verfahren nicht zu groß sind?
- Und was geschieht eigentlich, wenn der Schuldner sich nur teilweise an das Verhandlungsergebnis hält? Wie und welche Sanktionen setzt man durch, wenn der Staat seine Zusagen nicht einhält?

Diese Liste von Fragen erschöpft bei weitem nicht den gesamten Katalog der zu klärenden Details. Viele dieser Fragen müssen auch gestellt und beantwortet werden bei der Ausgestaltung eines Insolvenzrechts für Unternehmen oder innerstaatlicher Gebietskörperschaften. Ein Großteil der unterschiedlichen Vorschläge, einschließlich des Vorschlags des IWF, ist deshalb von der US-amerikanischen Insolvenzordnung für Gebietskörperschaften innerhalb der USA inspiriert (»Chapter 9«). Diese, auf eine Sanierung der Gebietskörperschaft wie beispielsweise eines amerikanischen Bundesstaats ausgerichtete Ordnung, orientiert sich ihrerseits in wesentlichen Teilen an der Insolvenzordnung für amerikanische Unternehmen (»Chapter 11«). Diese Insolvenzordnung zielt nicht auf eine Abwicklung und Liquidation des Unternehmens, sondern auf eine Befreiung des Unternehmens von den Altschulden, und soll einen Neustart des im Kern profitablen Unternehmens ermöglichen.

Schuldner in diesem IWF-Verfahren sind souveräne Staaten. Das macht generell die Frage schwierig, was passiert, wenn sich der Schuldnerstaat Teilen des Verfahrens und möglichen Konsequenzen daraus nicht unterwerfen möchte. Beispielsweise ist die Frage der Kontrolle getroffener Vereinbarungen schwierig – und die Frage möglicher Sanktionen. Ein weiterer Unterschied besteht darin, dass ein solches Verfahren verbindlicher internationaler Absprachen der internationalen Staatengemeinschaft bedarf, die letztlich ihr nationales Insolvenzrecht betreffen.

Mit der Begründung, ein solches international verankertes Insolvenzregime sei weder notwendig noch machbar, wurde der Vorschlag des IWF seinerzeit vom US-amerikanischen Finanzminister John Snow heftig attackiert. Er argumentierte, das Hauptproblem bei staatlichen Umschuldungen liege in der mangelhaften Koordination der Gläubiger, die nicht in der Lage seien, sich an einen Tisch zu setzen. Er vertraue eher auf privatwirtschaftliche Lösungen der Probleme möglicher Staatsinsolvenzen und damit einhergehender Umschuldungsverhandlungen, anstatt auf die Lösungskompetenz einer internationalen Organisation wie des IWF.[405] Seine Position hat den Umsetzungsprozess sicher nicht vorangetrieben und den Diskussionsprozess in eine andere Richtung gelenkt. Die Ausgabe von Staatsschuldtiteln wurde seitdem häufig mit Vertragsklauseln erweitert, die mögliche zukünftige Umschuldungsverhandlungen vereinfachen und das Problem tausender unabhängig voneinander agierender Gläubiger beseitigen sollten.[406]

Jede Umschuldung hat mit einigen Problemen zu kämpfen. Ein Kernproblem ist die Überwindung der natürlichen Eigennutzorientierung der einzelnen Gläubiger, die einer effizienten gemeinsamen Schuldenregelung oft im Wege stehen. Ein zweites Kernproblem ist die Überwindung der Vertrauensprobleme, wenn es darum geht, die Umschuldung durch neue Kredite zu finanzieren. Wer möchte schon gern einem Schuldner, der gerade einen Kredit nicht mehr bedient, neues Geld nachschießen? Das dritte Kernproblem besteht in der Wirkung der Umschuldungsregeln auf das Verhalten von Schuldnern. Die Aussicht auf eine einfache Teilentschuldung durch eine Sanierungsinsolvenz könnte den Schuldner zu leichtfertig in seiner Kreditaufnahme machen.[407] Und wenn die Umschuldung selbst nicht zügig abläuft, kann die Schuldenkrise eines Staats zu einer anhaltenden Lähmung führen, die kostspielig für den Staat und seine Gläubiger ist. Die Schuldenkrise kann sich dann zu einer Finanzkrise ausweiten.

Nach dem vorläufigen Scheitern des IWF-Vorschlags einer Insolvenzordnung leben weiter die informellen Organisationen fort, in denen sich die Gläubiger selbst organisiert haben: Der Pariser Club beispielsweise vermittelt unter Assistenz des IWF zwischen Geberländern und säumigen Schuldnernationen. Bisher handelte er 413 Abkommen mit 87 Ländern und mit einem Volumen von insgesamt 540 Milliarden Dollar aus.[408] Im Londoner Club haben sich Privatbanken zusammengeschlossen, um in Verhandlungen mit säumigen Staaten eine stärkere Position zu haben. Seine Verhandlungsmacht schöpft er daraus, dass in der Regel der IWF erst dann ein Anpassungsprogramm billigt und finanziell unterstützt, wenn die Umschuldung mit den privaten Gläubigern geglückt ist.[409]

Die Chancen von Kreditgebern eines bankrotten Staats haben sich etwas verbessert, weil sich Staaten immer weniger auf ihre Immunität berufen können. Seit dem 1976 ins Leben gerufenen Foreign Sovereign Immunities Act verweigern die USA anderen Regierungen für kommerzielle Aktivitäten ihre Immunität. Großbritannien hat eine ähnliche Regelung zwei Jahre später eingeführt.[410] Britische Behörden waren es, die im Oktober 2008 kurzerhand die Guthaben der durch den isländischen Staat gedeckten Landsbanki konfiszierten, um Einlagen der eigenen Staatsbürger bei der britischen Landsbanki-Tochter Icesave zu sichern. Das britische Verhalten führte postwendend zu diplomatischen Verwicklungen mit der Regierung in Reykjavik.[411]

Die härtere Haltung gegenüber säumigen Staatsschuldnern wird zunehmend auch durch Gerichte unterstützt, die die Ausgabe von Staatsanleihen den kommerziellen Aktivitäten von Regierungen zurechnen. Seither können Kreditgeber gegen Staaten vor Gericht ziehen und einen Titel gegen sie erwirken. Allerdings kommt dann die Immunität wieder ins Spiel, möchte ein Gläubiger seine vor Gericht erfolgreich erstrittenen Ansprüche durchsetzen.[412] So sind beispielsweise die bei einer ausländischen Zentralbank gelagerten Währungsreserven eines Landes vor dem Zugriff der Gläubiger sicher. Argentinien soll dieses Schlupfloch genutzt und seine Dollarbestände bei der amerikanischen Zentralbank und der Bank für Internationalen Zahlungsausgleich (BIS) deponiert haben, um sie nach dem selbst erklärten Bankrott im Jahr 2001 vor den Gläubigern zu sichern. Immerhin haben rund ein Viertel der Anleihehalter der argentinischen Umschuldung von 2005 nicht zugestimmt. Wie bereits erwähnt haben viele von ihnen gegen Argentinien vor deutschen Gerichten Klage eingereicht.[413]

Eine andere Problematik von Staatsinsolvenzen ist im Zuge der europäischen Staatsschuldenkrise sehr deutlich geworden. Der Bankrott eines Schuldnerstaats ist mitunter ein systemisches Risiko.

Das gilt vor allem dann, wenn ein Staat weltwirtschaftlich mit anderen Staaten eng verflochten ist, wenn die Weltfinanzmärkte krisenanfällig sind und nur kleine Kapitalpuffer haben, mit denen sie Finanzmarktschocks absorbieren können und wenn das Krisenland Banken hat, die sich in großem Umfang als Finanziers des Staats betätigt und seine Staatsschuldtitel gekauft haben. Im Kontext der Europäischen Staatsschuldenkrise war und ist dieses Systemrisiko wohl das Hauptproblem: Es macht die Umsetzung einer Staatsinsolvenz zu einem Abenteuer mit unsicherem Ausgang. Eine weitgehend reibungslos verlaufende erzwungene Umschuldung der privaten Kreditgeber Griechenlands im März 2012 steht dazu nicht im Widerspruch. Um Kapitalmarktverwirbelungen zu vermeiden, wurde sie durch ein zweites über hundert Milliarden schweres Rettungspaket Griechenlands begleitet, für das der europäische Steuerzahler geradesteht. Ohne diese systemischen Risiken hätten wohl schon im Mai 2010 einige Mitglieder der Eurozone auf die »No-bailout Klausel« gepocht und Griechenland in die Umschuldung gehen lassen. Die Systemrelevanz ruft andere Staaten als Retter auf den Plan. Wie mit dem Problem der Systemrelevanz umzugehen ist, und wie es zu lösen ist, haben wir in Kapitel 8 beschrieben. Der Ball liegt im Feld der Politik. Ob die Politik den Ball aufnehmen wird, muss sich zeigen.

Chronik

2009

20.10. Griechischer Offenbarungseid: Finanzminister Papakonstantinou legt wahres Ausmaß der Schuldenkrise offen

2010

11.4. EU-Regierungschefs einigen sich auf Hilfspaket über 45 Mrd. Euro für Griechenland, zwei Drittel übernehmen Euro-Mitglieder
23.4. Griechenland beantragt Hilfspaket
27.4. Ratingagentur S & P stuft Griechenland-Anleihen auf Ramsch-Status
2.5. EZB, EU-Kommission, IWF einigen sich auf Sparprogramm, Hilfspaket wird auf 110 Mrd. Euro erhöht
9.5. EU beschließt Rettungsschirm von 750 Mrd. Euro für notleidende Euro-Staaten
9.5. EZB kauft Euro-Staatsanleihen
18.5. Überweisung 1. Tranche von 14,5 Mrd. Euro an Griechenland
7.6. Gründung Rettungsfonds EFSF
5.8. Überweisung 2. Tranche an Griechenland
6.11. EU-Finanzminister: Auszahlung der 3. Tranche soll auf Januar verschoben werden
15.11. Eurostat teilt mit, dass griechisches Defizit 2009 noch höher als angenommen war, Griechenland räumt Verfehlung für 2010 ein
21.11. Irland beantragt EU-Hilfen
28.11. Hilfspaket von 85 Mrd. Euro für Irland beschlossen, 17,5 Mrd. Euro bringt Irland selbst auf
16./17.12. EU-Rat beschließt Vertragsänderung zur Schaffung eines permanenten Rettungsmechanismus ESM

2011

11.3. Eurostaaten einigen sich auf dauerhaften Rettungsmechanismus ESM mit Darlehenskapazität von 500 Mrd. Euro, der Mitte 2013 Rettungsschirm EFSF ablösen soll
15.3. Die EU-Finanzminister einigen sich auf sechs Richtlinien (Six Pack) zur Stärkung des Stabilitäts- und Wachstumspaktes.
24./25.3. EU-Gipfel beschließt Euro-Plus-Pakt, der stärkere Koordinierung der Wirtschaftspolitik vorsieht, ESM und Six Pack
6.5. EU-Gipfel berät über Griechenland
17.5. Hilfspaket von 78 Mrd. Euro für Portugal
3.6. Troika (EZB, IWF, EU-Kommission) stimmt griechischem Sanierungsplan zu. Weg für 4. Hilfstranche von 12 Mrd. Euro frei
23./24.6. EU-Rat beschließt weiteres Hilfspaket von bis zu 120 Mrd. Euro für Griechenland
4.7. Nach EU-Finanzminister gibt auch IWF grünes Licht für 5. Hilfstranche an Griechenland
21.7. EU-Gipfel beschließt neues Rettungspaket für Griechenland. Zum ersten Mal sollen auch private Gläubiger beteiligt werden. Zinskostensenkung und Laufzeitenverlängerung beschlossen
27.9. Bundestag stimmt Ausweitung EFSF zu
27.10. EU-Gipfel beschließt höheren Schuldenerlass für Griechenland
21.10. Finanzminister geben 6. Hilfstranche an Griechenland frei
27.10. Der Euro-Gipfel einigt sich mit Banken auf freiwilligen Schuldenerlass von 50 Prozent
31.10. Griechenlands Ministerpräsident Papandreou kündigt überraschend eine Volksabstimmung über die Beschlüsse des Euro-Gipfels und damit verbundene Sparauflagen an
1.11. Mario Draghi startet als Präsident der EZB

3.11.	Euro-Staaten stoppen die Hilfskredite; Griechisches Referendum wird abgesagt
3.11.	EZB-Chef Draghi senkt auf seiner ersten Sitzung den Leitzins überraschend auf 1,25 Prozent
9.11.	Der griechische Ministerpräsident Papandreou tritt nach Koalitionsverhandlungen von Sozialisten und Konservativen zurück
11.11.	Erstmals seit 22 Jahren hat Griechenland eine Koalitionsregierung. Lucas Papademos wird neuer Ministerpräsidenten
12.11.	Italienischer Ministerpräsident Berlusconi tritt zurück
8.12.	EZB senkt Leitzins auf ein Prozent und kündigt 3-Jahreskredite mit voller Zuteilung für Banken zu einem Festzins von einem Prozent an.
8.12.	Laut European Banking Authority (EBA) haben Banken Finanzlücke von 115 Mrd. Euro
9.12.	EU-Gipfel beschließt neuen Fiskalpakt
21.12.	Beim unlimitierten 3-Jahres-Tender (LTRO) zu einem Prozent rufen Banken bei der EZB 489.190.750.000 Euro (489 Mrd.) ab
30.12.	Spaniens neuer Regierungschef Rajoy muss einräumen, dass Haushaltsdefizit 2011 deutlich über acht Prozent

2012

13.1.	S & P stuft neun von 17 Euro-Staaten ab. Frankreich und Österreich verlieren Spitzenrating AAA
30. 1.	25 der 27 EU-Staaten verabschieden Fiskalpakt
30.1.	Märkte wetten auf eine Pleite von Portugal
2.2.	Vertrag über den dauerhaften Rettungsfonds (ESM) wird unterzeichnet
12.2.	Griechisches Parlament stimmt weiterem Sparpaket zu, Straßenschlachten in Athen
20.2.	Euro-Finanzminister einigen sich auf weiteres Hilfspaket von 130 Mrd. Euro für Griechenland, Private Gläubiger sollen auf 53,5 Prozent ihres Anleihewertes verzichten: Inklusive Laufzeitenverlängerung entspricht Schuldenschnitt rund 75 Prozent
27.2.	Bundestag stimmt für 2. Griechenlandpaket. Regierung verfehlt Kanzlermehrheit
27.2.	S & P stuft Griechenland auf teilweise Zahlungsunfähigkeit
29.2.	Bei einem weiteren unlimitierten 3-Jahres-Tender (LTRO) zu einem Prozent rufen Banken bei der EZB 529.530.810.000 Euro (530 Mrd.) ab
1./2.3.	Auf einem weiteren Gipfel unterzeichnen 25 der 27 EU-Regierungschefs Fiskalpakt. Unmittelbar nach dem Gipfel erklärt Spanien in einer „souveränen Entscheidung", das mit der EU vereinbarte Defizit um 1,4 Prozentpunkte zu überschreiten
9.3.	Griechenland entledigt sich mittels Schuldenschnitt von über 100 Milliarden Euro seiner Verbindlichkeiten. Eine nachträglich in die Anleihebedingungen eingefügte Umschuldungsklausel zwingt alle privaten Gläubiger zum Schuldentausch. Rechnerischer Verlust für Halter beträgt 75 %. Es ist einer der größten Staatspleiten in der Geschichte.
13.3.	Brief von Bundesbank-Chef Jens Weidmann an die Europäische Zentralbank wird öffentlich, in dem Weidmann vor den Bilanzrisiken der EZB-Politik, den sogenannten Target2-Salden, warnt und eine Umkehr anmahnt
30.3.12	Auf einem Treffen in Kopenhagen einigen sich die Finanzminister der Eurogruppe auf eine faktische Ausweitung der Rettungsschirme von 500 rund 800 Milliarden Euro.
26.4.12	S & P senkt die Bonitätsnote Spaniens um 2 Stufen von A auf BBB+ mit negativem Ausblick

Anmerkungen

1 Vgl. Infratest dimap. 2012. ARD DeutschlandTREND. Februar 2012 (http://www.infratest-dimap.de/uploads/media/dt1202_bericht.pdf).

2 Hoffmann, Catherine. 2011. »Der Euro wird zusammenbrechen«. Interview mit dem Finanzwissenschaftler Stefan Homburg, Süddeutsche Zeitung München, 29. September 2011, S. 20.

3 Vgl. Bootle, Roger. 2012. »It may turn out that we are watching not a Greek but a Euro Tragedy«. Daily Telegraph, 26. Februar 2012.

4 Vgl. Derichsweiler, Cornelia. 2012. »Spaniens Generation Hoffnungslos«. NZZ am Sonntag, 5. Februar 2012.

5 Der Wirtschaftshistoriker Alfred Ritschl beziffert die umstrittenen Schulden gegenüber Griechenland auf 3,4 Milliarden Euro. Vgl. Lembke, Judith. 2012. »Wie Reichskanzler Brüning in der Weimarer Republik«. Interview mit dem Wirtschaftshistoriker Alfred Ritschl, Frankfurter Allgemeine Zeitung, Nr. 32, 7. Februar 2012, S. 10.

6 Vgl. Heffer, Simon. 2011. »Rise of the Fourth Reich, how Germany is using the financial crisis to conquer Europe«. Daily Mail Online, 17. August 2011 (http://www.dailymail.co.uk/news/article-2026840/European-debt-summit-Germany-using-financial-crisis-conquer-Europe.html).

7 Vgl. Sachverständigenrat zur Begutachtung der gesamtwirtschaftlichen Entwicklung. 2011. Verantwortung für Europa wahrnehmen, Jahresgutachten 2011-2012. S. 81.

8 Vgl. auch das Gutachten des Wissenschaftlichen Beirats beim Bundesministerium der Finanzen. 2012. Fiskalpolitische Institutionen in der Eurozone. Bundesministerium der Finanzen, Berlin.

9 Vgl. Schick, Gerhard. 2010. »Eine Abgabe auf Vermögen, um die Krise zu bewältigen«. Handelsblatt, Nr. 68, 9. April 2010, S. 13. Der Autor, der die Vermögensabgabe fordert, ist finanzpolitischer Sprecher der Bundestagsfraktion Bündnis 90/Die Grünen.

10 Vgl. Reinhart, Carmen M. und Kenneth S. Rogoff. 2009. *This Time is Different: Eight Centuries of Financial Folly.* Princeton, NJ: Princeton University Press.

11 Vgl. Löhr, Julia. 2009. »Umgeben von Nullen«. Frankfurter Allgemeine Zeitung, 21. März 2009, S. 12.

12 Wir haben uns bei der Zahlendarstellung inspirieren lassen von Leuschel, Roland und Claus Vogt. 2009. *Die Inflationsfalle: Retten Sie Ihr Vermögen.* Weinheim: Wiley-VCH Verlag, S. 16.

13 Vgl. Kafsack, Hendrik. 2011. »Juncker nach falschen Dementis in der Kritik«. Faz.net, 10. Mai 2011.

14 Vgl. o.V. 2011. »Geheimtreffen der Finanzminister nach Euro-Absturz«. WELT Online, 7. Mai 2011(http://www.welt.de/wirtschaft/article13357616/Geheimtreffen-der-Finanzminister-nach-Euro-Absturz.html).

15 Hoffmann, Catherine. 2011. »Der Euro wird zusammenbrechen«. Interview mit dem Finanzwissenschaftler Stefan Homburg, Süddeutsche Zeitung München, 29. September 2011, S. 20.

16 Vgl. Ettel, Anja und Holger Zschäpitz. 2012. »Das erinnert an die Kriegsfinanzierung«. Interview mit dem ehemaligen Bundesbankchef Helmut Schlesinger, Welt am Sonntag, 11. März 2012, S. 34

17 O.V. 2011. »Merkel: Scheitert der Euro, scheitert Europa«. Zeit Online, 13. Mai 2011 (http://www.zeit.de/politik/deutschland/2010-05/merkel-euro).

18 Berger, Roland. 1998. »Euro auf Wiedervorlage«. In: Hans-Ulrich Jörges (Hrsg.). 1998. *Der Kampf um den Euro. Wie riskant ist die Währungsunion?* Hamburg: Hoffmann und Campe, S. 28-32.

19 Vgl. Issing, Otmar. 2008. *The Birth of the Euro.* Cambridge: Cambridge University Press, S. 82-83.

20 Die Wirtschaftszahlen beruhen auf Daten von Fitch Ratings, die Zinsdifferenzen stützen sich auf historische Zahlen vom Finanzdatenanbieter Bloomberg.

21 Vgl. Spahn, Heinz-Peter. 2004. »Stabilität und Staatsschulden«. Vierteljahreshefte zur Wirtschaftsforschung, 73, S. 429-444. Die Wirtschaftszahlen beruhen auf Daten von Fitch Ratings.

22 Zahlen beziehen sich auf die von Fitch Ratings berechnete Größe »General Government Interest Payments in % of revenues«.

23 Vgl. Morgan, Kelly. 2009. The Irish Credit Bubble. UCD Centre for Economic Research Working Paper Series, WP 09/32 (http://www.ucd.ie/t4cms/wp09.32.pdf).

24 Vgl. Onaran, Yalman. 2011. Zombie Banks: How Broken Banks and Debtor Nations Are Crippling the Global Economy. Hoboken: John Wiley. S. 45.

25 Sämtliche Zahlen stammen aus der ökonomischen Datenbank der Ratingagentur Fitch Ratings.

26 Vgl. Eurostat (http://appsso.eurostat.ec.europa.eu/nui/show.do?dataset=nama_gdp_c&lang=de). Die Gründe für die deutsche Wachstumsschwäche in den Jahren nach der Jahrtausendwende beschreibt Sinn, Hans-Werner. 2002. »Die rote Laterne«. ifo Schnelldienst, 55(23), Sonderausgabe.

27 Vgl. Moec, Gilles. 2010. »Stress-testing Spain«. Deutsche Bank Focus Europe, 16. April 2010, S. 4.

28 Vgl. Klar, Andres und Douglas Renwick. 2009. »Credit analysis Spain«. Fitch Ratings, 4. August 2009.

29 Die irische Regierung garantierte in der Finanzkrise als eine der ersten in der Eurozone die meisten Einlagen bei den heimischen Instituten. Vgl. Depart-

ment of Finance, Government of Ireland. 2008. Credit Institutions (Financial Support) Act 2008. 2. Oktober 2008, sowie Moghadam, Reza und Jose Viñals. 2010. Cross-cutting Themes in Economies with Large Banking Systems. IMF Paper, Strategy, Policy, and Review and Monetary and Capital Markets Departments, S. 4.

30 Vgl. Moody's. 2011. Credit Opinion: Government of Ireland.

31 Vgl. Department of Finance, Government of Ireland. 2008. Credit Institutions (Financial Support) Act 2008. 2. Oktober 2008, sowie Moghadam, Reza und Jose Viñals. 2010. Cross-cutting Themes in Economies with Large Banking Systems. IMF Paper, Strategy, Policy, and Review and Monetary and Capital Markets Departments, S. 4, und Klar, Andres und Douglas Renwick. 2009. »Credit analysis Spain«. Fitch Ratings, 4. August 2009.

32 Vgl. Reinhart, Carmen und Kenneth Rogoff. 2011. *A Decade of Debt.* Peterson Institute, S. 12.

33 Vgl. Zemanek, Holger, Ansgar Belke und Gunther Schnabl. 2009. Current Account Imbalances and Structural Adjustment in the Euro Area: How to Rebalance Competitiveness. IZA Policy Paper, 7, S. 6-7.

34 Vgl. Mattern, Frank, Eckart Windhagen, Markus Habbel, Jörg Mußhoff und Hans-Helmut Kotz. 2012. The future of the euro. An economic perspective on the eurozone crisis. McKinsey, S. 11-13.

35 Vgl. Europäische Zentralbank. 2006. »Wettbewerbsfähigkeit und Exportentwicklung des Eurowährungsgebiets«. Monatsbericht Juli, S. 75-86, insbesondere S. 80 f.

36 Vgl. Roubini, Nouriel. 2010. »Die Gefahr einer tödlichen Schuldenfalle ist groß«. Handelsblatt, Nr. 74, 19. April 2010, S. 8, sowie Göbel, Heike und Holger Steltzner. 2012. »Wir sitzen in der Falle.« Interview mit Hans-Werner Sinn, Frankfurter Allgemeine Zeitung, Nr. 42, 18. Februar 2012, S. 12.

37 Müller, Jan-Werner. 2010. »Gründungsmythen, Brieftaschen, Herzen und Geister«. Neue Zürcher Zeitung, 26. Juni 2010.

38 Vgl. Eckert, Daniel. 2010. *Weltkrieg der Währungen.* München: Finanzbuch Verlag, S. 136.

39 Vgl. z. B. Engelmann, Daniela, Hans-Joachim Knopf, Klaus Roscher und Thomas Risse. 1996. »Identität und Europäische Union: Die Diskussion um den Euro in Großbritannien, Frankreich und Deutschland«. In: Thomas König, Elmar Rieger und Hermann Schmitt (Hrsg.). 1996. Europäische Institutionenpolitik. Frankfurt: Campus-Verlag, S. 79-95.

40 Vgl. beispielsweise die Sammlung von 41 Einzelstatements in Jörges, Hans-Ulrich (Hrsg.). 1998. *Der Kampf um den Euro: Wie riskant ist die Währungsunion?* 41 Experten und Prominente streiten über das neue Geld. Hamburg: Hoffmann und Campe.

41 von Hagen, Jürgen. 1998. »Von der Deutschen Mark zum Euro«. Aus Politik und Zeitgeschichte, B 24, S. 35-46 (aus der Zusammenfassung).

42 Vgl. Mundell, Robert A. 1961. «A theory of optimum currency areas«. American Economic Review, 51(4), S. 657-665, sowie Burda, Michael und Charles

Wyplosz. 2009. *Makroökonomie. Eine europäische Perspektive.* 3. Auflage, München: Vahlen, S. 635. Einen guten Überblick über das Forschungsfeld der optimalen Währungsräume liefert Mongelli, Paolo Francesco. 2002. New views on the optimum currency area theory: What is EMU telling us. EZB Working Paper 138.

43 Vgl. Müller, Henrik. 2010. *Sprengsatz Inflation.* Frankfurt am Main/New York, NY: Campus, S. 94-98.

44 Vgl. Burda, Michael und Charles Wyplosz. 2009. *Makroökonomie. Eine europäische Perspektive.* 3. Auflage. München: Vahlen, Kapitel 6, S. 173-190.

45 Zu den Währungsdaten vgl. Bloomberg. Zum Zusammenbruch des Systems fester Wechselkurse vgl. auch Rickards, James. 2011. *Currency Wars. The Making of the Next Global Crisis.* New York, NY: Portfolio/Penguin.

46 Vgl. Feldstein, Martin. 1997. »EMU and international conflict«. Foreign Affairs, 76(6), S. 60-73. Einen Überblick zu den Vorbehalten gegen die Einführung des Euro bietet Jonung, Lars und Eoin Drea. 2009. The Euro: It can't happen, it's a bad idea, it won't last. US economists on the EMU, 1989-2002. European Commission, Economic Paper 395.

47 Übersetzung der Autoren, zitiert nach: Cottle, David. 2010. »Milton Friedman Comes Close …«. Wall Street Journal, 29. November 2010 (http://blogs.wsj.com/source/2010/11/29/milton-friedman-comes-close/).

48 Kohl, Helmut. 1998. »Warum der Euro für Deutschland so wichtig ist«. BILD, 13. Januar 1998, S. 6.

49 Dahrendorf, Ralf. 1998. »Der Euro ist ein schwerer Fehler«. In: Hans-Ulrich Jörges (Hrsg.). 1998. *Der Kampf um den Euro. Wie riskant ist die Währungsunion?* Hamburg: Hoffmann und Campe, S. 78.

50 Biedenkopf, Kurt. 1998. »Das Euro-Experiment – Vollendung der Integration oder Überforderung der Union?«. In: Hans-Ulrich Jörges (Hrsg.). 1998. *Der Kampf um den Euro. Wie riskant ist die Währungsunion?* Hamburg: Hoffmann und Campe, S. 53.

51 Vgl. Hankel, Wilhelm, Wilhelm Nölling, Joachim Starbatty und Karl Albrecht Schachtschneider. 2001. *Die Euro-Illusion. Ist Europa noch zu retten.* Reinbeck: rororo, sowie o. V. 1998. »Vier gegen den Euro«. Der Spiegel, Nr. 3, 12. Januar 1998, S. 28.

52 Vgl. BVerfG, 2 BvR 987/10 vom 7. September 2011, Absatz-Nr. (1-142).

53 Vgl. Board of Governors of the Federal Reserve System. 2011. »What is the Federal Reserve's mandate in setting monetary policy?" (http://www.federalreserve.gov/faqs/money_12848.htm).

54 Vgl. Becker, Werner. 2005. »Reform des Stabilitätspakts – Lizenz zur Verschuldung«. EU Monitor Deutsche Bank Research, Nr. 23, S. 4-13.

55 Homburg, Stefan. 1997. »Hat die Währungsunion Auswirkungen auf die Finanzpolitik?«. In: Franz-Ulrich Willeke (Hrsg.). 1997. *Die Zukunft der D-Mark.* München: Günter Olzog-Verlag, S. 103.

56 Vgl. auch Donges, Juergen B., Johann Eekhoff, Wolfgang Franz, Clemens Fuest, Wernhard Möschel und Manfred J. M. Neumann. 2005. Den Stabilitäts-

und Wachstumspakt härten. Frankfurt: Stiftung Marktwirtschaft, sowie Becker, Werner. 2005. »Reform des Stabilitätspakts – Lizenz zur Verschuldung.« EU Monitor Deutsche Bank Research, Nr. 23, S. 4-13.

57 Stark, Jürgen. 2009. »Eine Bilanz von zehn Jahren Euro und der Geldpolitik der EZB«. ifo Schnelldienst, 62(5), S. 12.

58 Trichet, Jean-Claude. 2009. 10 Jahre Euro: Erfolge und Herausforderungen. Rede des Präsidenten der EZB in Osnabrück, 12. Februar 2009. Vgl. auch EU-Kommission. 2008. EMU@10, Successes and Challenges After Ten Years of Economic and Monetary Union. European Economy, 2, S. 17.

59 Vgl. Winkler, Max. 1933. Foreign Bonds: An Autopsy. Roland Swain Company: Philadelphia, PA. Reprinted 1999. Beard Books, Washington, DC.

60 Die Schuldenzahlen basieren auf Daten der Ratingagentur Fitch Ratings.

61 Vgl. Moody's Investors Service. 2010. »Spain, Portugal & Greece: Contagion or confusion?«. 10. Februar 2010.

62 Vgl. Batzoglou, Ferry und Clemens Höges. 2009. »Die Macht der Fakelaki«. Der Spiegel, Nr. 53, S. 93.

63 Vgl. Manolopoulos, Jason. 2011. *Greece's ›Odious‹ Debt: The Looting of the Hellenic Republic by the Euro, the Political Elite and the Investment Community.* London: Anthem Press, S. XI.

64 Vgl. Batzoglou, Ferry, et al. 2011. »Eine Bombenidee«. Der Spiegel, Nr. 39, S. 63.

65 Vgl. Ferguson, Niall. 2011. *Der Westen und der Rest der Welt. Die Geschichte vom Wettstreit der Kulturen.* Berlin: Ullstein, S. 44.

66 Vgl. Batzoglou, Ferry, et al. 2011. »Eine Bombenidee«. Der Spiegel, Nr. 39, S. 63.

67 Vgl. Batzoglou, Ferry, et al. 2011. »Eine Bombenidee«. Der Spiegel, Nr. 39, S. 63.

68 Vgl. Nixon, James. 2009. »Crunching the numbers, an assessment of Greek public finance«. Société Générale European Themes, 6. Dezember 2009, S. 2.

69 Vgl. Jessen, Corinna, Ralph Schulze, Paul Kreiner und Helmar Dumbs. 2010. »Im Club Med der leeren Kassen«. Die Presse, 14. Februar 2010.

70 Vgl. Görgens, Egon, Karlheinz Ruckriegel und Franz Seitz. 2004. Europäische Geldpolitik. Stuttgart: Lucius&Lucius, S. 24.

71 Vgl. z. B. Dafflon, Bernard und Sergio Rossi. 1999. »Public accounting fudges towards EMU: A first empirical survey«. Public Choice, 101, S. 59-84.

72 Vgl. Reinhart, Carmen M. und Kenneth S. Rogoff. 2009. *This Time is Different: Eight Centuries of Financial Folly.* Princeton, NJ: Princeton University Press, S. 99.

73 Vgl. Tzermias, Pavlos. 1999. Neugriechische Geschichte. Eine Einführung. 3. Auflage, Tübingen: Francke Verlag, S. 99.

74 Vgl. Tzermias, Pavlos. 1999. Neugriechische Geschichte. Eine Einführung. 3. Auflage, Tübingen: Francke Verlag, S. 104.

75 Vgl. Jessen, Corinna, Ralph Schulze, Paul Kreiner und Helmar Dumbs. 2010. »Im Club Med der leeren Kassen«. Die Presse, 14. Februar 2010.

76 Vgl. Jung, Alexander. 2012. »In der Schuldenfalle«. Der Spiegel, Nr. 1, S. 67.

77 Vgl. Tzermias, Pavlos. 1999. Neugriechische Geschichte. Eine Einführung. 3. Auflage, Tübingen: Francke Verlag, S. 201.

78 Vgl. Manolopoulos, Jason. 2011. *Greece's ›Odious‹ Debt: The Looting of the Hellenic Republic by the Euro, the Political Elite and the Investment Community*. London: Anthem Press, S. 4 ff., und Ertel, Manfred und Mathieu von Rohr. 2010. »Es geht ums Überleben«. Interview mit dem griechischen Ministerpräsident Georgios Papandreou, Der Spiegel, Nr. 8, S. 90-93.

79 Vgl. z. B. Feld, Lars P. und Bruno S. Frey. 2002. »Trust breeds trust: how taxpayers are treated«. Economics of Governance, 3(2), S. 87-99.

80 Vgl. Katsios, Stavros. 2006. »The shadow economy and corruption in Greece«. South-Eastern Europe Journal of Economics, 1, S. 61-80.

81 Vgl. Zapf, Marina und Peter Ehrlich. 2010. »Sogar die Griechen müssen bald Steuern zahlen«. Financial Times Deutschland, 12. Februar 2010, S. 12.

82 Vgl. o. V. 2011. »Griechenland hat mutmaßlich 21.000 Phantomrentner«. Der Spiegel Online, 26. November 2011 (http://www.spiegel.de/wirtschaft/soziales/0,1518,800052,00.html).

83 Vgl. o. V. 2012. »Staatsanwälte ermitteln gegen Top-Finanzbeamten«. Der Spiegel Online, 2. Januar 2012 (http://www.spiegel.de/wirtschaft/soziales/0,1518,806810,00.html).

84 Vgl. o. V. 2011. »OECD hält Griechenland für völlig reformunfähig«. Der Spiegel Online, 8. Dezember 2011 (http://www.spiegel.de/politik/ausland/0,1518,802392,00.html).

85 Vgl. o. V. 2011. »Griechen schulden ihrem Staat 60 Milliarden Euro«. Der Spiegel Online, 17. November 2011 (http://www.spiegel.de/politik/ausland/0,1518,798489,00.html).

86 Hoeren, Dirk und Georgios Xanthopoulos. 2010. »Uni-Professoren zweigen EU-Millionen ab«. Bild Online, 9. November 2010 (http://www.bild.de/politik/2010/politik/zweigen-eu-millionen-ab-14582816.bild.html).

87 Vgl. Jack, Andrew und Kerin Hope. 2012. »Athens struggles to rein in medical excess«. Financial Times, Nr. 37849, 13. Februar 2012, S. 2.

88 Vgl. Dams, Jan und Florian Hassel. 2010. »Wie viel im Umschlag stecken muss«. Die Welt, 2. März 2010, S. 1.

89 Vgl. Müller, Felix. 2010. »Griechisches Drama im Säli«. NZZ am Sonntag, 31. Januar 2010. Zu den institutionellen Problemen des Landes vgl. Calomiris, Charles W. 2010. »The painful arithmetic of Greek debt default«. Economic Policies for the 21st Century, 18. März 2010 (http://www.economics21.org/commentary/painful-arithmetic-greek-debt-default).

90 Vgl. Höhler, Gerd. 2009. »Ein Volk zeigt Nervenstärke«. Handelsblatt, Nr. 240, 11. Dezember 2009, S. 18.

91 Vgl. Erber, Georg. 2011. »Staatsverschuldung und Financial Engineering«. DIW Wochenbericht, Nr. 36, S. 11-19.

92 Vgl. Schieritz, Mark. 2010. »Jagd auf die Zocker«. Die Zeit, Nr. 9, 25. Februar 2010, S. 23.

93 Vgl. Martinuzzi, Elisa und Gavin Finch. 2010. »Greece's Goldman Sachs swaps spawn EU dispute on disclosure«. Bloomberg News, 16. Februar 2010, sowie Balzli, Beat. 2010. »Unsichtbare Miese«. Der Spiegel, Nr. 6, S. 76.

94 Vgl. Europäische Kommission. 2010. Bericht zu den Statistiken Griechenlands über das öffentliche Defizit und den öffentlichen Schuldenstand. 8. Januar 2010, sowie Eurostat für spätere Prognose-Verfehlungen.

95 Vgl. Balzli, Beat, Alexander Jung, Christoph Pauly, Christian Reiermann, Wolfgang Reuter, Michael Sauga und Hans-Jürgen Schlamp. 2010. »Kultur des Tricksens«. Der Spiegel, Nr. 10, S. 66-77.

96 Vgl. Europäische Kommission. 2010. Bericht zu den Statistiken Griechenlands über das öffentliche Defizit und den öffentlichen Schuldenstand. 8. Januar 2010, S. 15.

97 Vgl. Mahler, Armin, Christian Reiermann, Wolfgang Reuter und Hans-Jürgen Schlamp. 2010. »Aufpasser aus Brüssel«. Der Spiegel, Nr. 6, S. 74-89.

98 Vgl. Feldstein, Martin. 2010. »Let Greece take a holiday from the Eurozone«. Financial Times, 17. Februar 2010, sowie Ruth, Lea. 2010. »Bite the bullet. Kick Greece out of the Euro«. The Times, 16. Februar 2010.

99 »Greece: Debt sustainability analysis, October 21, 2011 – strictly confidential« (http://info.publicintelligence.net/GreeceDebtSustainability.pdf).

100 Vgl. Greece: Preliminary Debt Sustainability Analysis – Strictly Confidential, 15. Februar 2012 (http://av.r.ftdata.co.uk/files/2012/02/Greece-DSA.pdf).

101 Vgl. z.B. Batzoglou, Ferry. 2011. »Angst vor Euro-Aus, Griechen plündern ihre Konten«. Spiegel Online, 6. Dezember 2011 (http://www.spiegel.de/wirtschaft/unternehmen/0,1518,801244,00.html#ref=rss).

102 Vgl. Buchanan, James. 1975. »The Samaritan's dilemma«. In: Edmund S. Phelps (Hrsg.). 1975. *Altruism, Morality and Economic Theory.* New York, NY: Russel Sage Foundation.

103 Vgl. Bank für Internationalen Zahlungsausgleich. 2010. Quarterly Review. Dezember 2010.

104 Vgl. FAZ, 7. Juni 2011, S. 19, »Deutsche Banken bangen mit Griechenland«, o. V. 2011

105 Vgl. z. B. Buchanan, James. 1975. »The Samaritan's dilemma«. In: Edmund S. Phelps (Hrsg.). 1975. *Altruism, Morality and Economic Theory.* New York, NY: Russel Sage Foundation, und Bruce, Neil und Michael Waldman. 1990. »The rotten-kid theorem meets the Samaritan's dilemma". Quarterly Journal of Economics, 105(1), S. 155-165.

106 Blum, Ulrich und Stefan Homburg. 2010. »Wer kippt noch, wenn Griechenland kippt? Alle vs. Keiner«. Frankfurter Allgemeine Sonntagszeitung, Nr. 17, 2. Mai 2010.

107 In der Folge rettete sich die drittgrößte Wall-Street-Bank Merrill Lynch in die Arme von der Bank of America. Der weltgrößte Versicherungskonzern American International Group musste wegen verkaufter Kreditausfallversicherun-

gen durch den Staat gerettet werden. Vgl. Authers, John. 2010. *The Fearful Rise of Markets: A Short View of Global Bubbles and Market Meltdowns.* Pearson Education Harlow, S. 142.

108 Dams, Jan, Florian Eder und Holger Zschäpitz. 2011. »Die Krise trifft den harten Kern Europas«. Die Welt, 24. November 2011, S. 9.

109 Vgl. Wiesmann, Gerrit, Peter Spiegel und Robin Wigglesworth. 2012. »Downgrades for France and Austria«. Financial Times, 14./15. Januar 2012, S. 1, und Chaffin, Joshua und Quentin Peel. 2012. »Eurozone bail-out fund hit by downgrade«. Financial Times, 17. Januar 2012, S. 2.

110 Vgl. Ehrlich, Peter, Fichtner Nikolai und Timo Pache. 2012. »Deutsche haften jetzt mit 400 Mrd. Euro«. Financial Times Deutschland, 27. März 2012, S. 1.

111 Vgl. Bundesfinanzministerium. 2011. »Gesetz über die Feststellung des Bundeshaushaltsplans für das Haushaltsjahr 2012« (http://www.bundesfinanzministerium.de/bundeshaushalt2012/pdf/haushaltsgesetz.pdf).

112 Vgl. Ettel, Anja und Holger Zschäpitz. 2012. »Auf schmalem Grat«. Welt am Sonntag, 12. Februar 2012, S. XI.

113 Die Zahlen stammen vom Finanzdienstleister Bloomberg, der sich wiederum auf Daten der EZB stützt.

114 Vgl. Johnson, Steve. 2012. »ECB loans could harm debt market«. Financial Times, 5. März 2012.

115 Vgl. Diem Meier, Markus. 2012. »Sarko-trade beglückt die Märkte«. Finanz und Wirtschaft, 21. Januar 2012.

116 Europäische Kommission. 2011. Grünbuch über die Durchführbarkeit der Einführung von Stabilitätsanleihen (http:/ec.europa.eu/commission_2010-2014/president/news/documents/pdf/green_de.pdf).

117 Vgl. Europäische Kommission. 2011. Grünbuch über die Durchführbarkeit der Einführung von Stabilitätsanleihen. S. 4 (http://ec.europa.eu/commission_20102014/president/news/documents/pdf/green_de.pdf).

118 Bundesministerium der Finanzen. 2011. »Das ›Europäische Semester‹ – neues Instrument europaweiter, finanz- und wirtschaftspolitischer Koordinierung«. 9. März 2011. (http://www.bundesfinanzministerium.de/DE/Wirtschaft_und_Verwaltung/Europa/09032011_Europaeisches_Semester.html).

119 Vgl. Cohen, Michael D., James G. March und Johan P. Olsen. 1972. »A Garbage can model of organizational choice«. Administrative Science Quarterly, 17(1), S. 1-25.

120 Helmut Seitz hat eine ähnliche Darstellung zur Einordnung von Vorschlägen zur Schuldenbegrenzung von Bundesländern im Rahmen der Föderalismuskommission II gewählt. Vgl. Seitz, Helmut. 2007. Stellungnahme zum Fragenkatalog für die öffentliche Anhörung zu den Finanzthemen am Freitag, dem 22. Juni 2007, der Kommission von Bundestag und Bundesrat zur Modernisierung der Bund-Länder-Finanzbeziehungen. Kommissionsdrucksache 023.

121 Vgl. Berschens, Ruth. 2011. »Ein großer Schritt Richtung Wirtschaftsregierung«. Handelsblatt, Nr. 185, 23./24. September 2011, S. 11.

122 Konrad, Kai A. und Holger Zschäpitz. 2011. »The Future of the Eurozone«. CESifo Forum, 12(2), S. 46-49.

123 Vgl. Finkenzeller, Karin. 2012. »Schummelei in der Provinz«. Zeit, Nr. 3, 12. Januar 2012, S. 20.

124 Böckenförde, Ernst-Wolfgang. 1976. *Staat, Gesellschaft, Freiheit.* Frankfurt am Main: Suhrkamp, S. 60.

125 Heffer, Simon. 2011. »Rise of the Fourth Reich, how Germany is using the financial crisis to conquer Europe«. Daily Mail, 17. August 2011 (http://www.dailymail.co.uk/news/article-2026840/European-debt-summit-Germany-using-financial-crisis-conquer-Europe.html).

126 Barber, Toni. 2012. »Blame game draws on deep memories of occupation«. Financial Times, 15. Februar 2012, S. 2.

127 Vgl. BVerfGE 86, 148 – Finanzausgleich II, G I, 1992. S. 72.

128 Vgl. Peffekoven, Rolf. 1992. »Das Urteil des Bundesverfassungsgerichts zum Länderfinanzausgleich«. Wirtschaftsdienst, 79(12), S. 349-354.

129 Vgl. Ministerium der Finanzen, Saarland. 2005. Bericht des Saarlandes zur Sanierung des Landeshaushaltes – Sanierungsbericht 2004. Saarbrücken, und Hoff, Benjamin I. 2006. Föderalismusreform in der Haushaltsnotlage. Baden-Baden: Nomos-Verlag, S. 206.

130 Vgl. z. B. Marks, Jürgen und Kayhan Özgenc. 1999. »Baggern ohne Ende – Mit Milliarden aus Bonn baut die rot-schwarze Koalition an der Weser eine Stadt der Zukunft«. Focus, Nr. 9, S. 76–77.

131 Vgl. Hoff, Benjamin-I. 2006. *Föderalismusreform in der Haushaltsnotlage.* Baden-Baden: Nomos-Verlag, S. 209 ff.

132 Vgl. Bornemann, Holger. 2002. Prognos AG, Evaluierungsgutachten Wirkungsanalyse des Investitionssonderprogramms (ISP) des Landes Bremen, Endbericht. Im Auftrag des Senators für Finanzen des Landes Bremen, Bremen, August 2002.

133 Vgl. Hoff, Benjamin-I. 2006. *Föderalismusreform in der Haushaltsnotlage.* Baden-Baden: Nomos-Verlag, S. 211 f.

134 Vgl. Statistisches Bundesamt. 2012. Finanzen und Steuern. Vierteljährliche Kassenergebnisse des öffentlichen Gesamthaushalts 1.-2. Vierteljahr 2011. Fachserie 14, Reihe 2, Wiesbaden.

135 Vgl. Hoff, Benjamin-I. 2006. Föderalismusreform in der Haushaltsnotlage. Baden-Baden: Nomos-Verlag, S. 215.

136 BVerfGE 116, 327 – Berliner Haushalt.

137 Vgl. zu den Stellungnahmen der Rating-Agenturen Stadler, Valentina. 2007. »Konsequenzen des Berlinurteils aus der Kapitalmarktperspektive«. In: Kai A. Konrad und Beate Jochimsen (Hrsg.). 2007. Der Föderalstaat nach dem Berlin-Urteil. Frankfurt am Main: Peter Lang Verlag, S. 33-45.

138 BVerfG. 2 BvF 3/03 vom 19. Oktober 2006, Absatz Nr. 173.

139 Vgl. Korioth, Stefan. 2007. »Nach der Föderalismusreform – Perspektiven ei-

ner Neuordnung der bundesstaatlichen Finanzbeziehungen«. In: Kai A. Konrad und Beate Jochimsen (Hrsg.). 2007. Der Föderalstaat nach dem Berlin-Urteil. Frankfurt am Main: Peter Lang Verlag, S. 49-70.

140 Vgl. hierzu Konrad, Kai A. 2007. »Ein Ausweg aus der bundesstaatlichen Verflechtung«. In: Kai A. Konrad und Beate Jochimsen (Hrsg.). 2007. *Der Föderalstaat nach dem Berlin-Urteil.* Frankfurt am Main: Peter Lang Verlag, S. 159 f.

141 Vgl. Hellwig, Martin. 1998. »Systemische Risiken im Finanzsektor«. In: Dieter Duwendag (Hrsg.). 1998. Finanzmärkte im Spannungsfeld von Globalisierung, Regulierung und Geldpolitik. Schriften des Vereins für Socialpolitik, Band 261, S. 123-151.

142 Vgl. Uebersax, Peter. 2005. Erfahrungen und Lehren aus dem »Fall Leukerbad«. Basel: Helbing & Lichtenhahn.

143 Vgl. Eckert, Daniel und Holger Zschäpitz. 2011. »Der große Zinsraub«. Die Welt, 28. Mai 2011, S. 17.

144 Blundell-Wignall, Adrian und Patrick Slovik. 2011. »A market perspective on the European sovereign debt and banking crisis«. OECD Journal: Financial Market Trends, 2010(2).

145 Vgl. Sinn, Hans-Werner. 2009. *Kasino-Kapitalismus – Wie es zur Finanzkrise kam, und was jetzt zu tun ist.* Berlin: Econ Verlag.

146 Vgl. Alessandri, Piergiorgio und Andrew G. Haldane. 2009. »Banking on the State«. BIS Review, 139.

147 Vgl. Nakamoto, Michiyo und David Wighton. 2007. »Citigroup chief stays bullish on buy outs«. Financial Times, 10. Juli 2007, S. 1.

148 Vgl. Paulson, Henry M. 2010. *On the Brink. Inside the Race to Stop the Collapse of the Global Financial System.* New York, NY: Business Plus, S. 69 f.

149 Vgl. Jónsson, Ásgeir. 2009. Der Fall Island. München: Finanzbuchverlag.

150 Independent Commission on Banking. 2011. Final Report Recommendations, September, S. 7 (http://bankingcommission.s3.amazonaws.com/wp-content/uploads/2010/07/ICB-Final-Report.pdf).

151 Vgl. o. V. 2011. »Too-big-to-fail-Gesetz nimmt Hürde«. Börsenzeitung, Nr. 114, 16. Juni 2011, S. 3, sowie Schweizerisches Finanzdepartment. 2012. »Bundesrat setzt Bestimmungen zu ›Too big to fail‹ in Kraft«. 15. Februar 2012 (http://www.efd.admin.ch/00468/index.html?lang=de&msg-id=43419).

152 Vgl. Haldane, Andrew. 2012. »The Doom Loop«. London Review of Books, 34(4), 23. Februar 2012, S. 21-22.

153 Vgl. Evers, Marco und Alexander Jung. 2011. »Ich brauche ein Wunder«. Der Spiegel, Nr. 38, S. 84-85.

154 Angesichts eines Weltbruttoinlandsprodukts von rund 60 000 Milliarden US-Dollar im Jahr 2008 (United Nations Statistics Division, National Accounts Main Aggregates Database) und der konservativen Schätzung, dass die Kapitalmenge ungefähr zweieinhalbmal so hoch ist, ergibt sich ein Weltkapitalstock von ca. 150 000 Milliarden US-Dollar. Dem gegenüber sind die griechischen Staatsschulden von rund 400 Milliarden US-Dollar (300 Milliarden Euro) ein Anteil von ca. 0,27 Prozent.

155 Plumpe, Werner. 2010. *Wirtschaftskrisen.* München: C. H. Beck.

156 Die Bankengeschichte ist reich an Episoden von Händlern, die ihren Instituten durch Fehlspekulationen Milliardenverluste bescherten. Der Franzose Jérôme Kerviel von der Société Générale verzockte 4,9 Milliarden Dollar, bei der UBS flog ein Händler mit zwei Milliarden Dollar Miesen auf und der Brite Nick Leeson brachte mit Handelsverlusten von 1,3 Milliarden Dollar die Barings Bank zu Fall. Vgl. Evers, Marco und Alexander Jung. 2011. »Ich brauche ein Wunder«. Der Spiegel, Nr. 38, S. 85.

157 Vgl. Hoffmann, Catherine. 2011. »Der Euro wird zusammenbrechen«. Interview mit dem Finanzwissenschaftler Stefan Homburg, Süddeutsche Zeitung, 29. September 2011, S. 20.

158 Vgl. beispielsweise die Schätzungen »Griechenlands Gläubiger« in Spiegel Online, 10. Januar 2012 (http://www.spiegel.de/wirtschaft/bild-807911-301692.html).

159 Vgl. zu dieser Einschätzung Gulati, Mitu und Jeromin Zettelmeyer. 2012. »Making a voluntary Greek debt exchange work«. Capital Markets Law Journal (im Erscheinen).

160 Vgl. Skaperdas, Stergios. 2011. Seven Myths about the Greek Debt Crisis. UC Irvine Economics Working Paper, 28. Oktober 2011.

161 von Weizsäcker, Robert K. 2009. *Repräsentative Demokratie und öffentliche Verschuldung: Ein strategisches Verhängnis.* München: Technische Universität München.

162 Vgl. Schlesinger, Helmut, Manfred Weber und Gerhard Ziebarth. 1993. *Staatsverschuldung ohne Ende? Zur Rationalität und Problematik des öffentlichen Kredits.* Darmstadt: Wissenschaftliche Buchgesellschaft, S. 218.

163 Vgl. ausführlich hierzu Konrad, Kai A. 2008. »Überlegungen zur ›Goldenen Regel‹ zur Schuldenbegrenzung«. In: Kai A. Konrad und Beate Jochimsen (Hrsg.). 2008. *Föderalismuskommission II: Neuordnung von Autonomie und Verantwortung.* Frankfurt am Main: Peter Lang Verlag, S. 77-89, und Konrad, Kai A. und Marcel Thum. 1993. »Fundamental standards and time consistency«. Kyklos, 46(4), S. 545-568.

164 Vgl. Sachverständigenrat zur Begutachtung der gesamtwirtschaftlichen Entwicklung. 2007. Staatsverschuldung wirksam begrenzen. Expertise im Auftrag des Bundesministers für Wirtschaft und Technologie, S. 74-82.

165 Vgl. Feld, Lars P. 2007. Schriftliche Stellungnahme für die Anhörung der Föderalismuskommission II zu den Finanzthemen. Kommissionsdrucksache 024, 22. Juni 2007, S. 24.

166 Zu einer ausführlichen und gründlichen Auseinandersetzung mit der Kontroverse um die tatsächlichen Freiräume der Haushaltspolitik Brünings vgl. die Aufsatzsammlung von Kruedener, Jürgen Baron von. 1990. *Economic Crisis and Political Collapse, The Weimar Republic 1924–1933.* New York, NY: Berg-Verlag, mit Arbeiten der zentralen Protagonisten der Borchardt-Kontroverse, wie Dietmar Petzina, Carl-Ludwig Holtfrerich, Knut Borchardt und anderen. Vgl. auch Büttner, Ursula. 1989. »Politische Alternativen zum

Brüningschen Deflationskurs. Ein Beitrag zur Diskussion über ›Ökonomische Zwangslagen‹ in der Endphase von Weimar‹. Vierteljahrshefte für Zeitgeschichte, 37(2), S. 209-251, und Ritschl, Albrecht. 2002. Deutschlands Krise und Konjunktur 1924–1934. Jahrbuch für Wirtschaftsgeschichte, Beiheft 2, Berlin: Akademieverlag.

167 Vgl. Layard, Richard. 2005. *Happiness: Lessons from a New Science.* New York, NY: Penguin Press, sowie Wolfers, Justin. 2002. Is Business Cycle Volatility Costly? Evidence from Surveys of Subjective Wellbeing. Beitrag für die International Finance Conference »Stabilization Policy: Why and How?", Council on Foreign Relations, New York, 11. Juli 2002.

168 Vgl. Fuest, Clemens und Michael Thöne. 2009. »Staatsverschuldung in Deutschland: Wende oder Anstieg ohne Ende?«. In: Günther G. Schulze (Hrsg.). 2009. *Reform für Deutschland, die wichtigsten Handlungsfelder aus ökonomischer Sicht.* Stuttgart: Schäffer-Pöschel Verlag, S. 149-171.

169 Vgl. Gordon, Roger H. und Hal Varian. 1988. »Intergenerational risk sharing«. Journal of Public Economics, 37(2), S. 185-202.

170 Vgl. Sinn, Hans-Werner. 2010. »Besser Schulden vererben als Scherbenhaufen – ifo Präsident Sinn zum Haushalt 2010«. Tagesschau.de, 19. Januar 2010.

171 Vgl. Sachverständigenrat zur Begutachtung der gesamtwirtschaftlichen Entwicklung. 2009. Deutschland im internationalen Konjunkturzusammenhang. Expertise im Auftrag der Bundesregierung, S. 9.

172 Vgl. Wissenschaftlicher Beirat beim Bundesministerium der Finanzen. 2008. Brief an Minister Peer Steinbrück »Besteht in Deutschland weiterer fiskalpolitischer Handlungsbedarf zur Stabilisierung der Konjunktur?«. Dezember 2008.

173 Vgl. Paulson, Henry M. 2010. *On the Brink. Inside the Race to Stop the Collapse of the Global Financial System.* New York, NY: Business Plus, S. 195.

174 Vgl. Skidelsky, Robert. 2009. *Keynes, The Return of the Master.* London: Allen Lane.

175 Vgl. Cogan, John F., Tobias Cwik, John B. Taylor und Volker Wieland. 2009. New Keynesian versus Old Keynesian Government Spending Multipliers. NBER Working Paper 1478, und Elmendorf, Douglas W. und N. Gregory Mankiw. 1999. »Government debt«. In: John B. Taylor und Michael Woodford (Hrsg.). 1999. *Handbook of Macroeconomics.* 1. Auflage, Band 1C, Amsterdam: Elsevier, S. 1615-1669.

176 Vgl. Romer, Christina und Jared Bernstein. 2009. The Job Impact of the American Recovery and Reinvestment Plan. 9. Januar 2009.

177 Vgl. Barro, Robert und Charles Redlick. 2009. Macroeconomic Effects from Government Purchases and Taxes. NBER Working Paper 15369, sowie Cwik, Tobias und Volker Wieland. 2009. Keynesian Government Spending Multipliers and Spillovers in the Euro Area. CEPR Discussion Paper 7389.

178 Deutscher Bundestag. 1992. Plenarprotokoll. 12. Wahlperiode, 102. Sitzung. Bonn, 8. September 1992, S. 8663.

179 Deutscher Bundestag. 1992. Plenarprotokoll. 12. Wahlperiode, 102. Sitzung. Bonn, 8. September 1992, S. 8665.

180 Deutscher Bundestag. 1995. Plenarprotokoll. 13. Wahlperiode, 50. Sitzung. Bonn, 5. September 1995, S. 4097.

181 Deutscher Bundestag. 1999. Plenarprotokoll. 14. Wahlperiode, 37. Sitzung. Bonn, 4. Mai 1999, S. 2985 f.

182 Bundesministerium der Finanzen. 2000. »Finanzpolitik für das nächste Jahrzehnt«. Bulletin, Nr. 76-4, 14. November 2000, Berlin: Humboldt-Universität zu Berlin, S. 10.

183 O. V. 2005. »Der Schuldenstaat«. Der Spiegel, Nr. 26, S. 22-33.

184 Deutscher Bundestag. 2000. Plenarprotokoll. 14. Wahlperiode, 116. Sitzung. Berlin, 12. September 2000, S. 11060.

185 Vgl. o. V. 2005. »Der Schuldenstaat«. Der Spiegel, Nr. 26, S. 29.

186 Bundesministerium der Finanzen. 2000. »Finanzpolitik für das nächste Jahrzehnt«. Bulletin, Nr. 76-4, 14. November 2000, Berlin: Humboldt-Universität zu Berlin, S. 18.

187 Vgl. Reich, Franziska. 2004. »Bettelrepublik Deutschland«. Stern, Nr. 41, 30. September 2004, S. 176.

188 Steinbrück, Peer. 2005. Tragfähigkeit der öffentlichen Finanzen sichern – Zukunftsfähigkeit Deutschlands wahren. Rede des Bundesministers der Finanzen anlässlich der Aussprache zur Regierungserklärung im Deutschen Bundestag, 1. Dezember 2005.

189 Steinbrück, Peer. 2006. Rede des Bundesministers der Finanzen anlässlich der Einbringung des Entwurfs des Bundeshaushalts 2007 im Deutschen Bundestag, 5. September 2006.

190 Deutscher Bundestag. 2007. Plenarprotokoll. 16. Wahlperiode, 110. Sitzung. Berlin, 11. September 2007, S. 11385. Rede des Bundesministers der Finanzen Peer Steinbrück zur Einbringung des Bundeshaushaltsplans 2008 sowie des Finanzplans des Bundes 2007 bis 2011 in den Deutschen Bundestag.

191 Deutscher Bundestag. 2008. Plenarprotokoll. 16. Wahlperiode, 174. Sitzung. Berlin, 16. September 2008, S. 18544 f. Rede des Bundesministers der Finanzen anlässlich der ersten Lesung des Bundeshaushalts 2009 im Deutschen Bundestag.

192 Deutscher Bundestag. 2008. Plenarprotokoll. 16. Wahlperiode, 174. Sitzung. Berlin, 16. September 2008, S. 18552. Rede des Bundesministers der Finanzen anlässlich der ersten Lesung des Bundeshaushalts 2009 im Deutschen Bundestag.

193 Deutscher Bundestag. 2008. Plenarprotokoll. 16. Wahlperiode, 188. Sitzung. Berlin, 25. November 2008, S. 20264. Rede des Bundesministers der Finanzen Peer Steinbrück anlässlich der zweiten und dritten Lesung des Bundeshaushalts 2009 im Deutschen Bundestag.

194 Deutscher Bundestag. 2008. Plenarprotokoll. 16. Wahlperiode, 188. Sitzung. Berlin, 25. November 2008, S. 20268. Rede des Bundesministers der Finanzen Peer Steinbrück anlässlich der zweiten und dritten Lesung des Bundeshaushalts 2009 im Deutschen Bundestag.

195 Deutscher Bundestag. 1999. Plenarprotokoll. 14. Wahlperiode. 20. Sitzung. Bonn, 23. Februar 1999, S. 1405.

196 Kremp, Herbert. 2003. »Der Schuldenstaat und seine Väter«. Hamburger Abendblatt, 24. Juni 2003.

197 Vgl. o. V. 1971. »Uns bleibt nur ein schmaler Korridor«. Der Spiegel, Nr. 21, S. 21-29.

198 Vgl. Frey, Bruno S. 1976. »Theorie und Empirie Politischer Konjunkturzyklen«. Zeitschrift für Nationalökonomie, 36, S. 95-120, zu einer Typisierung solcher Politiken und empirischen Analysen und Wagner, Richard E. 1977. »Economic manipulation for political profit: Macroeconomic consequences and constitutional implications«. Kyklos, 30, S. 395-410, gibt u. a. einen Überblick über die politökonomischen Theorien zur Schuldenpolitik und früher empirischer Arbeiten zum Zusammenhang zwischen Schuldenpolitik und politischen Wahlen.

199 von Weizsäcker, Robert K. 2009. Repräsentative Demokratie und öffentliche Verschuldung: Ein strategisches Verhängnis. München: Technische Universität München, S. 7.

200 Vgl. z. B. die Übersichten bei Drazen, Allan. 2000. Political Economy in Macroeconomics. Princeton, NJ: Princeton University Press, S. 690 f., und Persson, Torsten und Guido Tabellini. 2003. The Economic Effects of Constitutions. Cambridge, MA: MIT Press.

201 Vgl. Persson, Torsten und Guido Tabellini. 2003. The Economic Effects of Constitutions. Cambridge, MA: MIT Press, S. 256 ff.

202 Vgl. Jung, Alexander. 2012. »In der Schuldenfalle«. Der Spiegel, Nr. 1, 2. Januar 2012, S. 67.

203 Vgl. Persson, Torsten und Guido Tabellini. 2003. The Economic Effects of Constitutions. Cambridge, MA: MIT Press, S. 260.

204 Die Internetseite des Bundes der Steuerzahler zeigt stets die aktuelle Schuldenhöhe der Bundesrepublik. Unter www.steuerzahler.de findet man in der Kopfzeile die Gesamtverschuldung, die Schulden bezogen auf jeden einzelnen Bundesbürger sowie den Zuwachs der deutschen Verbindlichkeiten pro Sekunde.

205 Vgl. Bundesministerium der Finanzen. 2012. Monatsbericht Februar.

206 Vgl. Stocker, Frank. 2012. »Sparer schenken dem Bund Geld«. Die Welt, 10. Januar 2012, S. 15.

207 Vgl. Hinrichs, Jutta. 2001. Die Verschuldung des Bundes 1962–2001. Konrad-Adenauer-Stiftung, S. 27, sowie Bundesministerium der Finanzen.

208 Zu den Zahlen vgl. Finanzagentur des Bundes.

209 Vgl. Schäfers, Manfred. 2009. »Staatseinfluss wächst auf Rekordniveau«. Frankfurter Allgemeine Zeitung, 2. Juni 2009.

210 Vgl. o. V. 2010. »Deutschland auf dem Weg in den Sozialismus«. Handelsblatt, 11. Januar 2010, sowie Warlitzer, Henrike. 1999. Staatsausgaben und Wirtschaftswachstum – Ein internationaler Vergleich. Beiträge des Instituts der deutschen Wirtschaft Köln zur Wirtschafts- und Sozialpolitik, Band 254, Köln.

211 Vgl. Bund der Steuerzahler. 2011. »Der Steuerzahlergedenktag 2011 ist am 6. Juli!«. Pressemitteilung, 5. Juli 2011 (http://www.steuerzahler.de/Der-Steuerzahlergedenktag-2011-ist-am-6-Juli/36536c44343i1p637/index.html).

212 Vgl. Schuknecht, Ludger. 2009. Booms, Busts and Fiscal Policy: Public Finance in the Future. London: Politeia.

213 Vgl. Schlesinger, Helmut, Manfred Weber und Gerhard Ziebarth. 1993. Staatsverschuldung ohne Ende? Zur Rationalität und Problematik des öffentlichen Kredits. Darmstadt: Wissenschaftliche Buchgesellschaft, S. 4, sowie Caesar, Rolf. 1989. »Öffentliche Verschuldung in Deutschland seit der Weltwirtschaftskrise: Wandlungen in Politik und Theorie«. In: Dietmar Petzina. 1989. (Hrsg.) Probleme der Finanzgeschichte des 19. und 20. Jahrhunderts. Schriften des Vereins für Socialpolitik, Band 188, Berlin: Duncker & Humblot, S. 9-55.

214 Ullmann, Hans-Peter. 2009. Staat und Schulden. Göttingen: Vandenhoeck & Ruprecht, S. 8.

215 Vgl. Abelshauser, Werner. 2004. Deutsche Wirtschaftsgeschichte seit 1945. München: C. H. Beck, S. 125.

216 Vgl. Bundesministerium der Finanzen. 2003. »27. Februar 2003 – 50 Jahre Londoner Schuldenabkommen«. Monatsbericht Februar, S. 91-95, sowie o. V. 2010. »Heute endet der 1. Weltkrieg«. Bild.de, 3. Oktober 2010 (http://www.bild.de/BILD/politik/2010/10/03/heute-ende-der-erste-weltkrieg-finanziell/nach-92-jahren.html).

217 Vgl. Caesar, Rolf. 1989. »Öffentliche Verschuldung in Deutschland seit der Weltwirtschaftskrise: Wandlungen in Politik und Theorie«. In: Dietmar Petzina. (Hrsg.) 1989. Probleme der Finanzgeschichte des 19. und 20. Jahrhunderts. Schriften des Vereins für Socialpolitik, Band 188, Berlin: Duncker & Humblot, S. 8.

218 Vgl. Bonner Kommentar zum Grundgesetz. 2003. Art. 115. Heidelberg: C. F. Müller, S. 21-35.

219 Kindleberger, Charles P. 1967. Europe's Postwar Growth, The Role of Labor Supply. Cambridge, MA: Harvard University Press, Tabelle II-4, S. 33.

220 Vgl. Jung, Alexander. 2012. »In der Schuldenfalle«. Der Spiegel, Nr. 1, 2. Januar 2012, S. 67.

221 Vgl. Bonner Kommentar zum Grundgesetz. 2003. Art. 115. Heidelberg: C. F. Müller, S. 35-40.

222 Vgl. Ullmann, Hans-Peter. 2009. Staat und Schulden. Göttingen: Vandenhoeck & Ruprecht, S. 150.

223 Vgl. Kommission für die Finanzreform. 1966. Gutachten über die Finanzreform in der Bundesrepublik Deutschland, 1966. Stuttgart: W. Kohlhammer, S. 166 f.

224 Vergleiche zu einer ausführlichen Darstellung der Zusammenhänge in diesem gesamten Unterabschnitt Höfling, Wolfram. 1993. Staatsschuldenrecht, Schriften zum Wirtschaftsverfassungs- und Wirtschaftsverwaltungsrecht. Heidelberg: C. F. Müller, S. 132-149.

225 Vgl. Stucken, Rudolf. 1969. »Die Haushaltspolitik im Gesetz zur Förderung der Stabilität und des Wachstums der Wirtschaft vom 8. Juni 1967«. Finanzarchiv N. F., 28, S. 202-219, hier: S. 217.

226 Vgl. Wissenschaftlicher Beirat beim Bundesministerium für Wirtschaft und Technologie. 2008. Gutachten zur Begrenzung der Staatsverschuldung nach Art. 115 GG und zur Aufgabe des Stabilitäts- und Wachstumsgesetzes. Nr. 1/2008, S. 8.

227 Vgl. Bonner Kommentar zum Grundgesetz. 2003. Art. 115. Heidelberg: C. F. Müller, S. 46-48.

228 Höfling, Wolfram. 1993. Staatsschuldenrecht, Rechtsgrundlagen und Rechtsmaßstäbe für die Staatsschuldenpolitik in der Bundesrepublik Deutschland. Heidelberg: C. F. Müller, S. 143.

229 Vgl. Bonner Kommentar zum Grundgesetz. 2003. Art. 115. Heidelberg: C. F. Müller, S. 50.

230 Vgl. zur Diskussion auch Bonner Kommentar zum Grundgesetz. 2010. Art. 115. Heidelberg: C. F. Müller, S. 185-186, Abs. 250 + 251.

231 Vgl. BVerfGE 79, 311 vom 18.04.1989.

232 Vgl. Bonner Kommentar zum Grundgesetz. 2003. Art. 115. Heidelberg: C. F. Müller, S. 267-278.

233 Zu diesen Zahlen und zur Frage, ob der Erblastentilgungsfonds »getilgt« oder einfach in die übrige Bundesschuld integriert wurde vgl. die Ausführungen von Staatssekretär Karl Diller zur Frage des Abgeordneten Carl-Ludwig Thiele in der 16. Wahlperiode in der 199. Sitzung des deutschen Bundestags, Berlin, 21. Januar 2009.

234 Vgl. Caesar, Rolf. 1989. »Öffentliche Verschuldung in Deutschland seit der Weltwirtschaftskrise: Wandlungen in Politik und Theorie«. In: Dietmar Petzina. 1989. (Hrsg.) Probleme der Finanzgeschichte des 19. und 20. Jahrhunderts. Schriften des Vereins für Socialpolitik, Band 188, Berlin: Duncker & Humblot, S. 28.

235 Vgl. Ullmann, Hans-Peter. 2009. Staat und Schulden. Göttingen: Vandenhoeck & Ruprecht, S. 158.

236 Vgl. http://www.youtube.com/watch?v=xhYJS80MgYA.

237 Vgl. hier und für die folgenden Schuldenzahlen, basierend auf Zahlen der Bundesbank in Sachverständigenrat zur Begutachtung der gesamtwirtschaftlichen Entwicklung. 2009. Zeitreihe »Verschuldung der Öffentlichen Haushalte«. 26. Juni 2009.

238 Vgl. o. V. 2010. »Ein Viertel des Haushalts besteht aus Neuverschuldung«. Frankfurter Allgemeine Zeitung, Nr. 16, 20. Januar 2010.

239 Vgl. Bundesministerium der Finanzen. 2008. Finanzbericht 2009. Übersicht 14, S. 391.

240 Sachverständigenrat zur Begutachtung der gesamtwirtschaftlichen Entwicklung. 2007. Jahresgutachten 2006/7, Widerstreitende Interessen – Ungenutzte Chancen. S. 307, sowie Bundesministerium der Finanzen. 2008. Finanzbericht 2009. Übersicht 14, S. 391.

241 Im Bundeshaushalt von 2012 mit einem Ausgabevolumen von 306 Milliarden Euro sind für die Bedienung der Bundesschuld 38,3 Milliarden Euro vorgesehen. Darunter fallen nicht allein die Zinskosten, sondern auch noch administrative und sonstige beim Managen der Bundesschuld anfallenden Lasten. Vgl. Bundesministerium der Finanzen. 2011. Ausgabenstruktur Bundeshaushalt 2012. Schaubild Nummer 3 (http://www.bundesfinanzministerium.de/nn_124500/DE/BMF__Startseite/Multimedia/Infografiken-Bundeshaushalt/20111206Ausgabenstruktur-BHH-2012.html?__nnn=true).

242 Müller, Henrik. 2008. »Auf der Kippe«. Manager Magazin, Nr. 3, S. 112-123.

243 Luck, Harry. 2008. »Merkel im Amt bestätigt«. Focus Online, 1. Dezember 2008 (http://www.focus.de/politik/deutschland/tid-12726/cdu-parteitag-merkel-im-amt-bestaetigt_aid_352474.html).

244 Vgl. etwa Bonner Kommentar zum Grundgesetz. 2003. Art. 115. Heidelberg: C. F. Müller, S. 289-304.

245 Vgl. Sachverständigenrat zur Begutachtung der gesamtwirtschaftlichen Entwicklung. 2010. Jahresgutachten 2009/10. S. 185 bzw. Tabelle 27, S. 182.

246 Vgl. Benz, Matthias. 2010. »Deutsche Schuldenbremse schürt falsche Hoffnungen«. Neue Zürcher Zeitung, 20. Mai 2010.

247 Vgl. Korioth, Stefan. 2009. »Das neue Staatsschuldenrecht – zur zweiten Stufe der Föderalismusreform«. JuristenZeitung, 14, S. 729-737.

248 Vgl. Benz, Matthias. 2011. »Das Problem mit den Schuldenbremsen: Auf das deutsche Vorbild sollte man nicht zu sehr vertrauen«. Neue Zürcher Zeitung, 29. Oktober 2011.

249 Bundesministerium der Finanzen. 2009. »Wie finanziert der Staat seine Schulden«. Arbeitsblatt: Finanzen und Steuern.

250 Vgl. Eaton, Jonathan und Mark Gersovitz. 1981. »Debt with potential repudiation: Theoretical and empirical analysis«. Review of Economic Studies, 48(2), S. 289-309.

251 Vgl. Panizza, Ugo, Federico Sturzenegger und Jeromin Zettelmeyer. 2009. »The economics and law of sovereign debt and default«. Journal of Economic Literature, 47(3), S. 651-698.

252 Siehe Google Trend zu den Begriffen »Staatsbankrott« oder »Sovereign default«.

253 Vgl. Winkler, Max. 1933. *Foreign Bonds: An Autopsy.* Philadelphia, PA: Roland Swain Company. Reprinted 1999. Washington: Beard Books, S. 10, sowie Manes, Alfred. 1919. *Staatsbankrotte, Wirtschaftliche und Rechtliche Betrachtungen.* 2. Auflage, Berlin: Verlag von Karl Siegismund, S. 21 f.

254 Vgl. Winkler, Max. 1933. *Foreign Bonds: An Autopsy.* Philadelphia, PA: Roland Swain Company. Reprinted 1999. Washington: Beard Books, S. 22.

255 Vgl. Sturzenegger, Federico und Jeromin Zettelmeyer. 2006. *Debt Defaults and Lessons from a Decade of Crises.* Cambridge, MA: MIT Press, S. 3 ff.

256 Vgl. Winkler, Max. 1933. *Foreign Bonds: An Autopsy.* Philadelphia, PA: Roland Swain Company. Reprinted 1999. Washington: Beard Books, S. 26, und

Bringmann, Klaus. 2002. *Geschichte der römischen Republik.* München: C. H. Beck, S. 169 ff.

257 Vgl. Harl, Kenneth W. 1996. *Coinage in the Roman Economy, 300 B.C. to A.D. 700*, Baltimore: Johns Hopkins University Press, S. 125-131.

258 Vgl. Reinhart, Carmen M. und Kenneth S. Rogoff. 2009. *This Time is Different: Eight Centuries of Financial Folly.* Princeton, NJ: Princeton University Press, S. 176.

259 Vgl. Reinhart, Carmen M. und Kenneth S. Rogoff. 2009. *This Time is Different: Eight Centuries of Financial Folly.* Princeton, NJ: Princeton University Press, S. 86 ff.

260 Vgl. Ferguson, Niall. 2009. *Der Aufstieg des Geldes. Die Währung der Geschichte.* Berlin: Econ Verlag, S. 68.

261 Vgl. Homer, Sidney und Richard Sylla. 2005. *A History of Interest Rates.* 4. Auflage, Hoboken, NJ: John Wiley & Sons, S. 120-130.

262 Vgl. Homer, Sidney und Richard Sylla. 2005. *A History of Interest Rates.* 4. Auflage, Hoboken, NJ: John Wiley & Sons, S. 86.

263 Vgl. North, Michael (Hrsg.). 2000. *Deutsche Wirtschaftsgeschichte.* München: C. H. Beck, S. 85 ff.

264 Vgl. Alessandri, Piergiorgio und Andrew Haldane. 2009. Banking on the State. BIS Review 139 (www.bis.org/review/r091111e.pdf).

265 Vgl. Sturzenegger, Federico und Jeromin Zettelmeyer. 2006. *Debt Defaults and Lessons from a Decade of Crises.* Cambridge, MA: MIT Press, S. 3 ff., sowie Reinhart, Carmen M. und Kenneth S. Rogoff. 2009. *This Time is Different: Eight Centuries of Financial Folly.* Princeton, NJ: Princeton University Press, S. 73-74 und S. 141 ff.

266 Vgl. Alessandri, Piergiorgio und Andrew Haldane. 2009. Banking on the State. BIS Review 139 (www.bis.org/review/r091111e.pdf).

267 Vgl. Sturzenegger, Federico und Jeromin Zettelmeyer. 2006. *Debt Defaults and Lessons from a Decade of Crises.* Cambridge, MA: MIT Press, S. 6.

268 Vgl. Ugo Panniza, Frederico Sturzenegger und Jeromin Zettelmeyer. 2009. »The economics and law of sovereign debt and default«. Journal of Economic Literature, 47(3), S. 669.

269 Vgl. Benjamin, David und Mark Wright. 2009. Recovery Before Redemption: A Theory of Delays in Sovereign Debt Renegotiations. CAMA Working Paper 2009-15.

270 Vgl. o.V. 2003. »Argentiniens Präsident fürchtet Pfändung des Dienstflugzeugs«. Frankfurter Allgemeine Zeitung, 2. Oktober 2003, S. 23.

271 Vgl. ebd. sowie Beck, Hanno und Aloys Prinz. 2011. *Abgebrannt: Unsere Zukunft nach dem Schuldenkollaps.* München: Carl Hanser Verlag, S. 5-6.

272 Vgl. Busch, Berthold, Manfred Jäger-Ambrozewicz und Jürgen Matthes. 2010. Wirtschaftskrise und Staatsinsolvenz. Drohen auch den Industrieländern Staatsbankrotte? IW-Analysen, Institut der deutschen Wirtschaft Köln, S. 22.

273 Vgl. Mitchener, Kris James und Marc D. Weidenmier. 2004. Empire, Public Goods and the Roosevelt Corollary. NBER Working Paper 10729, S. 7-8.

274 Zitiert nach Historisches Seminar Universität Bern (Hrsg.). 1957. Quellen zur neueren Geschichte. Bern, S. 76 f.

275 Vgl. Mitchener, Kris James und Marc D. Weidenmier. 2004. Empire, Public Goods and the Roosevelt Corollary. NBER Working Paper 10729, S. 7-8.

276 Vgl. Mitchener, Kris James und Marc D. Weidenmier. 2005. Supersanctions and Sovereign Debt Repayment. NBER Working Paper 11472, S. 7-8.

277 Lauterbach, Thomas. 2009. »New evidence on the interest rate effects of budget deficits and debt«. Journal of the European Economic Association, 7(4), S. 858-885.

278 Vgl. Ferguson, Niall. 2009. *Der Aufstieg des Geldes. Die Währung der Geschichte.* Berlin: Econ Verlag, S. 64.

279 Vgl. Ettel, Anja und Holger Zschäpitz. 2012. »Die Macht der Märkte«. Welt am Sonntag, 12. Februar 2012, S. WS 12

280 Vgl. Handelsblatt online vom 16.01.2012, »Anleihekäufer wenden sich mit Schrecken ab« http://www.handelsblatt.com/finanzen/boerse-maerkte/anleihen/ungarn-anleihekaeufer-wenden-sich-mit-schrecken-ab/6071946.html

281 Siehe auch Ettel, Anja und Holger Zschäpitz. 2012. »Die Macht der Märkte«. Welt am Sonntag, 12. Februar 2012, S. WS 12

282 Vgl. Ferguson, Niall. 2009. *Der Aufstieg des Geldes. Die Währung der Geschichte.* Berlin: Econ Verlag, S. 66.

283 Die Ratingagentur Fitch Ratings nennt für 2012 einen Wert von 238 Prozent.

284 Vgl. Reinhart, Carmen M. und Kenneth S. Rogoff. 2009. *This Time is Different: Eight Centuries of Financial Folly.* Princeton, NJ: Princeton University Press, S. 23.

285 Vgl. Kaelble, Martin, Hubert Beyerle, und Thomas Fricke. 2010. »Die weltweite Angst vor der Staatspleite«. Financial Times Deutschland, 12. Januar 2010.

286 Vgl. Riße, Stefan. 2010. *Die Inflation kommt.* München: Finanzbuchverlag, S. 43.

287 Einen detaillierteren Einblick in die Welt der CDS bieten Leeming, Matthew, Søren Willemann, Rob Hagemans und Arup Ghosh. 2010. Standard Corporate CDS Handbook – Ongoing Evolution of the CDS Market. Barclays Capital.

288 Lasarte, Teo. 2010. »Greece: What if?«. Economic Analysis Bank of America/Merrill Lynch, 27. Januar 2010, S. 36.

289 Vgl. CMA. 2010. Global Sovereign Credit Risk Report. 1st Quarter 2010, sowie Gros, Daniel und Thomas Mayer. 2010. Towards a Euro(pean) Monetary Fund. CEPS Policy Brief, 202, S. 1.

290 Vgl. Andritzky, Jochen und Christoph Trebesch. 2010. »Können Kreditderivate Unternehmensinsolvenzen beschleunigen?«. Neue Zürcher Zeitung, Nr. 10, 14. Januar 2010, S. 30.

291 Vgl. Hu, Henry T. C. 2009. »Empty creditors' and the crisis«. Wall Street Journal, 10. April 2009, S. A13.

292 Vgl. o. V. 2009. »Eine bessere Regulierung von Kreditderivaten ist überfäl-

lig«. Neue Zürcher Zeitung, 11. Dezember 2009, sowie o. V. 2009. »CDSs and bankruptcy – No empty threat«. The Economist, 18. Juni 2009.

293 Soros, George. 2009. *Die Analyse der Finanzkrise und was sie bedeutet – weltweit.* München: FinanzBuch Verlag, S. 37.

294 Soros, George. 2010. »America must face up to the dangers of derivatives«. Financial Times, 23. April 2010, S. 9.

295 O. V. 2010. »Keine CDS-Wetten gegen Griechenland«. Handelsblatt, 8. März 2010.

296 Vgl. Münchrath, Jens, Ruth Berschens und Oliver Stock. 2010. »Wir haben die Folterwerkzeuge im Keller«. Interview mit Jean-Claude Juncker. Handelsblatt, Nr. 41, 1. März 2010, S. 6-7.

297 Vgl. Bundesanstalt für Finanzdienstleistungsaufsicht. 2010. »BaFin untersagt ungedeckte Leerverkäufe und ungedeckte CDS auf Staatsanleihen der Eurozone«. Presseerklärung, 18. Mai 2010.

298 Vgl. Moody's Corporation. 2008. Testimony of Raymond W. McDaniel. Chairman and Chief Executive Officer Moody's Corporation before the United States House of Representatives Committee on Oversight and Government Reform. 22. Oktober 2008.

299 Vgl. Ettel, Anja und Holger Zschäpitz. 2010. »Die fünfte Gewalt im Euroland«. Welt am Sonntag, 2. Mai 2010, S. 25

300 Zur Rolle von externen Ratings für den Kreditmarktzugang von Unternehmen vgl. z. B. Sufi, Amir. 2009. »The real effects of debt certification: evidence from the introduction of bank loan ratings«. Review of Financial Studies, 22(4), S. 1659-1691.

301 Vgl. Eckert, Daniel und Holger Zschäpitz. 2007. »Bonitätsprüfer geben in der Krise schlechtes Bild ab«. Die Welt, 3. August 2007, S. 15

302 Vgl. Carlson, Sarah und Arnaud Marès. 2009. »Investor fears over Greek government liquidity misplaced«. Moody's Investor Service, 2. Dezember 2009.

303 Vgl. Kiff, John, Sylwia Nowak und Liliana Schumacher. 2012. Are Rating Agencies Powerful? An Investigation into the Impact and Accuracy of Sovereign Ratings. IMF Working Paper 12/23.

304 Vgl. Kaelble, Martin, Hubert Beyerle, und Thomas Fricke. 2010. »Die weltweite Angst vor der Staatspleite«. Financial Times Deutschland, 12. Januar 2010. Für eine ähnliche Aussage, wonach Analystenurteile den Ratingagenturen vorauslaufen, siehe auch De Franco, Gus, Florin P. Vasvari und Regina Wittenberg-Moerman. 2009. »The informational role of bond analysts«. Journal of Accounting Research, 47(5), S. 1201-1248.

305 Vgl. Georgievska, Angelina, Ljubica Georgievska, Alex Stojanovic und Natasa Todorovic. 2008. »Sovereign rescheduling probabilities in emerging markets: A comparison with credit rating agencies' ratings«. Journal of Applied Statistics, 35(9), S. 1031-1051.

306 Standard & Poor's. 2009. »Sovereign defaults and rating transition data«. 2008 Update, S. 18.

307 Vgl. Kingsley, Patrick. 2012. »How credit ratings agencies rule the world«. The Guardian, 15. Februar 2012 (http://www.guardian.co.uk/business/2012/feb/15/credit-ratings-agencies-moodys?CMP=twt_gu).

308 Vgl. Maehlmann, Thomas. 2008. »Rating agencies and the role of rating publication rights«. Journal of Banking & Finance, 32(11), S. 2412-2422.

309 U.S. Securities and Exchange Commission (SEC). 2003. Report on the Role and Function of Credit Rating Agencies in the Operation of the Securities Markets. S. 26 (http://www.sec.gov/news/studies/credratingreport0103.pdf), Übersetzung der Autoren.

310 Vgl. Mathis, Jerome, James McAndrews und Jean-Charles Rochet. 2009. »Rating the raters: Are reputation concerns powerful enough to discipline rating agencies?«. Journal of Monetary Economics, 56(5), S. 657-674.

311 Chung, Joanna und Aline van Duyn. 2009. »SEC to tighten grip on rating agencies after role in crisis«. Financial Times, 18. September 2009.

312 Vgl. Frye, Andrew. 2010. »Buffett backs Moody's after Goldman Sachs defense«. Bloomberg News, 2. Juni 2010.

313 Vgl. Pittman, Mark. 2007. »S&P, Moody's hide rising risk on $200 billion of mortgage bonds«. Bloomberg News, 29. Juni 2007.

314 Vgl. Pittman, Mark und Christine Richard. 2007. »Immobilienkrise schadet Ratingagenturen«. Die Welt, 9. August 2007, S. 19

315 Vgl. Pittman, Mark und Christine Richard. 2007. »Immobilienkrise schadet Ratingagenturen«. Die Welt, 9. August 2007, S. 19

316 Vgl. hierzu beispielsweise Mora, Nada. 2006. »Sovereign credit ratings: Guilty beyond reasonable doubt?«. Journal of Banking & Finance, 30(7), S. 2041-2062.

317 Vgl. Cailleteau, Pierre und Sarah Carlson. 2010. »New ECB collateral rules enhance short- and long-term financial stability in the Eurozone«. Moody's Investors Service, Special Comment.

318 Vgl. Partnoy, Frank. 2001. The Paradox of Credit Ratings. University San Diego Law & Econ Research Paper 20.

319 Vgl. Baseler Ausschuss für Bankenaufsicht. 2004. Internationale Konvergenz der Kapitalmessung und Eigenkapitalanforderungen. Überarbeitete Rahmenvereinbarung.

320 Vgl. De Grauwe, Paul. 2009. »Greece: The start of a systemic crisis of the Eurozone?«. Voxeu.org, 15. Dezember 2009, und Europäische Zentralbank. 2009. Stellungnahme der Europäischen Zentralbank zu einem Vorschlag für eine Verordnung des Europäischen Parlaments und des Rates über Ratingagenturen. Amtsblatt der Europäischen Union, C 115/3, 21. April 2009.

321 Vgl. Bohlen, Sloan. 2010. »Americas: Specialty finance: Diversified«. Goldman Sachs, 7. Februar 2010, S. 4.

322 Vgl. Partnoy, Frank. 2006. Hearings before the United States Senate Committee on Banking, Housing, and Urban Affairs Assessing the Current Oversight and Operations of Credit Rating Agencies. 7. März 2006.

323 Vgl. Partnoy, Frank. 2001. The Paradox of Credit Ratings. University San Diego Law & Econ Research Paper 20.

324 Vgl. Kunz, Anne. 2010. »Keine exakte Wissenschaft«. Interview mit dem Deutschland-Chef der Ratingagentur Standard & Poor's, Torsten Hinrichs, Wirtschaftswoche, Nr. 19, 10. Mai 2010, S. 92-93.

325 Vgl. Fitch Ratings. 2009. »Sovereign credit risk«.

326 Moody's Investors Service. 2009. »Aaa sovereign monitor«. Dezember 2009, S. 4.

327 Vgl. Moody's Investors Service. 2008. »Sovereign bond ratings«, Standard & Poor's. 2009. »Sovereign credit ratings: A primer«, und Fitch Ratings. 2009. »Sovereign rating methodology – Master criteria report«.

328 Vgl. z. B. Steuer, Helmut. 2008. »IWF schnürt Hilfspaket für Island«. Handelsblatt, 24. Oktober 2008.

329 Vgl. Lerner, Abba P. 1943. »Functional finance and the federal debt«. Social Research, 10, S. 297-310.

330 Lerner, Abba P. 1943. »Functional finance and the federal debt«. Social Research, 10, S. 47. Übersetzung der Verfasser.

331 Frühe Überlegungen zu diesen Kosten finden sich z. B. bei Wright, David M. 1940. »The economic limit and economic burden of an internally held national debt«. Quarterly Journal of Economics, 55, S. 116-129.

332 Vgl. Bundesministerium der Finanzen. 2009. Monatsbericht November. S. 18.

333 Bundesrepublik Deutschland Finanzagentur GmbH. 2009. Emissionsplanung des Bundes Jahresvorausschau und 1. Quartal 2010.

334 Vgl. z. B. die Biographie von Charles Ponzi von Zuckoff, Mitchell. 2005. *Ponzi's Scheme, The True Story of a Financial Legend.* New York, NY: Random House.

335 Vgl. Arvedlund, Erin. 2009. *Too Good to be True, The Rise and Fall of Bernie Madoff.* New York, NY: Penguin Group, der aus dem Geständnis von Madoff zitiert, in dem Madoff sich selbst bezichtigt: »I operated a Ponzi scheme«, S. 3.

336 Genau genommen waren es 1 692,2 Milliarden Euro, vgl. Statistisches Bundesamt. 2010. »Pressemitteilung Nr. 095«. 11. März 2010.

337 Vgl. Bundesministerium der Finanzen. 2009. Monatsbericht Dezember. Tabelle 14, S. 99.

338 Vgl. Homburg, Stefan. 1991. »Interest and growth in an economy with land«. Canadian Journal of Economics, 24(2), S. 450-459, sowie Ball, Laurence, Douglas W. Elmendorf und N. Gregory Mankiw. 1998. »The deficit gamble«. Journal of Money, Credit and Banking, 30(4), S. 699-720.

339 Vgl. Deutsche Bundesbank. 2010. Monatsbericht April.

340 Vgl. Deutsche Bundesbank. 2010. Monatsbericht April.

341 Sachverständigenrat zur Begutachtung der gesamtwirtschaftlichen Entwicklung. 2007. Staatsverschuldung wirksam begrenzen. Wiesbaden: Statistisches Bundesamt, S. 43, Schaubild 7.

342 Zur Berechnung: Anwendung der Zinssätze für langfristige Staatsanleihen (zehnjährige Laufzeit) aus den Jahren 1960, 1970, …, 2000. Die langfristigen Zinsen wurden dem OECD Factbook 2008. Economics, Environmental and Social Statistics entnommen.

343 Zur Berechnung: Für 1960 beträgt das Pro-Kopf-BIP in Euro in jeweiligen Preisen für das alte Bundesgebiet einschließlich des Saarlandes 2 792 Euro. Für 2009 beträgt der Wert 29 410 für ganz Deutschland. (Angaben: Statistisches Bundesamt. 2010. Volkswirtschaftliche Gesamtrechnungen BIP, BNE, Volkseinkommen. Lange Reihen ab 1950, Stand: Februar 2010). Bei einem geschätzten Wachstum von 2,4 Prozent nominal für das Jahr 2010 ergibt sich für 2010 ein Wert von 30 145. Damit hat sich das nominale Pro-Kopf-BIP in 50 Jahren um den Faktor 30 145/2 792=10,797 erhöht.

344 Vgl. Becker, Sebastian und Gunter Deuber. 2010. »Staatsverschuldung in 2020. Eine Tragfähigkeitsanalyse für Industrie- und Schwellenländer«. Deutsche Bank Research, 24. März 2010.

345 Vgl. Europäische Kommission (Generaldirektion Wirtschaft und Finanzen). 2009. Nachhaltigkeitsbericht 2009. European Economy, 9.

346 Vgl. Europäische Zentralbank. 2009. Monatsbericht Juni. S. 94 f.

347 Vgl. Eberstadt, Nicholas und Hans Groth. 2010. »Demografischer Stress in der entwickelten Welt«. Neue Zürcher Zeitung, 4. September 2010.

348 Vgl. Europäische Kommission (Generaldirektion Wirtschaft und Finanzen). 2009. Nachhaltigkeitsbericht 2009. European Economy, 9.

349 Vgl. Cecchetti, Stephen, M. S. Mohanty und Fabrizio Zampolli. 2010. The Future of Public Debt: Prospects and Implications. BIS Working Paper 300.

350 Vgl. Moog, Stefan und Bernd Raffelhüschen. 2011. Ehrbare Staaten? Tatsächliche Staatsverschuldung im Vergleich, Argumente zur Marktwirtschaft und Politik. Stiftung Marktwirtschaft, Nr. 115.

351 Vgl. Cecchetti, Stephen, M. S. Mohanty und Fabrizio Zampolli. 2010. The Future of Public Debt: Prospects and Implications. BIS Working Paper 300.

352 Vgl. Goettle, Gabriele. 2011. »Die Geschichte vom Reichskriegsschatz. Das Gold vom Juliusturm«. Tageszeitung, 29. August 2011, S. 15-16.

353 Vgl. Schacht, Hjalmar. 1953. *76 Jahre meines Lebens*. München: Kindler und Schiermeyer Verlag, S. 182, Van der Borght, Richard. 1919. »Die deutschen Kriegsteuergesetze von 1918«. Finanzarchiv, 36(1), S. 182-344.

354 Vergleiche zu einer Darstellung und weiteren Quellen Kent, Bruce. 1989. *The Spoils of War*. Oxford: Clarendon Press, S. 49.

355 Vgl. zu einer Darstellung der politischen Diskussion van der Borght, Richard. 1919. »Die deutschen Kriegsteuergesetze von 1918«. Finanzarchiv, 36(1), S. 182-344. Eine Einordnung der Wegzugsteuern und Mobilitätsbeschränkungen findet sich bei Schön, Wolfgang. 2005. »Steuerstaat und Freizügigkeit«. In: Ulrich Becker und Wolfgang Schön (Hrsg.). 2005. *Steuer- und Sozialstaat im europäischen Systemwettbewerb*. Tübingen: Mohr Siebeck. S. 41-74.

356 Vgl. o. V. 2012. »Schweizer Konten, Griechische Regierung sperrt Millio-

närsvermögen«. Spiegel Online, 24. Februar 2012 (http://www.spiegel.de/wirtschaft/soziales/0,1518,817261,00.html).

357 Vgl. Van der Borght, Richard. 1919. »Die deutschen Kriegsteuergesetze von 1918«. Finanzarchiv 36(1), S. 182-344.

358 Vgl. Feldman, Gerald D. 1997. *The Great Disorder, Politics, Economics, and Society in the German Inflation, 1914–1924.* Oxford: Oxford University Press, und Alesina, Alberto. 1988. »The end of large public debts«. In: Francesco Giavazzi und Luigi Spaventa (Hrsg.). 1988. *High Public Debt. The Italian Experience.* Cambridge: Cambridge University Press, S. 41-50.

359 Vgl. z. B. Wagemann, Gustav. 1925. *Die neuen Aufwertungsgesetze mit Durchführungsbestimmungen.* 3. Auflage, Berlin: Verlag Carl Heymanns. Letzteres enthält auch den Gesetzestext des Gesetzes über die Aufwertung von Hypotheken und anderen Ansprüchen vom 16. Juli 1925. Vgl. auch Borchardt, Knut. 1982. *Wachstum, Krisen, Handlungsspielräume der Politik.* Göttingen: Vandenhoeck & Ruprecht, S. 156.

360 Vgl. zu einer ausführlichen Darstellung Kent, Bruce. 1989. *The Spoils of War.* Oxford: Clarendon Press.

361 Vgl. Friedensvertrag von Versailles. 28. Juni 1919 (http://www.versailler-vertrag.de).

362 Vgl. Schulze, Ernst. 1920. »Die Staatsfinanzen der Vereinigten Staaten von Amerika«. Finanzarchiv 37(2), S. 69–79.

363 Lutz, Harvey L. 1930. »Inter-allied debts, reparations, and national policy«. Journal of Political Economy, 38(1), S. 29-61.

364 Vgl. z. B. Kent, Bruce. 1989. *The Spoils of War.* Oxford: Clarendon Press, S. 42.

365 Vgl. Kent, Bruce. 1989. *The Spoils of War.* Oxford: Clarendon Press.

366 Siehe Xammar, Eugeni. 1924. *Das Schlangenei, Berichte aus dem Deutschland der Inflationsjahre 1922–1924.* Berlin: Berenberg Verlag, S. 27.

367 Vgl. zu den unterschiedlichen Strategien Alesina, Alberto. 1988. »The end of large public debts«. In: Francesco Giavazzi und Luigi Spaventa (Hrsg.). 1988. *High Public Debt. The Italian Experience.* Cambridge: Cambridge University Press.

368 Vgl. Snower, Dennis. 2010. »Es droht ein Schulden-Tsunami«. Handelsblatt, Nr. 68, 9. April 2010, S. 10-11.

369 Vgl. Europäische Zentralbank. 2009. Monatsbericht September. S. 96.

370 Vgl. Cliffe, Mark. 2010. »Fiscal adjustment. How and when?«. Präsentation für ein Treffen von Chefökonomen bei der Bank für Internationalen Zahlungsausgleich BIZ, Basel, 16. April 2010.

371 Vgl. zu einer Diskussion Mühlenkamp, Holger. 2005. »Public Private Partnership ökonomisch analysiert«. In: Dietrich Budäus (Hrsg.). 2005. *Kooperationsformen zwischen Markt und Staat.* Baden-Baden: Nomos, S. 29-48.

372 Vgl. Böcking, David. 2012. »Griechenland muss sich der Troika beugen«. Spiegel Online, 11. September 2012 (http://www.spiegel.de/wirtschaft/soziales/0,1518,785639,00.html).

373 Vgl. Gesetz über den Lastenausgleich (Lastenausgleichsgesetz – LAG), § 3.

374 Vgl. Grandinger, Erwin. 2012. »Immobilien schützen nicht vor Verlusten. Der Staat wusste schon immer, wie man auch Hausbesitzer schröpft«. Die Welt, 21. Januar 2012, S. 17.

375 Vgl. Broadbent, Ben und Kevin Daly. 2010. »Limiting the fall-out from fiscal adjustment«. Goldman Sachs Global Economics Paper 195, S. 10, Alesina, Alberto und Silvia Ardagna. 2009. Large Changes in Fiscal Policy: Taxes Versus Spending. NBER Working Paper 15438, Metastudien liegen vor von Gruber, Norbert und Hans Pitlik. 2010. »Empirische Studien zu Erfolgsfaktoren von Konsolidierungen«. In: Karl Aiginger et al. (Hrsg.). 2010. Optionen zur Konsolidierung der öffentlichen Haushalte in Österreich. Wien: Wifo, und in einem Diskussionspapier des britischen Finanzministeriums, UK HM Treasury. 2009. International Examples of Spending Consolidations.

376 Vgl. Barro, Robert. 1974. »Are government bonds net wealth?«. Journal of Political Economy, 82(6), S. 1095-1117.

377 Vgl. Blanchard, Olivier. 1985. »Debt, deficits, and finite horizons«. Journal of Political Economy, 93(2), S. 223-247.

378 Vgl. Broadbent, Ben und Kevin Daly. 2010. »Limiting the fall-out from fiscal adjustment«. Goldman Sachs Global Economics Paper, 195, S. 13 f., Gruber, Norbert und Hans Pitlik. 2010. »Empirische Studien zu Erfolgsfaktoren von Konsolidierungen«. In: Karl Aiginger et al. (Hrsg.). 2010. Optionen zur Konsolidierung der öffentlichen Haushalte in Österreich. Wien: Wifo, S. 33.

379 Vgl. Cottarelli, Carlo. 2009. The State of Public Finances: Outlook and Medium-term Policies after the 2008 Crisis. Paper prepared by the IMF Fiscal Affairs Department, S. 33.

380 Vgl. Cottarelli, Carlo. 2009. The State of Public Finances: Outlook and Medium-term Policies after the 2008 Crisis. Paper prepared by the IMF Fiscal Affairs Department, S. 33.

381 Vgl. Ferguson, Niall. 2001. *Politik ohne Macht. Das fatale Vertrauen in die Wirtschaft.* Stuttgart/München: DVA, S. 195-205.

382 Vgl. Aizenman, Joshua und Nancy Marion. 2009. Using Inflation to Erode the U.S. Public Debt. NBER Working Paper 15562.

383 Vgl. Aizenman, Joshua und Nancy Marion. 2009. Using Inflation to Erode the U.S. Public Debt. NBER Working Paper 15562.

384 Vgl. Aizenman, Joshua und Nancy Marion. 2009. Using Inflation to Erode the U.S. Public Debt. NBER Working Paper 15562, S. 21.

385 Vgl. Bundesministeriums der Finanzen. 2012. Monatsbericht Februar. S. 88 (http://www.bundesfinanzministerium.de/nn_152354/DE/BMF__Startseite/Publikationen/Monatsbericht__des__BMF/2012/02/inhalt/Monatsbericht-Februar-2012,templateId=raw,property=publicationFile.pdf).

386 Vgl. Roxburg, Charles, Susan Kund, Tony Wimmer, Eric Amar, Charles Atkins, Ju-Hon Kwek, Richard Dobbs und James Manyika. 2010. Debt and Deleveraging: The Global Credit Bubble and its Economic Consequences. McKinsey Global Institute, S. 36.

387 Vgl. Reinhart, Carmen M. und M. Belen Sbrancia, 2011, The Liquidation of Government Debt. NBER Working Paper 16893.

388 Vgl. FitchRatings. 2011. »Solvency II set to reshape asset allocation and capital markets«, 23. Juni 2011.

389 Vgl. Eckert, Daniel und Holger Zschäpitz. 2011. »Der große Zinsraub«. Die Welt, 28. Mai 2011, S. 17.

390 Vgl. Ahamed, Liaquat. 2010. *Die Herren des Geldes: Wie vier Bankiers die Weltwirtschaftskrise auslösten und die Welt in den Bankrott trieben.* München: Finanzbuchverlag.

391 Vgl. Fischer, Malte. 2012. »Kalte Enteignung«. Wirtschaftswoche, Nr. 7, 13. Februar 2012, S. 38.

392 Vgl. Benders, Rolf. 2011. »Fed ist größter Gläubiger der USA«. Handelsblatt, Nr. 112, 10./11. Juni 2011, S. 4.

393 Chancellor, Edward. 1999. *Devil Take the Hindmost. A History of Financial Speculation.* New York: Farrar, Straus und Giroux, S. 61.

394 Braunberger, Gerald. 2008. »Aufstieg und Fall von John Laws Finanzsystem«. Frankfurter Allgemeine, Nr. 76, 1. April 2008, S. 25.

395 Vgl. Kappeler, Beat. 2012. »Eurokrise: Die Parallelen zu den Praktiken des John Law um 1720 sind erschreckend«. NZZ am Sonntag, 2. Februar 2012.

396 Vgl. Ferguson, Niall. 2009. *Der Aufstieg des Geldes. Die Währung der Geschichte.* Berlin: Econ Verlag.

397 Feldman, Gerald D. 1997. *The Great Disorder, Politics, Economics, and Society in the German Inflation, 1914–1924.* Oxford: Oxford University Press. Zu den Problemen der Wiedereinführung einer stabilen Währung vgl. auch den autobiographischen Bericht von Hjalmar Schacht. 1953. *76 Jahre meines Lebens.* München: Kindler und Schiermeyer Verlag, S. 233.

398 Vgl. North, Michael. 2005. *Deutsche Wirtschaftsgeschichte: Ein Jahrtausend im Überblick.* München: C. H. Beck, 2. Auflage, S. 311.

399 Feldman, Gerald D. 1997. *The Great Disorder, Politics, Economics, and Society in the German Inflation, 1914–1924.* Oxford: Oxford University Press.

400 Vgl. Eichengreen, Barry, Ricardo Hausmann und Ugo Panizza. 2003. »The mystery of original sin«. In: Barry Eichengreen und Ricardo Hausmann (Hrsg.). 2005. *Other People's Money: Debt Denomination and Financial Instability in Emerging-Market Economies.* Chicago, IL: University of Chicago Press.

401 Vgl. Europäische Zentralbank. 2010. Wirtschafts- und Währungsunion.

402 Vgl. Berensmann, Kathrin und Angélique Herzberg. 2009. »Sovereign insolvency procedures – a comparative look at selected proposals«. Journal of Economic Surveys, 23(5), S. 856-881. Die Ideengeschichte von anfänglichen Überlegungen bis hin zu den konkreten Vorschlägen des Internationalen Währungsfonds im Jahr 2001 beschreiben Rogoff, Kenneth und Jeromin Zettelmeyer. 2002. »Bankruptcy procedures for sovereigns: a history of ideas, 1976–2001«. IMF Staff Papers, 49(3), S. 470-507.

403 Vgl. Krueger, Anne. 2001. A New Approach to Souvereign Debt Restructur-

ing. Address given at the Indian Council for Research on International Economic Relations in Dehli, Indien, Washington: IMF Publication Services.

404 Einen guten Überblick über die verschiedenen Aspekte gewinnt man aus dem Vergleich von verschiedenen Vorschlägen, den Berensmann und Herzberg vornehmen. Vgl. hierzu Berensmann, Kathrin und Angélique Herzberg. 2009. »Sovereign insolvency procedures – a comparative look at selected proposals«. Journal of Economic Surveys, 23(5), S. 856-881.

405 Vgl. Snow, John W. 2003. »Meeting of the International Monetary and Financial Committee (IMFC)«. Statement by the United States Treasury Washington, DC, 12. April 2003.

406 Zu einer Einschätzung vgl. Sedlak, Jonathan. 2004. »Sovereign debt restructuring: statutory reform or contractual solution?«. University of Pennsylvania Law Review, 152(4), S. 1483-1515. Vgl. auch Paulus, Christoph G. 2008. Rechtliche Handhaben zur Bewältigung der Überschuldung von Staaten. Unveröffentlichtes Manuskript, S. 4.

407 Vgl. Rogoff, Kenneth und Jeromin Zettelmeyer. 2002. »Bankruptcy procedures for souvereigns: a history of ideas, 1976–2001«. IMF Staff Papers, 49(3), S. 494 f.

408 Siehe www.clubdeparis.org.

409 Vgl. Busch, Berthold, Manfred Jäger-Ambrozewicz und Jürgen Matthes. 2010. Wirtschaftskrise und Staatsinsolvenz. Drohen auch den Industrieländern Staatsbankrotte? IW-Analysen, Institut der deutschen Wirtschaft Köln, S. 28.

410 Vgl. Panniza, Ugo, Frederico Sturzenegger und Jeromin Zettelmeyer. 2009. »The economics and law of sovereign debt and default«. Journal of Economic Literature, 47(3), S. 653.

411 Braithwaite, Tom, Jim Pickard und Alex Barker. 2008. »UK and Iceland clash on crisis«. Financial Times, 10. Oktober 2008.

412 Vgl. Panniza, Ugo, Frederico Sturzenegger und Jeromin Zettelmeyer. 2009. »The economics and law of sovereign debt and default«. Journal of Economic Literature, 47(3), S. 654.

413 Liendo, Horacio T. 2010. »The embargo of the BCRA reserves is possible«. La Nacion, 14. Februar 2010.

Register

dtv zum Thema Wirtschaft: kompetent und aktuell

Chris Anderson
The Long Tail
Nischenprodukte statt Massenmarkt
Das Geschäft der Zukunft
Übers. v. M. Bayer und H. Schlatterer
ISBN 978-3-423-**34531**-6

Christoph Birnbaum
Die Pensionslüge
Warum der Staat seine Zusagen für Beamte nicht einhalten kann, und warum uns das alle angeht
ISBN 978-3-423-**24926**-3

Clausewitz
Strategie Denken
Hg. v. Boston Consulting Group
Zentrale und prägnante Texte von Clausewitz für das heutige Management
ISBN 978-3-423-**34033**-5

Paul Collier
Die unterste Milliarde
Warum die ärmsten Länder scheitern und was man dagegen tun kann
Übers. v. R. Seuß u. M. Richter
ISBN 978-3-423-**34629**-0

Colin J. Campbell
Ölwechsel!
Das Ende des Erdölzeitalters und die Weichenstellung für die Zukunft
Übers. v. H. Roth
ISBN 978-3-423-**34389**-3

Piroschka Dossi
Hype!
Kunst und Geld
ISBN 978-3-423-**24612**-5

Jürgen Fuchs
Das Märchenbuch für Manager
Gute-Nacht-Geschichten für Leitende und Leidende
ISBN 978-3-423-**34417**-3

Dagmar Gaßdorf
Das Märchenbuch für Managerinnnen
Geschichten für Leitende und Leidende
ISBN 978-3-423-**34511**-8

Nicola Holzapfel
Der Bürocoach
Die besten Lösungen für Probleme im Job
ISBN 978-3-423-**34598**-9

dtv zum Thema Wirtschaft: kompetent und aktuell

John Kay
Obliquity
Die Kunst des Umwegs oder Wie man am besten sein Ziel erreicht
Übers. v. F. Reinhart
ISBN 978-3-423-**24830**-3

Kai A. Konrad
Holger Zschäpitz
Schulden ohne Sühne?
Was Europas Krise uns Bürger kostet
ISBN 978-3-423-**34733**-4

Hans Küng u. a.
Manifest Globales Wirtschaftsethos
Manifesto Global Economic Ethic
Konsequenzen und Herausforderungen für die Wirtschaft
ISBN 978-3-423-**34628**-3

Susan Levermann
Der entspannte Weg zum Reichtum
ISBN 978-3-423-**34675**-7

Die Büro-Alltags-Bibel
Alle Regeln und Gesetze für den Job
ISBN 978-3-423-**24762**-7

Jochen Mai
Die Karriere-Bibel
Definitiv alles, was Sie für Ihren beruflichen Erfolg wissen müssen
ISBN 978-3-423-**24651**-4

Katharina Münk
Denn sie wissen nicht, was wir tun
Was Chefs über ihre Sekretärinnen erfahren sollten
ISBN 978-3-423-**34697**-9

Érik Orsenna
Weiße Plantagen
Eine Reise durch unsere globalisierte Welt
Übers. v. A. Gittinger und U. Goridis
ISBN 978-3-423-**34533**-0

Amartya Sen
Ökonomie für den Menschen
Wege zur Gerechtigkeit und Solidarität in der Marktwirtschaft
Übers. v. C. Goldmann
ISBN 978-3-423-**36264**-1